李準夫人自述

小事大事

董冰——著

SPM 南方出版传媒、广东人民出版社
·广州·

图书在版编目（CIP）数据

事大事小：李準夫人自述 / 董冰著 . — 广州：
广东人民出版社，2021. 7
ISBN 978-7-218-14700-0

Ⅰ. ①事… Ⅱ. ①董… Ⅲ. ①散文集—中国—当代
Ⅳ. ① I267

中国版本图书馆 CIP 数据核字（2020）第 242163 号

SHI DA SHI XIAO:LIZHUN FUREN ZISHU
事大事小：李準夫人自述
董冰 著

出 版 人： 肖风华

责任编辑： 李力夫
责任技编： 吴彦斌 周星奎
装帧设计： 尛 玖

出版发行： 广东人民出版社
地 址： 广州市海珠区新港西路 204 号 2 号楼（邮政编码：510300）
电 话：（020）85716809（总编室）
传 真：（020）85716872
网 址： http://www.gdpph.com
印 刷： 北京彩虹伟业印刷有限公司
开 本： 880mm×1230mm 1/32
印 张： 13 **字 数：** 235 千
版 次： 2021 年 7 月第 1 版
印 次： 2021 年 7 月第 1 次印刷
定 价： 58.00 元

如发现印装质量问题，影响阅读，请与出版社（020-85716849）联系调换。
售书热线：（020）85716826

我是个悲观主义者，整天皱着眉头，发愁孩子们什么时候能长大。李準一回来好像气候都变了。跟他上一次街，就有些开心，他说这也好那也好，我觉得也许就是不错。跟他在一起，我也好像看到了生活的亮光。

1977 年，李準董冰夫妇与曹禺、赵丹、张瑞芳、黄宗英等人在北京住所留影

序

舒 乙

写这篇序完全是一个特殊的经历。

这本书是一个特殊的人写的一部特殊的书，写得又特别好看，会给念书的人以特别的启示。

写书的人是一位老夫人，叫董冰，是李凖先生的老伴，典型的家庭妇女，农民出身，没上过学，结婚之后才跟李凖学认字和写字，生了六个孩子，上过一些日子的识字班，仅此而已。谁也没想到，她居然写了一部书。

李凖第一次患脑血栓基本康复之后，就任中国现代文学馆馆长。由于工作关系，我和李凖一家人慢慢熟悉起来，也和这位大嫂见过多次，但过话不多，她不爱说话，几乎是个沉默寡言的人，只知道她是一位贤妻良母式的主妇，对病后的李凖照顾得无微不至。李凖本是一位热情至极的人，此时对这位夫人更是赞不绝口，甚至情不自禁地写过文章赞美她，公开发表，题目叫《糟糠之妻不下堂》，读后引得大伙抿着嘴乐，但无一例外都有同感，觉得李凖亏得有这位大嫂，身体才恢复得这么好，活得依然有滋有味。

有一天，她的女儿悄悄告诉我，老太太偷偷地在写小说呢，谁也不给看，只顾自己写，写完了就锁起来，没有人知道她写的是什么。李準说，她一肚子故事，记忆力又特别好，写出来就是好东西。不过，她写的东西，也不叫李準知道。

成了一个谜。

这个谜一直保持到李準去世之后，渐渐被人遗忘。

忽然，有一天我家里接到一个电话，说老董找我，吓了我一跳。以前李準发病，每次都是董大嫂给我打电话，叫我快去帮着抢救，以致我一听是老董的电话就不免有些紧张。赶快回电话，没人接。问她住在别处的子女，答不知道妈妈有什么事。好不容易等到第二天早上，电话里老董说，她写了一本书，准备出版，要我为她写序。我估计就是那个谜。我请她赶快把稿子拿来，她说："中！中！"

我花了两天把稿子仔细念完，惊叹：竟是一部非常好的书！

穷，可是文化不穷

中国的事很怪，穷归穷，可是有文化，认真写出来，把中国社会最底层的事情如实道出，竟是绝好的文章。

不得不佩服中国这个大国的历史了。唯独有这么丰厚历史的文化古国才能出现这样的老妇人，别瞧她没有上过正规学校，一旦拿起笔来，叭、叭、叭，如实写来，其所经所历竟成千古奇文。看她写的任何一段，都有丰富的内容，非常细致，细枝末节上多角多棱，很出彩，这种东西，凭想象是没办法写出来的。她所写的一些民俗，对不少人来说可能都是闻所未闻的，只要记下来，天然是富矿，价值极大。不管是写过年，是写结婚，还是写出殡，讲究得很，程序一道一道，数不过来。她所写的书，从另一角度看，完全可以当大百科全书里的民俗解读用，对拍电视拍电影是非常有用的好东西。真的，现如今，到哪儿去找这么有具体细节有地方色彩的现成的描述啊，可谓难能可贵。

穷得惊心动魄

董冰笔下的“穷”没有一点政治上的框框，是“纯”的穷。

这在中国文坛上十分难得。

原因是她不是作家，她没受过训，没学习过哲学和政治经济学，脑子里没有阶级斗争的观念。在她那儿只有生活。她不用把她知道的一切都装在“筐”里，她没有“筐”，她直接把一切都简单地托给你，原汁原味。这个更厉害。

所以，在她那儿，没有扬鞭子的人，没有不遗余力逼债的情节，几乎一切惯用的人为的压迫手段都没有出现过，可是真穷，穷得那么惨，穷得那么触目惊心，穷得那么叫人喘不上气来，穷得那么没有活路，这才触到了穷的最痛点，你不能不仰天长叹，你不能不落泪。那个旧中国太落后了，真是要不得，需要大改良，绝对应该换朝代！

感人的现实和现实的感人，就是这样。

用不着任何形容，用不着任何渲染，她也不会故意形容和渲染，她老实地讲出来就是了，靠那些事情本身说话。你念着念着，不知不觉中已经泪流满面了，有如千斤重担压下来，那种想象不到的毫无退路的穷，便仿佛能将你窒息，使你受了极大的感动。于是，你便再度确信了生活是写作的源泉这个颠扑不破的真理的价值。

随便摘出一段，做个例子吧：

“有一次，我和姐姐跟妈商量想去赶个春会，我父亲也很同意带我们去看看热闹。头天说好了，还烙了点饼拿着到会上中午吃。到了中午，父亲给我们端来了一盘水煎包子，外边黄油焦皮真好看。我们是从来没吃过的，因此非常高兴。他把那盘包子递到我们手里，他却一个也不吃。我们说：‘爹，你也吃两个，咱们都吃点尝尝。’可是，怎么劝他也不肯吃一个。他自己蹲在那土坡上啃带的干馍。他的意思是，孩子们长这么大没赶过会，今天来赶会不叫我们吃点什么，他心里老过不去。可他钱又不多，只能买这一盘，他直嫌水煎包子少，怕我们吃不够，所以他自己一个也不吃。我们都知道，父亲没有钱，我们并不要求吃够，就是什么也不买，也没有啥。他买来了光叫我们吃，我们实在吃不下去。看着父亲太可怜，我们虽然把一盘包子吃完了，但是却不知道包子是什么滋味，光觉得鼻子发酸。”

应该说，这样的故事满篇皆是。它们充满了真情，朴实无华，不必编，不必造，自自然然流出来，全是好文字。

中国妇女命运的大典型

董冰的书的最大价值，在于她在最普通的定位上不动声色地为中国妇女的命运塑造了一个大典型。

过去有许多作品是着重描述中国妇女的苦难的，但其中被叫好的多半是两种，一种是关于婚姻的不幸的，如《家》《雷雨》；一种则侧重从社会学的角度，即阶级压迫，如《祝福》《白毛女》。这两类作品都在社会上产生过重大影响，并成为经典，至今仍被人们传阅。但中国农村妇女生活本身的苦却不曾被细致地描绘过，这和中国现代作家的出身、经历和生活环境不无关系。五四新文化运动以来的知识分子作家们大多是出身有钱阶层的，对穷人的生活只有一些间接地了解，而没有亲身的体验，虽然有后来的所谓“体验生活”，但毕竟无法把握细节，特别是对妇女的生活细节，更是隔着一层。

二十多年前，一部叫《阿信》的日本电视剧感动过无数中国观众。《阿信》的成功就在于她的苦，生活的苦，原汁原味的苦。当时，有不少中国观众曾经感叹过，中国农村妇女的生活可比阿信苦多了，可是，却没有如实地表现过，这不能不说是中国文学艺术的遗憾。

终于等来了一部，就是董冰的自述。

事情往往是两面的：会者不知；知者不会。结果什么也没有。

好了，终于有一个“知”者动笔了，她如实道来，细细写下，皆成文章，成了一个又知又会者，真叫不鸣则已，一鸣惊人。

这个鸣，不是她技巧有多高明，而是生活本身太丰富，太生动，太感人，太惊心动魄。

实际上，中国农村妇女苦得惊天动地，苦得难以想象，苦得不像人！

这些苦，是董冰自己一步一步走过来的，刻骨铭心，绝对是一辈子都忘不了的。包括当时的一句什么话，全是仿佛用刀刻在她骨头上的，把它们搬到纸上就是了，用不着创作，用不着回忆，用不着想象，全用不着。

让它们流出来，就成了。

董冰个子很矮，用“瘦小枯干”形容一点不为过。这么个小妇人，怎么挺过来的，百思不得其解。

她永远是天不亮就起来，没有表，全摸黑。磨面，背着孩子。生火做一大家子的饭。下地种田。做衣服，先由织布做起。做鞋，人口又奇多，自己生了六个孩子，上有爷爷、奶奶、公公、婆婆，旁边有伯伯、叔叔、姑姑、大姨、小姨、哥哥、弟弟、姐姐、妹妹，不得了，她全照应得好好的。农村人说病就病，动辄就死一批，大多死于肺结核，不断地出殡埋人，无尽的悲伤。

完全是地狱般的日子。妇女是底层，是社会和家庭最下面的底线，是地狱里挤在最下面的人群，比男人们承受的重量要大，简直没办法。

咦，全用故事串起来，真人真事，一年一个样，一点不说教，有骨有肉，岂不成了好作品！

董冰的书天然的是个中国农村妇女的写真大集，天然的是个影视剧的好素材。这书里的女人，天然的是代表亿万中国农村妇女的大典型。

应该说，世世代代，多少亿、多少辈中国妇女全是董冰式的，只是没有详细描述过。说来真是可惜。

李準教会了董冰识字，没有教过她写文章；但董冰是李準的太太，长期受了家庭的文艺熏陶，这是没有疑问的，这个特定的环境绝对是独特的和罕见的，真是亿万中的唯一。

我们应该为这本偷偷写出来的书感到庆幸，真难得呀！

几千年才出了一个，也许。

二〇〇五年三月于北京

目 录
Contents

01

爹就是爹，妈就是妈

拉住驴尾巴 /

天井窑院 /

活眼钻 /

水煎包子 /

全家福，1959 年冬摄于郑州

后：（左起）长子李克勤，长女李小品

中：（左起）次子李克都，董冰，李準

前：（左起）四子李克坚，次女李筝子，三子李克威

拉住驴尾巴

我的家乡是河南省洛阳市孟津县南麻屯镇董家村。我们那个村子很大，东西有二里多长，有百十户人家，大部分都是董姓，所以叫董家村。村南边有十几家有钱的富裕农民，所谓“富裕”也不过有几亩地。我们村没有超过一百亩土地的人家，但他们都住瓦房。那一片还打了寨墙，是用泥土垒成两人多高的土寨子，东西两边各留了门。西边是个小角门，只能走人。东边是个大寨门，能进大车。有钱人家大车小车都有。所谓大车就是大高脚木轮车，槐木做的，大轱辘，套三匹骡子和马。这车是有派头人家用的。一般家里都是小低轮铁脚车。低脚车有两种：一种是双牛抬杠车，就是两头牛齐肩拉。这也是比较好的家庭用的。次一点的就是一头牛驾的辕车。那就是喂不起两头牛的家庭，得跟人家“搁犋”。我们家就有一辆这样的独辕车。我们家只喂了一头大灰驴，用驴子驾辕。我们家这头驴喂了三十多年。家里大部分亲戚家的路它都熟悉。我母亲要去我外婆家，有七八里地，只要我母亲骑上，父亲在后边跟着，一路不用牵，该拐弯该上坡，它都知道，一直走到我外婆家门口站住等着我母亲下来。一次，我记得去外婆家，母亲骑着驴抱着妹妹，我跟着父亲在后边走，我说："走不动了。"父亲说："你走不动了？走不动你拉住那驴尾巴，它带着你，就轻松些。"真的，拉住驴尾巴走轻松多了。

我们家这头驴经常和邻居董青云家"搁犋"。他们家是一头大白骡子。我们两家不管套车还是套犁耙，都是用这两头牲口来干活。

我们家有二十亩地，父亲就是靠着这些地生活。家里要买点煤、盐，需要花点零钱，都得背点粮食到集上去卖了换点钱。那时候邙山岭上的地，打粮食也不多，所以舍不得卖。

我出生在一九二八年，那一年是龙年。我们姐妹七个，还有三个是哥哥，大哥容贵，二哥容禄，三哥容为。有四个姐姐与我是同父异母，可是我长了好大都不知道。四个大姐姐是一个妈生的。我总觉得那四个大姐最亲，待我可好了。我同母的五姐比我大两岁，我们两个倒是整天光吵嘴。我感到五姐没有那四个大姐亲切慈爱。因那四个姐都比我大得多，所以我不记事时，她们都出嫁走了。什么时候哪个姐回娘家来了，我总是舍不得让她们走。后来才听我母亲说，那个大妈病死后，我母亲来时我大姐才十二岁，四姐才四岁，是我妈把她们四个养大。

因我家里穷，从我记事，我都没有自由地跑着玩。那一年，我大约是四岁，在收麦子的时候，有一天，大哥和二哥都跟父母去地里割麦子了，只有我和三哥还有五姐，光我们三个小孩子在我家打麦场里。我只记得天黑了，到处黑乎乎的。我们心里有些害怕，只好跑到别人家麦场里，因为人家场里有大人好做伴。那个场是个老太太家的，她人很好，看见我们来了，她说："来吧，来吧，看这几个孩子，天黑透了大人还不回来。你们就在这里等着吧。一会儿你妈就会回来的，不用怕，有我跟你们做伴。"三哥还抱着个小妹妹，她又哭又闹，哭累了就睡着了，三哥坐在地上抱着她。天黑好长时间了，天上有几个星星，又没灯火。我们又冷又饿，等啊等啊，忽然听见远远的有牲口蹄子声、牛铃声、车轱辘声，父亲吆喝牲口的声音也传过来了。"哎！咱爹回来了！"老远我们就喊，"爹！我妈回来没？"

"没有，地里还有一车麦子。"

哎呀！这么黑了，地里还有一车麦子，那么大老远的西地，什么时候才能回来？我父亲把车赶到场里，一个人把一车麦子卸下来，又赶着车走了。我们等了很长时间，终于，妈和两个哥哥坐在高高的麦车上边回来了。卸了车，妈才回家做饭，也不知什么时候才吃了饭睡觉。

第二天，天灰灰亮，母亲就把我喊起来去看麦场。父亲早已下地了，天一亮，猪和鸡子都要出来寻食吃。到场上，我又冷、又瞌睡，真想盖住被子，热乎乎地睡上一觉，该多舒服啊！可是不敢睡，鸡子和猪都出来了，它们一看见场上有麦子，就来抢着吃，打都打不走。猪聪明着哩，它根本没把我放在眼里。我去吆喝它，它眼看着我，嘴抢着吃，知道我打它一下也不疼。直到我跑到它身边，拿棍敲在它身上才跑掉。跑得很快，我追不上它，停一会儿它又拐回来吃。

鸡子更气人，它们到场上吃麦子，那嘴叼得快着哩，我吆喝它们根本不理。我很生气，想去狠打它们一下，解解气，可是等我跑到了，它们出溜一下就跑了。我想偷偷去猛打它们一下，它们见我走近了就连飞带跑，总是打不着。因此，我得不停地追赶它们。啥都怕快怕猛，我拿根棍儿，跑快猛追猛打，它们一害怕，就跑远了。这一下我赶快跑回来钻到被窝里，哪怕是一小会儿，也觉得是享受，但是不敢闭眼睛，怕睡着了，等暖热了身子再起来赶它们。

天井窑院

父亲一到夏天农忙时，夜里都要睡在场里看场，驴子也在场里喂。五姐在家里能帮妈抱抱孩子扫扫地，干点小活。哥哥能跟父亲去地里干点轻活。就这样，白天看麦场的事都是我的了。

我们家住的是窑洞。窑院不大，一面只能挖两个窑屋。这种窑洞叫“天井”，就是平地挖个四方坑，大约挖三丈深。四面土壁上挖窑洞，再挖个大长坡，坡还拐个弯，进个过洞。这个过洞不深，能竖着放两张床。进去过洞到院里。听父亲说，牲口全凭吃夜草，所以，他夜里喂牲口，很下劲。天一热父亲就在院里放一张小床，夜里就睡在院里喂牲口。

磨屋里还有个牲口槽，那是冬天用的，因为冬天牲口在院里也怕冷，就在磨屋里喂。院子里边共有五个窑洞。一个西屋是盛饲草的，一个北屋是住人的，这个屋很大，还有个里外间，用砖垒了个隔墙，里外放了三四张床。还有个东屋是放杂物的，大门底下靠左边还打了个客屋，放一张桌子，作会客用。窑洞下本来就没有亮光，那个屋只有一头朝着院子，门上一个窗户不到一米见方，木窗格用白纸糊着，屋里地方不小，就是太黑。从外边乍一进去什么也看不见，全靠瞎摸。有客人来了，进了大门就进客房。要是没人知道客来了，他们就喊我哥一声，打个招呼。那个屋平常我们“家里人”是不去的，所谓“家里人”就是从前农村的风俗习惯，把女人叫家里人。男人们都是外边人。家里人也叫“屋里人”，就是个小女孩也是个屁股后的人，不能到人前边站着。这个客屋的门常年朝外扣着，只有过年那几天这里才热闹。父亲在这个屋里砌了个小煤炉，大年初一清早，父亲就把煤炉生着了，屋里热气腾腾，我们也可以坐在煤火台上烤烤火。

这个屋的里头放一张三斗桌，上边是祖先、爷爷和奶奶的牌位。过年这几天桌上摆着香案，地上铺一条席，再铺一条毡。初一这一天村里人都来拜年，先给爷爷奶奶牌位叩头，晚辈的再给我父母叩头。还要赚点东西吃。到谁家给婶子大娘拜年叩头，都得给点吃的。糖、枣、花生、核桃，一人抓一把。到全村跑着叩头拜年赚东西吃的都是男孩子，女孩子不能去。

这客屋的另一头，靠院子窗户底下也有一张桌子，供的是财神爷。这儿也上香，摆供叩头，是我们家里人叩头最多的地方。

这个财神爷，各家都敬。不管穷人家富人家，都想发财。过年，各家各户都要买一张红纸，找个人写几副对联或吉利话贴上。家里到处贴，譬如，箱子上贴的是“衣服满箱”，米面瓦缸上贴的是“米面常有”。各家都敬老天爷、老灶爷、土地爷、门神爷，这几样神是不能少的。门神爷是看守大门的，土地爷是守护家宅的，老天爷是保佑众生幸福，给地里下雨、少闹灾祸的。譬如说，两个人吵架，一家穷点，这个人就说：“你穷，谁叫你穷的，日头没从你家门口过？”家里敬的神主要是老灶爷，还有灶王奶奶，他们是管家务的。快要过年，阴历腊月二十三那一天，灶王爷和灶王奶奶要上天走娘家。各家都要给老灶爷送点礼物。烙点白面发面火烧，买点灶糖，给老灶爷供一供，再拿些喂牲口的草料在院子里撒一撒。记得有个曲子是：“东一把，西一撒，打发灶爷骑上马。好话多说点，少说点坏话。只说天不下雨没收成，别说抛撒米面造孽啦。”意思是老灶爷整天在厨房里看得最清，拜托他到老天爷那里多为人们讲点情。

我们这窑院，出了大门上了窑坡，便到场上。场上两边两棵皂角树，树下边各有一块大青石头，右边是个高圆形的，左边是个扁方形的。上来坡，累了，先坐在石头上歇歇。

右边树下还有个牲口槽，夏天父亲要在场里看场，夜里牲口也到场里喂。绕过牲口槽往西走过我家那崖头的西边是打麦场。场子的南边是一座古庙。庙的正面殿里坐着三个泥塑的观世音神像。两边一圈小神像供满一屋，那时群众都叫大奶奶、二奶奶、三奶奶。两边大的神、小的鬼什么都有，我们这些小孩子听了是很害怕的。庙门外两边两棵大柏树，庙门常年锁着，过年那几天才打开，全村人都去烧香叩头。小孩子们不敢一个人进庙，走到那门口，头发就竖起来了。门外的柏树，天一黑看着黑压压的瘆人。庙下边又是个很深的路沟，沟下还有一棵老皂角树，不知长了多少年，像个大伞盖，都说那上边有什么树神。过年时也有人就地捧几堆土上几炷香，还有人挂块小红布在树上，上边写着“灵位”两个字。小孩子们特别害怕那一棵老皂角树。

活眼钻

我外婆家在柏树沟村，离我们董家村有八里地。住的也是窑洞，是出水窑洞不是挖方坑。院子也不大，是在一面高崖头上边挖了三个窑屋，垒了三面墙。大门朝北，大门外是一条山路，留个水道，院子的雨水可以流出去，顺着大路就流走了。

我母亲兄妹三个，一个姐姐，一个哥哥。家里很穷，她姐姐被送出去当童养媳。我外公外婆冬天带上我母亲和舅舅逃荒到南山洛宁一带谋生，到麦收时才回来。

我外婆一辈子不会织布，整年给人家纺棉花，让人家给她织布。织一匹土布是两丈四尺长，两天就织完了。她得给人家纺一斤线，至少也得四五天才能纺完，所以我母亲十二岁就学织布，够不着机板，就站在机子里织。后来，母亲和外婆就靠纺纱卖布过生活。

母亲到我们家时，四个姐姐还很小，后来她又生了我三个哥哥。我妈干活劲头可大了，农村有一种说法叫“活眼钻”。后来四个姐姐都出嫁走，我母亲一个人纺花卖布供我三个哥哥上学。她白天帮我父亲种地，还要做饭，做穿的，只有晚上搭夜纺花。天不冷时，晚上她都是在院子里趁月亮光纺花，天变冷了院子里坐不住人，只好到屋里纺。窑屋太黑又没有油点灯，母亲就在夏天时割些黄蒿拧成绳子，挂在院里墙上晒干；冬天在屋里纺花时，只有点一根这黄蒿火绳，夹在纺车的头上。车子转得快了扇点风，火绳就有点亮光，车子一停下就不亮了，上线时就看不清，只能用手摸摸锭子上线。哪里上多少，该往哪里上，就全凭估摸了。就这样，母亲多少年如一日地纺棉花。不光是拿棉花纺线织成布卖钱，还要纺线挣棉花。二斤棉花纺成线能织一匹布。按农村的老尺子，是两丈四尺长。这匹布拿到集上能换四斤棉花，这叫“一布二花”，就是一匹布换两匹布重量的棉花。有时也能多换一点，比如换五斤棉花。

就这样，母亲也要供哥哥们上学。她总想着父亲一辈子不识字太苦了，下决心要让孩子们学点文化，以后出去做点生意经商，家里就不那么苦了。那时农村的学生还要管先生的饭，由学生家轮着管，一家轮三天。三天内我母亲不让先生吃重样的饭。我母亲下劲大着哩！为了让孩子读书以后过点好日子，母亲太会节俭过生活了。她每天梳头掉的头发用指头缠缠塞在墙缝里，攒几年拿出来，给父亲打一根牲口套绳，有两丈多长。我听母亲说过，她的头发已给父亲打过两根套绳。

我们那里有个风俗习惯，每年收罢麦子，搭住麦秸垛以后，农活稍闲，各家都打袼褙做鞋底。一家有多少口人，每人要做三五双鞋底，够一年穿。夏天，要是能到场上树荫下坐着纳鞋底子，那就是最享受的时刻了。邻居婶子、大娘们都上场里坐在树荫下纳着鞋底说话。秒荣她妈常去叫我母亲，她站在我家的崖头上喊：

“嫂子，拿点活上来吧，场里凉快啊！坐在树下做点活，咱们说说话。”有时我妈也上来说话，尽管说话，手里的活是不停的。除了在底子上扎过一针拉线时，手拉着线，抬起头说几句话，针是不能停的。秒荣她妈说起话来，就把鞋底子往腿上一放，两手按住底子仰着脸说话，忘了做活。我妈不是这样，她一针都不肯少纳。

每逢过春节，到十五之前这个时节，农村叫作“节下”。邻村里有玩社火的、打排鼓的、踩高跷的、撑旱船的、玩洋片的，玩意儿可多了。在那半个月里，村民都是跑着看社火，谁也不在家里做针线活，一年就有那半个月的热闹乐趣；可是我母亲从来不去看，她舍不得那一晌工夫。记得那年快要过十五了，吃了午饭，邻居婶子、大娘很多人都在场里说话，妈也在商量着要不要去半坡村看玩社火。大家劝她去，她说脚疼，又说我太小跑不动，怕挤丢了，不叫我去。最后，妈还是没去。姐姐哥哥们都跟着大家去看了，只有我跟着妈又回到窑洞里。妈坐在煤火台前面的椅子上，脚蹬着煤火烤着火，缝她的一件黑蓝布衫。我站在她身边看，直看了半晌。看她缝缝这儿，缭缭那儿，又挖个领弯儿，上了条领子。我看着做件衣服千针万线那么难，那我将来怎么能学会？越看越发愁，最后我眼泪滚下来哭了起来。我妈说：“哎，你哭啥？”妈去里屋拿了两个柿饼哄哄我，我仍在掉泪，我开始感到人生真难。

我们家一群孩子只买过一次玩具。听我妈说，三个哥哥小时候，有一次父亲去城里回来，给哥哥们买了个“猴上树”玩具，父亲走到场里就拿出来给他们看。他们争起来，拿不到的就哭了。我妈脾气不好，一把夺过来，用石头把玩具砸碎扔到沟底下。他们连碎片也看不见，也不哭了。我妈的结论是只有这个办法，才能治住孩子，省得他们闹人。她当时都不知道玩具可以让孩子聪明。另外，她觉得买玩具是浪费，所以我从小到大没有玩过玩具。

水煎包子

我爷爷是兄弟两个，他有个哥哥，就是我父亲的伯父。父亲一岁多时，我爷爷就去世了，我奶奶带着我父亲很受苦。我父亲那个伯父想害死我父亲，不想让他长大分走一份家业，所以，他想方设法折磨他们。夏天时，我奶奶吃了晚饭嫌天热，背着我父亲到外边凉快，他伯父胳膊下夹一把刀站在大门后边。别人告诉了我奶奶，她不敢回家，跑到别人家去住。这是我母亲说的。

父亲长大后，他伯父不叫他上一天学，他不认识一个字。他伯父有三个儿子，大的比我父亲小不了几岁，他们都上了学出去经商。我父亲十二岁就种地，十三岁就赶着车去大山底下拉煤，吃苦的事都是我父亲干的。就这样长大分开家，分了点地。我父亲多么爱惜那点地啊！不会挣一个钱，再受苦也不舍得卖一分地。他说他一辈子没能耐，那点地得给孩子们留住。

董冰的父亲董古兴，1948 年摄

我已经记事了，记得有一段时间，父亲整天出去跑。一天回来了，母亲问他："你整天出去跑啥哩？"父亲说："我不是想叫孩子们吃得饱些嘛！"后来才知道，父亲是和村南边寨里几个人合伙喂养蜜蜂。我们家买了五箱蜂，每次父亲去割蜜，我和姐姐都跟着去吃。有一次我和五姐都不想吃了，有点恶心。我说："咱们上场玩一会儿吧。"一出大门五姐就吐了，她可能吃得多些，那生蜂蜜是带蜡的，不好吃。

后来有一天，我父亲回来得很晚，一到家他就说："我买了个骡驹子。"大家听了很高兴，特别是我二哥，端了个油灯上场去看，我和三哥、五姐都跟着去看。是个小红骡驹子，真好看，我们都可喜欢它。也不知道喂了多长时间，好像那骡驹子都长大了，也是一天晚上，二哥端着灯，我们还是跟着去看，人家把骡子从木桩上解下来牵走了，说是父亲养的蜜蜂赔钱了，把骡子赔给人家了。从那以后，父亲再没有做过生意。我父亲是很慈善的人，在村里人缘很好。他会给牲口看病，牛、骡子、马他都会看。谁家牲口有病，都来喊他。有时刚端起碗要吃饭，有人来叫他，他放下碗就走。他还专门买了个敉子，就是给牲口扎针用的。他用布包住放在门框上边，早晚谁叫他给牲口看病，他拿着敉子就去了。该扎针时，把牲口舌头拉出来，舌头底下扎一敉子，出点血就好了。有时把牲口耳朵上扎一下，出点血也就好了。有时不用扎针，他给人家说几样草药偏方，叫人家去找来熬熬，给牲口灌下去就好了。有的牲口不知是什么病，需要灌公鸡血，这时人一口把老公鸡头咬掉，赶快把热血灌到牲口嘴里，也是治病的一种方法。

有时，村里谁家过红白大事，都要叫我父亲去帮几天忙。他给人家招呼、办事、管柜。比如是红喜事，柜上就是管哪些家亲戚来行多少钱礼，给他们记上账收住钱，以后交给主家；还得看他们家有多少家亲戚，估计能摆多少桌宴席，要准备多少桌菜；新媳妇的娘家人来了，安排坐什么地方，这都是有规矩的。年轻人帮忙的活是全村跑着借桌子板凳。白事就更复杂些，如是老年人去世了，来吊丧的亲戚很多，像闺女的婆家、儿媳妇的娘家，这都得行大祭。带来的大祭馒头跟碗那么大，拿十个或十二个。还要买一大块祭肉、两包点心，得配齐四色礼。排场家要抬一架食盒，共有四格，都装得满满的，去到丧家先交到柜上。有的不大关紧的客人都是小祭，蒸点小馒头买一块肉。每家的祭品都要给人家记清楚，谁家是谁家的不能弄错。开祭时，哪家的客人要去行礼哭拜，就把他的祭礼拿去摆在灵前。祭完还得交回柜上，到最后还得把每一份礼给主人家收一半、客人家退回一半。大祭小祭怎么收怎么回，都有规矩，这些事都由我父亲操办。

我们家门口下边就是一条大车路，往东通到洛阳城，往西通到新安县。那山下有个小煤矿，我们村里人常去拉煤，一到冬天，地里没什么活了，人们都要拉煤准备过冬。有的家是拉点红薯去城里换点菜。因为车马多，我父亲到冬天都是起五更去大路上拾粪。有一次，他走到大皂角树下，看见大路上一疙瘩黑东西，拿起来看是一手巾兜铜圆和银圆，他想这钱不少，肯定是北边村里人去赶集买牛的在这里休息时掉了。他知道农民弄这点钱可不容易了，怎么办？还放到这棵树下，等他回来找吧，又怕过路人多，有人拾走不给他；拿回家吧，又怕他回来找不到着急。没有办法，我父亲只好蹲在那里等他。我们那儿离南麻屯集上四里地，丢钱的人真的去集上买牛，找不到钱喘着气跑来了，我父亲一问清楚就把钱还给他。分文报酬也没要他的，他很感激。这事耽误我父亲起个五更，也没拾上粪。

那棵大皂角树下是个小十字路口，北边有几个村子的人去南麻屯赶集从那里过，外村人也不管它有神没神，看哪棵树大，就坐下来乘凉休息。只是我们村的人迷信怕神，不去那底下坐。

有一天，我父亲起早去拾粪，拾了一条新媳妇头上盖的盖头，是红缎子做的，上边绣着花。这是一个叫小南的抬轿的丢的。小南是山东人，他逃荒出来住在我们村子。就他一个人，没有成家，整年就是靠抬轿过生活。轿子是用竹竿扎的一个架子，平时他一个人扛着就走了，快到女家村边，才把轿帏蒙上，轿杆穿上，四个人抬着。到村时还得停住，等女家来个小男孩坐上“压轿”，才能抬到女家门口。他们不能把空轿抬到人家门口。那时候谁家娶媳妇，得先找个先生按男女双方的生辰八字，看个好日子，半年或一年定下来再娶。吉利的日子大多是那几天，所以抬轿的忙闲不均，有时一天抬两轿，有时一天抬三轿。要是一天里这个抬轿的要抬三个新媳妇，那抬轿的和吹响器的就忙了。头一轿太阳不发红娘家不让上轿，第三轿中午十二点以前得抬到婆家，所以抬轿的、吹响器的都是一人背一个油褡裢。头轿、二轿不敢吃主家的饭菜，都是把馒头和能装在褡裢里的肉菜背着就跑，到第三轿抬到男方家才能坐下来吃饭菜。

我父亲拾的那个盖头，当天下午叫我哥给小南家送去。我哥就在路上顶在头上走着，小南老远看见了，笑着去接：“哎呀，你给我送来了！我早上把这给丢了，多亏还有一条旧一点的，要不还真办不成事。”从前洛阳一带风俗淳朴，特别是农民，他们可以说是“路不拾遗”，总是替别人着想。

旧社会，重男轻女的思想都是很严重的。我父亲却没有。他从来都没有大声跟我们姐妹们说过一句话。他跟我们说话，总是和蔼地像哄小孩子一样。

有一次，我和姐姐跟母亲商量想去赶个春会，我父亲也很同意带我们去看看热闹。头天说好了，还烙了点饼打算拿着到会上中午吃。到了中午，父亲又给我们端来了一盘水煎包子，外边黄油焦皮真好看。我们是从来没吃过的，因此非常高兴。他把那盘包子递到我们手里，他却一个也不吃。我们说：“爹，你也吃两个，咱们都吃点尝尝。”可是，怎么劝他也不肯吃一个。他自己蹲在那土坡上啃带的干馍。他的意思是，孩子们长这么大没赶过会，今天来赶会不叫我们吃点什么，他心里非常过不去。可他钱又不多，只能买这一盘，他直嫌水煎包子少，怕我们吃不够，所以他自己一个也不吃。我们都知道父亲没有钱，我们并不要求吃够，就是什么也不买也没有啥。他买来了光叫我们吃，我们实在吃不下去。看着父亲太可怜，我们虽然把一盘包子吃完了，但是却不知道包子是什么滋味，光觉得鼻子发酸。

现在想起来，穷人家才有真正的亲情。爹就是爹，妈就是妈，虽然日子清贫，但感情却超过金子贵重。对父亲，我们怎么能不孝顺呢！这大约也就是真正的“天伦之乐”吧！

02

命大撞得天鼓响

偷枣 /

不把孩子当成人 /

爹喂你喝 /

还回来干啥 /

吃斋行善 /

董冰和妹妹董志君（右），1978 年 5 月摄于洛阳

偷枣

我家场边有好多枣树，每年枣子熟的时候，都有些贩子来收购。卖一部分，余下的都要晒干收起来。我母亲不叫我们吃，为的是卖钱，或者送门市、走亲戚送礼，用处可多了。

有一年冬天，一天下午母亲出去了，二哥和三哥在磨屋里磨面，我和五姐在院里玩。二哥忽然想起说："妈不在家，咱们偷点枣子吃吃吧。"大家都同意。枣子在西屋放着，那屋子很黑，平时谁都不愿进去。进门有个高土台阶，下去后，应门有个织布机子。绕过机子进到里面是个很大的屋子，里面放些粮食杂物，枣子就在里边一个小口坛里。那坛子口小肚子大，盛东西不少，就是不好拿。哥哥们手虽然能下去，可是抓住枣子就出不来了。只有我的手小，抓一把枣还能出来，我一把不过抓三四个枣子。我跟三哥两个人去了，三哥穿一件黑蓝布大布衫，他张着衣服襟，叫我抓了往里放。也不知抓了几下，觉得不少了，包着出来，每人分了几个吃了。二哥交代说枣核可不敢扔在地下，妈回来发现会吵的。我和五姐在院里吃了枣，把核扔到草棚下牲口铺后边。两个哥哥把枣核扔到磨屋里边的牲口铺下。我们都觉得枣子老甜老好吃，吃完以后，都觉得不够。二哥说："再去偷一次吧！"我又跟三哥去了，因为一把最多抓三四个枣，一人又分五六个，吃了还不够，二哥又说："哎呀，抓的太少了！"第三次抓出来分了都不舍得吃完，装在兜里留着。

妈晚上回来，大家都没暴露。吃了晚饭，天又冷，又没油点灯，窑屋门一关，伸手不见五指。早些睡吧，冬天夜长，睡不到天明，半夜里都醒了在说话。不约而同地想起来兜里还有枣子，偷偷摸出来，蒙在被窝里吃，不叫妈听见。他们都爱说话，妈说话，他们都跟着答。一会儿让妈听出来了，妈说："昨天我不在家，你们偷枣子吃了吧？"

"没有啊。"

"没有啥，我听见你们说话，嘴里都吃有东西。"瞒不住了，哥哥们都承认了。妈也没吵，只是说："以后可不许再偷了啊，要想吃，跟我说明白。"

不把孩子当成人

那一年，我大哥、二哥都出去当学徒了。三哥还要上学，学校在南边那个寨子里，要翻过那条车路沟，天不亮就去。三哥害怕不敢去，每天早上得叫我跟五姐起来去送他。天又冷，又瞌睡，我们不想起来，就讲条件。五姐说："你得教我认字，我才去送你。"三哥说："好。"那时我小，我怕认字就说："你不教我认字，我去送你；你要教我认字，我就不去送你。"三哥说："那好，我光教你姐认字。"就这样达成协议。每天，鸡叫头遍妈就喊我们起来，去送三哥上学。送他翻过那条土沟，我们回来，再睡一觉天才亮。那时，我记得我有五六岁，怕哥哥们教我认字。我有个小妹妹叫平娃儿，大约我五岁那年，夏天里，小妹有病，她只有一岁多不到两岁。我母亲身体不好，小妹妹就由我和五姐抱。每天五姐抱着小妹头里走，我在后边跟着，一手端一碗水、一手拿个干饼（就是农村里自己烙的那种干饼），小妹饿了，叫她吃干饼，渴了叫她喝水。干饼吃完了，我回家拿；水喝完了，我回家端。看见哪里人多就往哪里去，坐在那些大人跟前听听他们聊天讲话。小妹要是不哭，坐着吃点喝点，我们也能休息一会儿；她要是哭，不愿坐在那里，我们也很少能坐一会儿。她有病心里烦，总是哭闹，她一哭，五姐抱起她就走，我得端着东西跟着。整天都是毫无目的地走，就这样整整抱了她四个月。到了阴历八月的一天，我记得，中午把小妹盖在院里父亲床上的被子里，我们都在院里吃饭。母亲端了一碗饭，背靠着牲口槽站着吃，小妹喊：“妈，我要吃奶。”我妈说：“好！你稍等一会儿，妈把这碗饭吃完去喂你吃奶。”小妹不吭了，停了一会儿她又叫：“妈，我想吃奶。”我妈说：“快了，只剩半碗饭，马上吃完去喂你吃奶。”

等我妈吃完饭掀开被子一看，小妹已经死了。那时候，特别是农村里，不把孩子当成人。小妹有病不知谁给看了病，还抓了一服药，回去扔到老灶爷的窑窝里。小妹死了，我妈把药拿出来扔了。常听妈说：“命大撞得天鼓响，有命在骨头。没命埋在药锅里也不行。”那个时候，命要是不大，真是难活过来。我还有个小弟弟叫容安，我只记得他半岁时候，吃得又白又胖可好玩，他什么时候死的，我记不清了。

这以后，一天天、一年年我的劳动任务在慢慢加重，再看场时也不能空着手去看了，要抱个弟弟或者妹妹。再冷、再瞌睡我也不能往被子里钻。一钻小孩儿就哭，小孩子又不欠瞌睡，也不知道冷，只要抱着他跑就高兴，不跑就哭。我才十来岁，哪有那么大劲？真把人累坏了。

爹喂你喝

七岁那年，我也学会纺棉花了。每天的任务是纺一两线。一天数给我二十个花条絮，纺完就是一两线。今天纺不完，明天又来二十个，堆住怎么办？只得抓得很紧，必须一天纺完。

大哥出去学徒三年，这年春天学成了，得病回来了。妈向老天爷祈祷，大哥的病好了，就给老天爷供一只羊谢谢他。妈叫父亲去赶会买来只羊羔，她又说买一只也得放一年，到时候，杀了没有了；买两只，到时候杀一只卖一只过年也有钱花了。我们都很高兴，催着叫父亲买羊羔。那天父亲去赶会，真的买了两只羊回来，一只大羊、一只小羊。我记得小羊一直没有长过大羊，它永远是只小羊。放这两只羊，便是我和五姐的差事了。整天去放羊，似乎可以省得坐在家里纺花。实际上，情况不那么乐观，一天放两次羊，仍要加纺一两线。纺不完，不能去放羊。早上有露水，羊不吃露水草，只好在家纺棉花；等露水下去了，再去放羊。中午回来赶着把那一两线纺完，下午再出去放羊。有时五姐先纺完，就把羊赶到场边有草的地方，叫羊先吃着等着我。我就更急了，赶着纺完了，我们就可以去远一点的草坡上。

我们村子最南边，有一条很深很大的土沟，叫“老鸦沟”，有好几里长、五六丈深，沟下的草多，沟两边的坡上草很肥。就是听人说那沟里有狼。白天不怕，还有人在沟底下种地，就是在太阳落山之前要出沟。因为唱的山歌中有“日头落狼下坡”，所以我一到太阳落山就特别害怕。我们放羊有两个同伴：一个老太太和她孙女太荣，太荣比我小一岁。经常是我们四个人跑得更远些。那天，太荣她奶奶没去，光我们三个小姑娘。羊到坡上吃草去了，我们在沟下玩，拾些碎瓦片当锅碗，玩做饭、走亲戚等游戏。我们玩得很有意思，都忘了看天，猛抬头见太阳都落了，“哎呀，天黑了！”沟里也没人了。我们仨吓坏了，起来就跑。平时还要上坡赶羊，要不羊是不回来的；这下谁也不敢上去赶羊了。我们跑着叫着羊：“咩！咩！咩！……”羊也知道天黑了，看着人跑了，它们也跟着我们跑回来了。羊要是真的不回来，我们只有哭了。

大哥很爱玩。还是冬天，我在煤火台上坐着，大哥在煤火台前边椅子上坐着，五姐坐在过洞里纺花。过洞门和厨房门紧挨着，大哥教我跟我姐吵架，是闹着玩的。那时候，农村的女孩子都是父母从小给包办说个婆家，等懂事了，知道自己婆家是哪个村的，都不愿听到那个村的名字。另外，知道老公公叫什么名字，那是连那个名字的音都不叫说的。五姐的婆家是后楼村的，老公公叫清水，她不但不叫说后楼村，说清水两个字更不行。谁敢说“这一碗水怪清的”，她就要恼火。最忌讳的是女婿两个字，任何人都不能提。大哥逗我和五姐玩，那时我小不懂事，但也知道说“婆子家”“老公公”是不好听的。我的婆家是下屯村的，我五姐说：“下屯村。”我说：“后楼村。”她说：

“你公公。”我接上：“你婆子。”她不知又说了一句什么，我说：“你女婿。”大哥本来是在椅子上靠着坐，我这一句刚出口，他忽地一下站起来两手摆着说：“哎呀，不敢说了！不敢说了！你说清水。”我又说了两句“清水”。幸亏我说出“女婿”两个字时，五姐正笑着纺花，她没听见，所以她也没生气。

大哥有病在家，我们的两个堂兄都在外边做生意。有个三哥从城里买回来一双黑平绒棉鞋，牛皮底，很好看，我大哥老想要，便跟妈商量。妈说：“现在不买，等你病好了，去城里做生意，徒弟也学成了，站柜台时给你买一双好鞋，穿上也好看。在家穿那也没用。”我妈没答应他，大哥还是想要，他就偷偷买下了那双鞋，不敢拿回家，便放到三嫂家，还叫我三嫂去做我妈的工作。后来我妈答应了，大哥可高兴，把鞋拿回家，穿上叫我们看，就是好看！那时农村做那棉鞋又厚又笨，穿上能一脚踢死牛，跟这鞋真没法比。大哥试完就赶紧脱下来，用绳子捆住挂在门头下边——放到地上怕潮。

大哥害了多长时间病记不清了，只记得是痨病——那时候肺结核病都叫痨病。大哥的病越来越重，整天吃中药苦水子。秋天，他在院里父亲的床上躺着，蒙住被子，母亲煎好药给他端去，他不喝。没办法，父亲去劝他，怎么说他也不肯喝。最后实在没办法了，父亲两手捧住碗说：“容贵，来，爹喂你喝，你闭住眼不看。”大哥再也不能说什么了，就坐起来喝，一口没咽下去，恶心得又吐在碗里。父亲心疼孩子，又气这病，一股脑把碗摔到当院里。大哥蒙住被子哭了一场。那个碗是个青细瓷碗，我们家只有八个，是过年待客装“八碗”用的，虽然摔出去好远，因院子是土地，碗没有烂，只打了个小豁子，我跑去拾起来，看看还能用。

大哥的病重到不会起床了，大概是阴历十一月中旬，一天夜里我正睡着，朦胧地听见父亲叫着：“容贵！容贵！你再跟爹说两句话。”叫着叫着，父亲哭了，一下子，我惊醒了，就这样再也见不到大哥了，之后都是哭声。天明了，妈坐在煤火台上，放声地哭着。我那叔伯三嫂来劝妈，她一进门，一手拍在我妈肩膀上说：“你不哭吧，婶婶儿，哇……”一句话没落音，她也大哭起来。三嫂站在煤火台边上扶着我妈，她俩痛哭了好半天。

天一明家里就打发人去叫大姐、二姐、四姐，只是没有叫三姐。妈说：“天太冷，路也远，她抱着小孩子太难，不叫她。”妈哭着把门头下边挂着的那一双大哥心爱的棉鞋拿下来，给他烧了。那时候的说法是，他活着没穿上，给他烧了，叫他到阴间穿吧。那一天里我们家没有断哭声。一会儿听到村南边哭着来的是大姐，一会儿听见北边哭着来的是二姐。我光觉着很想大哥，他待我们很好，就是不知道哭。当天就把大哥埋葬了。过了几天三姐听说消息，也哭着来了，到门口坐在石头上还哭了好半天。她问：“怎么不叫我？”妈说：“冷天冻地你抱着孩子多难。”妈叫我和五姐、三哥给大哥带了点孝，一人缠了两条白腿带，过一百天，表示弟妹们的孝友之情。大哥死了，两只羊都卖了。

从这些兄弟姐妹亲情中，我们感到悲伤，也感到温暖。我们虽是同父异母，但在一起都有一种淳朴的爱心，这大约就是中国农村的传统风气和习俗。

还回来干啥

到腊月十五，家里又添了个小妹妹。快过年时，那天我在煤火台上坐着，三哥和五姐都在煤火台前烤火。听见有人打门，三哥跑到院子里问：“谁？”“是我，容禄回来了。”我们一听二哥回来了，都很高兴，我妈却大吃一惊，她知道，二哥是去学徒弟了，不够三年不能回来的。二哥走到屋门口，妈在屋里边床上躺着，对着门口一眼就看到二哥的耳朵都发黄了，没有血色，就问：“你怎么现在回来了？”“我是有病回来的。”妈心里扑腾扑腾跳了几下。又一个儿子有病了，妈嘴上没敢说，心里暗暗地害怕。三哥告诉二哥说：“大哥死了。”二哥说：“哎呀，那还不如死在外边吧，还回来干啥？”

二哥很乐观，说说笑笑，给我们都带来了精神。听妈说，我五姐一岁多，没有奶吃，还有病，都瘦成人丝儿了，妈也有病，就把五姐交给二哥了。二哥那时只六岁，每天把五姐放在煤火台上，二哥给她烧点馍，喂她吃点，再熬点小米汤，喂她喝点。就这样不知喂了几个月。一个六岁的小男孩，把妹妹喂饭养好，可真不容易。妈说在这之前，她抱着五姐去了外婆家一次，过了几个月又抱着去了，我妗子一开门就说："哎呀，又抱来了，还没有扔了啊，这闺女命可真不小。"我二哥脾气最好，从来不生气，说话都是一脸笑。有时不知是谁办错了事，妈怪二哥，把他大吵一顿，二哥只是嘿嘿笑笑，后来，妈知道不是二哥的错，说起来这件事，他还是嘿嘿笑笑。

我小时候，晚上母亲在院里纺棉花，叫二哥把我抱到屋里哄睡。我不愿睡，二哥强给我盖上被子，给我讲故事。他讲一个小偷呀，去一家偷东西，把人家门都摘掉了。我害怕极了，动也不敢动，觉得背后都是凉的，好像小偷就在背后，可就这样睡着了。

就要过年了，二哥当学徒时学会了做饭。妈心不净没有起床，都是二哥带着我们过的年。过得也很快活。听二哥说，他在外边学徒，就是睡觉太少，老瞌睡。上厕所蹲下去就睡着了，擀着面条就睡着了。有时去井边用辘轳绞水，绞不动了按住辘轳休息一会儿，一停就想睡着。妈说："多可怕，要是睡着了，手一软辘轳把打过来，还不把人打到井里！"

过了年以后，二哥的病（也是肺结核病）一天重一天。妈害怕了，催着我父亲说："咱这个宅子是不能住了呀，你赶快看看谁家能借给咱们一个屋，先搬出去住住吧，咱这个宅院可是要吃人了。"

父亲就去找了董青云大叔，他们家从前也是很阔气的，有大高脚车和骡子马；又是个有文化的家庭。青云叔的父亲是个清朝的秀才，青云叔也有文化，他有时还帮我父亲写封信，我们家孩子们的名字都是他起的。他们家一共兄弟四个。青云叔是老大，下边的一个不如一个，两个是弱智，因此都过穷了。他住的也是窑院，有三截院子，第一院的头道门是个葛针门，就是用木杆子钉个架子，用枣树杈编成的，所以也叫柴门。这个门紧挨着大路，出了门就是那个车路。院里一进门东拐是个客窑，那井有四五丈深。客窑隔壁是草屋，这个大窑屋里边都堆着喂牲口的草；再隔壁是个磨豆腐的浆房屋。这一截院不住人，第二截院是个大车门，院里有个客屋，还有个磨面的磨屋，还有个大的推车窑。进了大车门，左边盖了个草棚，喂的是他家的大白骡子。第三道门是个小门，只能走人，这后院是住人的。他家的院子大，一面能打三个窑洞。正北的三个屋，中间屋是青云和老婆孩子们住的；西北角这屋借给我们家了；西南角一个屋借给我们家当厨房。

他家也是三个男孩子、三个女孩子。大男孩子出去吃粮当兵，没回来。家里这两个男孩子，大点的八岁，小点的只有两三岁。小姑娘四五岁。两个大姑娘大了，大约有十七八岁。

大概是正月二十几就搬到他家去了，可是搬到人家家后，二哥就没有起来床。搬去也就是一个月的时间，阴历二月下旬不知哪一天，天还不大亮，一阵乱哄哄的说话声把我惊醒了，睁眼一看，床上都没人了。特别是我二哥也不在床上，我很奇怪，二哥是不会起来的，他到哪儿去了呢！我也不敢问，就起来找，各屋各院都找遍了，也没见二哥。一直到晌午，我还不知道二哥在什么地方。因为在人家家住，妈也不敢大声哭。

三哥也是，天不亮，妈就把他喊起来，跟他说："你赶快起来去你大姐家，叫你大姐赶快来。你就在她家，不要回来。"三哥也不知道啥事，起来慌里慌张就跑。一直跑到南岭上，那里有我们家二亩地，地头有两个土工在打墓，三哥一见，才知道是给二哥打的墓，一下子他就哭了起来，一直哭到大姐家。叫大姐来了，他也不敢回来。这次，把四个姐都叫来了，妈说："在别人家住，要不叫哪个姐，过几天又哭着来了，怕人家不高兴。该哭的都尽着哭，以后不许哭。"

听妈告诉大姐们说，那天夜里，看着二哥病重了，她哭了。二哥那时脑子很清楚，他说："妈，你哭啥，你不要哭，我好了我孝顺你。我出去挣钱，不叫你受穷。"他大声说着话，父亲知道他不行了，怕在家里断了气，人家房东嫌不吉利，就赶快找个床板，把二哥抬到大门外的草棚里；但是又怕二哥知道把他往外抬会伤心，父亲就哄着他说：“容禄，来，爹给你换个地方，你睡这个地方不得劲儿。”把他往床板上抬时，他说：“你们别动我，别动我，看你们把我动得很难受。”抬到床板上，他就没有再说话，到草屋里他就断了气。

到下午，买来了棺材，要盛殓时打开草屋门，我才看见了二哥。衣服都穿好了，绸大褂，那叫估衣。麻屯集上有几家估衣店，专为死人做衣服。活着不管再难，死了都要买一身好衣服穿上。把二哥盛殓好，装在棺材里钉住了，父亲这时出来坐在石头上才大哭起来。接连死了两个儿子，他太伤心了。有些人劝解他，大家把棺材抬走了，父亲也跟着去了。妈哭着追到大门外的路上，一些婶子大娘们拉住她不去看下葬。妈坐在大路边哭了好半天。姐姐们都送着棺材往地里走了。只有我抱着两个月的小妹妹不能去，站在那草屋隔壁的豆腐房门口，抱着小妹妹在小声哭泣，我不会像大人们那样大声号哭。

吃斋行善

一九三六年后半年到一九三七年初，我们家八个月里死了四口人：一个妹妹平娃儿，一个弟弟容安，两个哥哥。母亲一下子傻了，成天仰着脸儿坐着不做活了。三哥还要上学，到另一个叫老凹沟的村去上学，大约是五年级。那里的学生都是有钱人家的孩子，气粗，老欺负我三哥。因为家里出那么大的事，三哥也吓胆小了，他们越欺负他，他越不敢吭声。他们就骂我三哥说："作闹得红，死得快，最后落个皮布袋。"三哥回来跟母亲说了，母亲哭了一场，以后再也不叫三哥去那里上学了。

母亲和父亲商量，把我三哥的名字改了吧，不随那两个哥哥的名字叫了，也不跟他们排大小了。以后不要叫三哥，就叫哥。我父亲又跟青云叔说了，叫他再给我哥改个名字。青云叔想了想说："就叫镇京吧！镇京这个名字又辟邪，又好听。"我父母都很满意。青云叔这人真不错，现在想起来都很感激他。借给我们屋子住不要一点房租，我们搬家，他帮助搬。二哥病重时，帮我父亲找床板，又把二哥抬到草屋里，后来埋葬，都是他帮的忙。

这一年春天，我母亲不做活，也不做饭，五姐十一岁，我九岁。五姐学着做饭，我学刷碗。一天刷两顿碗，早上和中午。我那时还够不着灶台，刷碗时，还要搬个小板凳站上去刷，所以晚上不敢叫我刷。晚上天黑是五姐刷。这一年也没有纺花织布，母亲没心做活了，可是我和五姐的担子越加越重。我们还要磨面，开始是我和五姐俩人磨面，还能在磨屋里玩一会儿，牲口走着，我们在扫帚上撇几根小竹棍儿，用布缠个小女人脚，再粘上双鞋，缝个裤子，再做个小上衣；用白布和棉花包个头，再画个鼻子眼，就像个小妇人了。有时做两三个小人，也是一家子，有大人、有小孩。叫他们走亲戚，拾些小瓦片给他们做饭吃。玩一会儿，磨台上面下了很多，我们赶快箩面，我管收我姐管箩，嘴里说着："赶紧，赶紧。"说得快，箩得快，赶一会儿就箩完了。快磨完了，五姐把磨顶上扫扫，再用簸箕端着麸子倒上去。一遍一遍地磨着。有空了我们就玩一会儿，没空就赶快磨，玩儿不能耽误磨面。夏天时候，中午大人都休息了，我和姐姐在屋门口玩一会儿小人家。我们玩了以后，要收起来，不能让母亲见，见了她要吵，不叫玩的。

后来又叫我一个人磨了，不能和五姐一块儿玩了。一个人磨很紧张，又收又箩，还要扫磨顶。我够不着，还得叫牲口站住，我拉住磨上的铁环上去，跪在磨台上把磨顶扫下来，下来再让牲口走。大人说面下完了就喊大人来帮我往磨顶上倒麸子，有时喊他们，等半天也不来，我就自己端一簸箕麸子往上倒。叫牲口站住，把簸箕放在磨台上，我再搬住磨棍上去，跪在磨台上，再把簸箕端起来倒到磨顶上。我一个人磨面，每天再刷两次碗，再帮五姐做饭。有时候，四姐来了，她有个小男孩，一岁多还不会走路。四姐带着他坐在院里做针线活，叫我磨上的面下完了，喊她来给我往磨顶上倒麸子。有时我喊她，孩子又闹她，四姐就说："你抱着孩子去玩吧，叫我来磨。"这是我最高兴的事，可这样的机会不多。三姐来了也是这样。三姐也有个小男孩，和四姐的孩子一样大。三姐也让我帮她抱孩子，她替我磨面。

到秋后，红薯没处放。隔壁有个保仁叔，他说他们大门外有个红薯窖，让我父亲把红薯放到里边。这个窖的直井筒子小，只能小孩子下去，大人下不去。孩子下还得用绳子系下去，再拽上来。绳子拴个篮子，我站在篮子里手抓紧绳子，父亲把我系下去。出了那么多红薯，都放下去还得把红薯摆好。红薯窖有两丈深，伸手不见五指，所以在窖底下放一盏灯。每年都是我下到窖底，都是我一个人摆的。开始我不会摆，一篮子一篮子系下来又那么快，我都收拾不过来。父亲告诉我拣大块往边上摆，边上摆齐了，里边把小块红薯倒进去摊平就行了。一层层摆满，顶住窖顶了，再往前摆一层，一直到最后摆了满满一窖，摆到了窖门口。

开始下窖拾红薯，五姐也想下，她觉着好玩儿，父亲给她系下去，再拽上来，像腾云驾雾一样，很有意思。我俩争着想下去，可是五姐要想下，我就争不过她了。后来都不想下了，都害怕下去。五姐不想下，她就一次也不下了，我再害怕也得下。父亲哄着我说："你身子小系着轻，来吧。"这以后拾红薯都是我一个人的事了。那么深个井筒子，下去有两丈深，进到窖里什么也看不见，赶快摸呀，摸着红薯赶快拾。老怕里边有什么蛇和青蛙可怕的东西。每次至少要拾五六篮子，装满两箩筐，挑回家。那时我才九岁，就要顶个人干活。房东家还有个奶奶，就是青云叔他妈，是加入了什么“磕头道”的。这是个吃斋行善的道门，每天晚上要磕多少头，吃斋是不吃肉，行善是光做好事，不做坏事。这个道，吃肉不吃肉我不知道，我只知道她并不行善。我们村里有两个老太太，都信这个道，可她俩都不行善事，都是骂人专家。西头那个老太太有个对手，是长乐媳妇，比她年轻叫她婶子的。她们俩骂起架来都不分辈数大小了。那个女的也不饶她，就说：“你吃斋的，栽死你，你行善的，没有骗干净。”这俩人骂起来，能对骂一天，搬个板凳坐在村街上对骂，有时身边还放一碗茶。骂得肚子饿了，回家做点饭吃吃，再出来对骂。她们就是都坐在街上，也是互相离得远远的，谁也不看谁，只是骂对方，能听见就行。

我们同院这个老太太没有对手，没人跟她骂架，只有她一个人成天骂别人。她老骂我们家人，因为我们住她家的地方。我们连她的中间院都没敢去过。有一天，我在院里，五姐喊我，老太太在屋里说：“这跟牤牛叫一样，是干啥哩！”她整天都是信口开河地骂人。她还骂我母亲说：“整天仰着脸不做活，笔挺样的小儿子都死了，怀里还抱个血儿子（小闺女），还不掂住腿摔死了，要她干啥！”这话有人告诉我母亲。其他的事，母亲都能忍受，这几句话，母亲太伤心了。这些骂人的老太太，把骂人当娱乐，她们把骂人当作一种“宣泄”，把骂人当作一种“创作”，她们也不生气。

我们家本来打算还还气，我们卖二亩地，想再打一所新窑院；可是八个月死了四口人，父亲的精神上受的打击也太大了，钱上也不行。怎么办？母亲说：“再换换家吧，再找一家借住一年，咱自己再打一所窑院搬回去，咱就有个家了。”

父亲勤俭的精神支柱倒了，他把自己当作不吉祥的人，所以任凭人家骂，也不敢还口。他不知道结核菌是罪魁祸首，只认为自家前世作了孽，所以总是忍气吞声。

03

要得富，三丈布

再一次搬家 /

女孩子上学 /

当贺客 /

织布弹花出力活 /

麦子到场，小孩没娘 /

董冰，1988 年摄于家中卧室

再一次搬家

青云叔家不能再住了，父亲找了一家姓赵的家里住。他叫赵圪塔，这个村就这一家姓赵。他家有一个老太太和他媳妇，还有个小孙女儿一岁多。他在外村给人家扛长工，长年不在家。

赵奶奶很高兴我们去住，跟她们做个伴。她家也是出水窑院，院子不小，一面也有三个屋。特别是大门外边一个大窑洞，冬天都在那里晒太阳。因为那儿没有墙挡，从上午到下午都有太阳照射。只等太阳出来，把大小孩子都弄到那大窑院里。会爬的就在地上爬，会走的就在地上跑着玩。

孩子们到那新环境里，算是得到了解放，他们高兴，大人也省劲。大人们可以坐着聊天，做活。

下来那个窑走十几步远，再下边就是那一条车路了。这赵家又靠村西了点，还算是村子中间吧。

搬到赵家已经是一九三八年初了。往赵家搬，青云叔又帮我们搬。搬来后，青云叔也常来我们家串门。这年春天，我三姐有病，在家里住了一春。三姐的丈夫不在家，他是在兰州铁路上打铁的，每年春节只回来几天，三姐也只有靠我们家了。三姐的病还是肺病，才开始病不重。外屋的案板底下，是个鸡子下蛋的地方。我记得有一天晚上，黄鼠狼进屋偷鸡蛋吃，只听见咯吧咯吧声，母亲就赶快吆喝："猫猫。"把我吓得蒙住被子，动也不敢动。三姐点着灯，出去看看，见还剩两个鸡蛋，就收起来了。哎呀，三姐真胆大，我可真不敢出去看。

三姐的病慢慢重了，父亲经常赶着车去找医生看。有个医生告诉父亲说："她的病很重了，该给她买点好吃的，就给她买点吃吧，她的病是不太好治了。"父亲不知又跑到什么地方找了个医生。医生给看了，他弄了一张大膏药，给三姐贴在背上。三姐的病真是慢慢地好了。

女孩子上学

这年春天，国民党政府也有一段时间要叫女孩子上学。村里的甲保长，还有好几个人都到各家去登记。谁家有女孩子，都叫去上学。

到我们家，大人都在场里，他们去跟妈说："你们家的女孩子也得去上学啊。"我妈说："女孩子上什么学，我们不吃饭了？"人家说："那你家两个女孩至少也得去一个。"我妈把刚一岁的小妹妹抱起来说："给，要上学，把这个抱去吧！给我抱住孩子，我也清闲一会儿。"

人家没办法，说不通我母亲就走了。他们只好去学校动员学生：谁家有姐姐妹妹叫他们给报名上学，不报不行。那时我哥还在村里学校上学，我哥就把我报上了。

这是新办的一班，学校是个草棚屋，用土坯垒了几排土台子。每人搬个小板凳，坐着上课。我可高兴了，不知去上了有十天没有，我妈就不叫我去了。过了一段听说上边下来查学了，我哥跑着回来叫我赶快去，因为把学生都得叫齐，我又搬着板凳去了一天，第二天又不叫我去了。

我老想上学，母亲和五姐却不让我去上。我整天在想，除非是官方来罚她们钱，或者来几个人把我父亲绑走，他们才会让我去上学。我曾经这样想了很久。后来我也想通了，如果真有一群人来把我父亲抓走了，我还会可怜父亲的。算了，我也不上学了。我父亲是很慈祥的，我去上学他也高兴，母亲不让我去他也没办法。

这年我哥十五岁了，母亲还是害怕他生病。听村子南边有几家人说，他们不知跑到什么地方，信了一种教，那时也不知是什么教，只听说教里有师爷。说这师爷很好。在春天母亲就托人把我哥带去。

那地方是外县还很远，当天回不来，妈给哥准备了吃的带着去了。路上要过条河，我哥不敢过，还是人家大人把他背过去的。哥就去了一次，回来买一张大红纸，不知找谁写了些字，说是神主贴到墙上，下边放一张桌子，上边放个香炉。每月初一、十五都上香磕头。把师爷就敬上了。这样母亲思想上算有了依靠，她觉得有师爷保护住我哥，就能平安无事长大成人。

就这样，这师爷在我们家占了主位，不但初一、十五上香磕头，过个什么节，吃点改样饭，都是先供供它。我们搬了新家也给师爷请去，一直在我们家供了好几年。

我和五姐两辆纺车，并排放在东屋里。除了做饭、磨面，家务活干完，有空就坐下纺花。我们两个纺着花还说说话。五姐比我知道的事多，有时也吵嘴，吵完，各纺各的花，谁也不说话。

当贺客

这年夏天的一个早上，我磨了一早上面，该卸磨了。那驴也累，它急着走。卸套时，我够不着驴背，要把套往后送，就得站在驴跟前。它大概觉得套已卸下来，就猛地上前走了一步，这一步正踩在我左脚的拇指上，我很疼，推它也不动，打它两巴掌，它也不动。我又疼又急，看着它没办法，只好使劲把脚拽出来，指甲已经快掉了。

牵驴出去打了滚，把它喂上，收拾好磨屋，再去帮五姐做午饭。后来脚伤感染，肿了不能穿鞋，就只好光着一只脚走路。收罢麦的天很热，太阳把地晒得很烫，我就那样场里跑家里，家里跑场里，脚也出脓了，足有一个多月都穿不上鞋。

冬天里，我们本家二哥家的大孩子要娶媳妇儿。妈说叫我和姐姐去给他行礼。父亲和哥哥是去帮忙。这是自家人，我和五姐去当贺客。那年我十岁，五姐十二岁，我俩第一次去坐桌当客人。像这样娶亲坐桌的场面，只有舅家过事，或者是本族户，家大人多，机会才有。我们的舅家户也不大，有几个表哥也没有娶上媳妇儿，所以，以前我们就没有这样参加喜宴的机会。

母亲前两个月就告诉我和五姐说，让我们俩去，她不去，她让给我们了。我们特高兴，巴不得赶快到那一天。我纺着花，

董冰，1993 年摄于家中客厅

掰着手指头算着，还有多少天。这一天终于来到了，一早起来，做了饭吃，父亲和哥先走了，我和五姐一人穿一身农村那种家织的格子布新棉袄和棉裤。母亲用红纸包几元钱，叫我们拿去交到柜上。交了钱，我们前后院跑着看了看，真开心，到处都是喜气洋洋。

他们家住的是房子，院子小，进去大门，还有二门，中间是个扇屏门。正当院放一张天地桌，上边放一斗麦子，用红纸糊着。斗上边插着一根尺子、一杆秤，尺子是挑盖头用的，秤不知是什么用处。

中午坐桌吃饭了，我们那一桌坐的全是孩子。由我那个本家堂嫂坐桌上招呼着。一桌本来是坐八个人，我们坐了十二个，一人一个碗、一个勺。一张桌上有两个“受劳人”：一个是上菜的，端个条盘，往桌上送菜；一个是下菜的，站在桌边，条盘来了，他把碗端下来放桌上，再把空碗放在条盘上让端走。那碗一放上桌，都抢着舀开了。叽里咣当，叽里咣当，勺子碰勺子，勺子碰碗，抢得快能抢两勺，慢的只能舀一勺汤。开始是上八小碗，小碗就是烩汤，这也叫“洛阳水席”；小碗吃完以后再上八大碗，好东西都在八大碗里。孩子们不知道，上小碗都是抢着吃。才开始，碗放到桌上才舀着吃，接着是碗才放下，上菜的人手还没离碗，几个勺子都下到碗里了。到后来，碗还没放到桌上都抢开了。我堂嫂是个孩子头，她也不管，所以我们跟她坐在一桌上都很自如。等大碗上来了，大家都已经吃饱了。一碗碗的红烧肉、大丸子都又端了回去。这一天我和五姐也算开了眼界，吃了桌，很幸福、很愉快地回家了。这是我一生头一次吃宴会。其实那时候的宴会，主要就是有几块大肉。

织布弹花出力活

一九三九年，我们家合计着要打新窑院了。在邙山岭上打一所窑洞最便宜了，大约有一千斤麦子就可以挖一所窑院，约等于盖一间房子的钱。过了春节，家里天天都讨论这件事，要去找个看地先生看个动土的吉利日子。到那天，父亲和哥哥去把那块地中间用镢头刨了个大坑，这就算是动过土了，也就是告诉土神一下，让他们搬家，我们要在这儿大动工了。然后再找土工头说说，人家要一千斤麦子。五百斤给人家作为工钱，再把五百斤磨成面供人家吃。

这一春可不好过呀，我和五姐得给人家磨五百斤麦子的面，我们家有六口人，也得吃，我俩成天是收拾粮食磨面。

另外还有一个大任务，也是要今春完成，就是我哥今年虚岁十七了，该娶媳妇儿了。那时农村的男孩子十七岁娶媳妇儿不算小，因为十七岁是吉利年。新媳妇头天过门，第二天天不明就得起来，去添锅做饭，扫屋地和院地。谁家的新媳妇敢睡到天明，全村都要传她的笑话，都要说谁谁家的新媳妇睡失明了。谁也害怕这个懒媳妇的名义。那时当个新媳妇可真不容易。

过去的一年里，我们家家破人亡，给母亲的打击太大了。她差一点疯了，两年没有心思拿针线做活。她老想着日子不能过了，过得不像人家。

今年她看着又有过头了，打一所新窑院，搬回去住着，再给我哥娶个媳妇儿，又过得像一家人了，她的劲头又来了，又要拼命干了。

那几年，父亲也收了点棉花。母亲弄了十几斤棉花，一个人坐在西屋地上，整整弹了三天，恐怕胳膊都累肿了。她没有说，我们也不懂。我们只知道，人就是干活的机器。不知道会不会累坏。

母亲弹着，我和五姐两人搓花絮，用高粱秆上的细秆子，把棉花卷上搓成花条，再一把一把地捆起来。该做饭了，我和五姐去做，吃完了，还来搓。弹得鼻子、眼睫毛都飞成花了，母亲也从没说过她累。常言说："织布、弹花出力活，惠缝篮儿里挂油馍。"母亲出力活干得真不少，可她从没吃过油馍。

弹完搓完的棉絮，一个大被单都包不住。包了一大包，小床单又包了一小包。这两包棉花，我们母女三人今春都要把它纺成线织成布。母亲起早搭黑，一天纺三两线。我和五姐除了做饭、磨面，得空就坐下来纺花，有重任在肩，我们也自觉地不敢玩了。我有时和五姐磨面时，还是偷着玩一会儿，玩小人家走亲戚。一个人磨就顾不上玩了。不磨更不能玩，要纺花。母亲纺的线细匀，是做经用的，就是往机子上缠。我们纺的线不好，只能当纬线织布用。

妈纺一半，我们俩也得纺一半。母亲整天赶着纺，纺着纺着，妈累病了，是发疟疾。那时，这疟疾病都无法治，只有害着。不知是谁，告诉母亲一个偏方，说是用大蒜捣成泥，用橡子树上那橡子壳装上蒜泥，扣在手脖内侧，再用五色线扎绑紧，一天一夜就好了。可是第二天解开一看，妈的手脖那一片全叫蒜泥烧烂了，病也没治住。害着病，又烂着胳膊，妈还照样纺花。这病是隔一天下午发一次。这一天要不发病，还要纺三两线，第二天下午发病，只能纺一两半线。下午要纺到病来，浑身发冷发热才躺下。这样一直拖了好久。

窑院打成，该打四边窑时，我父亲说："把中间那个屋打深点，将来我老了，闺女们多，怕都来了住不下。"可是按规矩窑深五尺。母亲是叫死和病把她吓怕了："该打多深打多深，你多打，万一不好了，后悔也来不及。"她是怕打深了，要动着土神了，又是全家不得平安。父亲不听，走了。她想那所窑院撂了，弄得两年无家可归，现在累断老腰打一所新窑院，你再把它打出问题，到那时搬石头打天都不成，还怎么过！母亲放声大哭起来，纺着花哭着。一会儿，房东老太太来问："镇京她妈，你哭啥？"我妈跟她说了，她说："你哭有啥用？你去跟土工说说，不叫他打那么深就行了。现在去说还赶得上。"她这一说，我妈站起来就去了，跟人家土工头说了说，不叫多打那么深。俗话说"人在事中迷"，真是不假，我妈就没有想起来跟土工说。她只想她只能纺花，打窑院是我父亲的事，她的意见，父亲不听，她只有哭。其实她说说，还是有效。我们这个房东赵老太太，人也不错，很胖，走起路来两边晃，大红脸，眼很小，一笑就没有眼了，还爱说笑话。那个保仁叔本来叫她婶子的，特别爱跟她开玩笑。那时我们那里的风俗，过红白大事上桌全吃一种用粉条、淀粉、肉汤和在一起，再把五香料放好，上笼蒸熟，叫丸子疙瘩的主菜，所以保仁叔一看见这老太太，就笑着说："你这老婆儿还不死，我急着吃你那丸子疙瘩哩！"老太太也笑着说："你这小杂种，我就是不死，就是不叫你吃丸子，想掉你的牙。"

赵老太太家场上长了一棵大杏树，叫"麦熟杏"。杏子和麦子一起熟，老太太怕孩子们偷，看得特别紧，谁走到树下停一停，伸手摸摸帽子，她就要吆喝。我们那个地方杏树少得很，看见一大树金黄杏，都馋得想吃一个。这老太太下死劲看住不叫吃。听说有一年，一天夜里她家人都睡了，有几个年轻人把她家大门从外边扣上，都上树摘杏子吃。他们故意把树枝弄得很响，把老太太惊醒。她起来去开大门，开不开，急得在院子里来回转着，吆喝着骂。第二天上场看了看，掉不少杏树叶子，她不知是谁偷的，只好骂两句算完。

因为我们在老太太家住，不愿惹人家讨厌，所以我们从那杏树下经过时，走得很快不敢停，连仰脸看看都不敢，怕她说我们老想吃她的杏。有一天我很早起来去看场，从树下走过，见一个大黄杏掉在地上，是熟透了落下来的。我拾起来吃了，真好吃！我那天起得早，她还没上场。如果她上场了，我拾都不敢拾。从树下过不能弯腰，得直着腰走过去。

麦子到场，小孩没娘

新窑院快打成的时候，到晚上，吃了饭，土工们都下工走了以后，我们都跑去看看这来之不易的新家。真好啊！那么大个院，站在窑垴上边说话，下边还有应声。听着哇啦哇啦的声音真灵啊！两年了，自己没个家，都是住在人家的家里，总觉得低人一头，老怕惹人家讨厌烦恼，走路都得脚轻点。

现在我们有个家了，还是个新家，都急着搬来住。这个院子大，也是一面能打三个窑洞。才打成的院子太潮湿，另外，也用不着那么多屋。先一面打两个屋，北面中间屋我们住，西北角一个屋我哥娶媳妇用。西边墙上两个屋，一个是磨屋，一个屋放草喂牲口，门口放个织布机子。东边墙上也有两个屋：一个是厨房；靠大门口的是个客屋，客人来进了过洞就拐到客屋，客人们不能到院里去。

一交工，大门安上，屋门还没有安，我们就搬去了。屋里太潮，不安门让晾晾，人只管住，到冬天再安门；只要大门能上住就行了。搬了家，还要纺线织布。母亲身体又不好，又要收麦子，她说：“收麦前必须要赶着把布织下来，不然那线就要潮坏，织不下来了。”织这十几丈布，还有个风俗习惯，就是还得给女方送一块红布。俗语是“要得发是两丈八，要得富是三丈布”。妈说：“要得发两丈八，扒扒碴碴的不好，不如要得富三丈布，就送三丈布吧，图个吉利。”

在机子上织着量着，那三丈布太粗，机子上卷不下。妈把布取下放在腿上再织，织够三丈就剪下来卷住放箱子里。又织个被里子，是四幅，褥子面是三幅。

妈织着，我和五姐纺着纬线，几乎赶不上妈织。我们纺花纺得多了，纺得怯怯害怕，老怕往那车子怀里坐。那阵子四姐来了，她当院铺上一条席，再铺上个被子，在上边做绸衣服。我看着铺得那么软和，真想躺上面玩一会儿。躺上后看天那么高，那么蓝，太舒服了！可是不能躺，五分钟也不行，三分钟也不行，得赶快去纺花，妈等着要线。一春天，两大包棉花都纺得剩不多了，我们纺着棉花问妈：“再有多少棉纱就够了？”

妈说：“一个人再纺几两就够了。”我和五姐提提劲，再鼓住劲纺。纺几天再问，妈说：“再有二两就够了。”我们更有劲了，可是二两纺完了还不够。妈织得快，催得快，“一人再纺一两足够。”妈说着织着又叫我们纺几个花条。终于把布织下来了，我们心里都放下了一块石头。纺棉花这个活，太拧磨人，农村小姑娘都怕纺花，一个动作一纺一天。

紧接着要收麦子。那时又想过麦天，又怕过麦天。麦天的气候好，听到网包轮子一响，好像心里都开了花。去地里跑跑，可以不坐在屋里纺花，还能吃上油馍、蒜面。怕的是劳累。麦子一熟，人都不要命了，俗话说：“麦子到场，小孩没娘。”孩子都不要了，起五更搭黄昏，割麦子割到半夜三更，回家睡一会儿，听到夏鸡叫，又该起来去地里割麦子。我老瞌睡，老怕夏鸡叫。那时候农村有一种鸟叫夏鸡，麦子快熟时它就飞到农村里来了。每天天不亮它就叫，人起来去地里，干一阵子活天才明。夏鸡本来是一种好鸟，叫得也很好听，可是我那时候太累，所以听到它的声音，就像听到乌鸦叫一样。割麦是割麦，一天到晚，我还是个“腿子”。家里跑到地里，地里跑家里。往地送茶，送饭，拿什么东西。光那个窑坡，一天上下跑无数趟。到中午，两条腿软得只想跪倒，下不去窑坡了。实在跑不动了。特别是累死累活地干了一天，把麦子运到场上，堆得很多，大家实在没劲儿去搭垛了，决心弄到场里就不管了，明天再说。可是吃罢晚饭，呼雷闪电的雨来了，这就又不由人了。赶快上场搂麦搭麦垛。闪电打得更紧，雷声越来越近，再来一阵风，人的劲头不知从哪儿来了，这叫抢场。我记着有时抢着，雨已经下了，麦子还没收好，看着地上都湿了，我哥说："赶快叫妈先回家吧，要不一会儿窑坡滑了，她下不去。"那么长的坡又陡，下雨滑路，她那小脚，就是下不去。

夏天热了，父母嫌屋里潮，他们在院里放了两张小床，晚上睡院里。我和五姐，也不想在那又黑又潮还有跳蚤的里屋睡，我们也各自找一块小木板，在外屋那门口各占一边，支起两张小床。我们夜里最怕听见我妈吆喝那猫头鹰叫。我们那里说那种鸟叫瞎土雀，迷信的说法是那种鸟叫不吉利，说它很凶。人都怕它，说它一叫就要死人，所以我妈夜里一听见它叫就要骂它："卖砂锅、卖盐的都来吃瞎土雀肉！"我们夜里听到了都吓得头发都竖起来了，头蒙在被子里动也不敢动。现在才知道猫头鹰是益鸟。

收罢麦子，妈也累病倒了。我也忘了她这次是什么病。妈觉得自己病得很重，想着是不行了。那天父亲和我们几个都在她跟前，妈告诉我们："织好的布都在箱子里放着。那一大卷子红线缭着的三丈煮红布是给你嫂子家送的，那一小卷红线缭着的煮红布是做被面的。还有一卷较大的蓝线缭着的染蓝布是做被里子的，一块较小的染蓝布是做褥子里的。最小一块印花布是做褥子面的。"这一说我们都哭了。妈太可怜了，我们都离不开她。慢慢地，我妈的病又好了。

大约是阴历七八月份，枣子都熟了。我们家请了木工给哥做结婚家具。桌子、门、床，一个人做了好久。都是五姐做饭，我帮忙。该磨面我磨，中午擀捞面条，晚上蒸馍。场上晒着枣子，五姐叫我拿些回来洗洗，卷在面里蒸枣馍，蒜汁调豆角菜。这一年我十一岁，五姐十三岁，五姐已经包下厨房做七口人饭的事，父母和哥哥整天在地里干活。

04

三年不看婆家灯

猪羊一碟菜 /

打醋炭，保平壶 /

三天瞧，六天回门 /

1981 年，董冰和长媳李宝琴及孙女李桢青，摄于郑州

猪羊一碟菜

我哥娶媳妇是那年阴历九月二十一日。过罢春节，父母就商量着找了个先生看了好日子，还写个红帖，买两包点心带上红帖给人家女方送去，叫人家也做个准备。农村的风俗是允许女方母亲把点心留下，把红帖子退回去。要男家再送，再掂来点心，就是想多吃他几包点心。送两次、三次的也有。我嫂子母亲没有这样做，就一次收下帖子了。那时的农村习惯，是这个红帖一送去，这个闺女平时就不愿再出门了。农村里这种消息很快就传遍全村，都知道这闺女今年要去婆家了。这年夏天她也不能上场里，不能坐在大树下跟那些女伴们纳鞋底聊天儿了，跟同伴们没有共同语言了。一知道她要去婆家，谁见她都要细看她几眼，而她也不好意思见人，只有自己在家里赶着做点活，纺点花、安点布，给自己做点衣服。她也没有像孩子样的自由自在的玩心了，她的思想一下子改变了，心事重重。她要离开这个家，到一个陌生的地方去，去伺候公婆。到婆家去，可不比在自己家。在自己家里就是伺候人也是自由的，到婆家立站都没有地方，站的不是地方就得受气。不知道陌生的家庭怎么样？有的家人脾气不好，挨打受气投井上吊都是有的，所以女孩子们在这一年是特别害怕。

对男方来说，也是隔布袋买猫。媳妇娶到家，拜过天地了，还不知是红脸、黑脸、白脸。

阴历九月初五那天，很冷，父亲和哥在北岭上地里耕扁豆。我和五姐、母亲在家织布，再给哥织块袍子里。是用蓝线白线加一根红线，织成花格子布。黑袍子花格子里，蓝洋布大衫子，戴一个礼帽，再穿一双皮底鞋，这就是新郎的标准打扮。

又紧又累的一年，直到这时，只剩十几天了，布还没有安到机子上。织下来再洗洗，还要在快干时用棒槌狠槌成平光，干了后才能用新棉花套成袍子。光我们可真做不出来，后来几个姐姐来帮助做，快得多了，才把这件新棉袍做好。

这次父亲要大待宾客。家里就这一个男孩子了，父亲也愿意待客。村里人也愿意帮忙，磨了二百斤麦子，家里的一盘磨，磨不过来，借别人家的磨来磨。一个下午同时套三盘磨，我二姐来了，帮母亲干活。她有两个姑娘，大的和五姐一般大，小的跟我一般大。大姐也有一个姑娘比我小一岁，都来了。我们这五个人玩得最好。那几天人多住不下，在厨房里放一张大床，我们五个人睡在一张床上。每天晚上聊天到大半夜，越说越兴奋，也不瞌睡。这一下人多了，一次可以两个人管一盘磨，玩着磨着，很愉快。

父亲整年在村子里都是给人家帮忙办事，这次自家孩子娶媳妇，全村人都要来行礼、帮忙。春天家里买了头小猪，喂到现在有一百多斤重。干粉和粉条是自己用红薯磨的，麦子也是自己地里打的，所以，父亲待得起客。

我哥平常脾气不好，连那头猪也得听他的话。不听他的话，他拿着长鞭子在场上撵着打它，猪跑得快，那鞭子长，撵不上也能够上抽它一下。跑过几家打麦场，转几圈子，赶着打它。我哥打上一鞭子吆喝一声："回去！"到最后猪也跑不动了，好像也听懂他的话，真的乖乖地跑回家，躺在它的窝里，光张着俩鼻孔喘气。光这样的打，那猪也不知挨了几次。猪也有表情，有时它高兴的时候，在院子里走着张着嘴，哈啦、哈啦地叫着，和笑一样。看着它那眼睛，就像是很高兴。给它倒点食，它高兴地哼哼着跑快去吃。吃饱了在院子里转几圈子哼咛着，看着它是很快活。

到办红事前这几天该杀猪了，也不知是大家议论哪天杀猪，叫它听见了，它怎么会知道害怕？那猪真是懂得人的话，这几天，它明显的没精神了，也不上场上去了，也不在院子里转了，成天卧在它那窝里，给它倒食，它不吭声地走出来吃吃，又不声不响地回窝里躺下。谁要从场坡上跑下来，它受惊害怕，哼哼地叫着，耳朵支棱着，两眼瞪大，朝大门进来的人看。见是小孩子，不惹它，它又躺下不吭声了。看见束白围裙的人，它最怕，先要惊一下子，叫两声。这头猪整天提心吊胆地等待着。

这一天终于来了，父亲请了一个杀猪的。这人束了个白围裙，一进大门，猪在窝里就看见了，它知道这人来得不善，瞪眼，竖耳，张着嘴准备应战。让它出来它死活不肯，用棍子敲着它出来，它张大嘴想咬人。最后猪还是胜不过人，被揪出去了。

猪通人性，我是有体验的。特别是农民家养的猪，它整天和人生活在一起，所以对人的生活、说话、表情，它都懂。可是它也没有办法，“猪羊一碟菜”，它来世上就是让人吃掉。

打醋炭，保平壶

快过红事之前，孩子们也得收拾一下，父亲要给我哥剃头。女孩子们虽然留了头发，但下边还要剃一圈。父亲一个一个地都给我们洗洗剃剃。二姐再把每个人头上边的头发剪齐。我们都整齐多了。这几天，我们不干活了，只抱抱孩子，跑跑腿儿。厨房里的活，几个大姐都干了。前三天家里就请了个蒸馍师傅，蒸了一天一夜的馍。

二姐夫在家种地，是个老实人。大概是托他去借客棚的，前几天都跟人家说好，等到去拿，人家又借给别人家了。他回来说：“我跟他叮咛了又叮咛，他还是又借给别人了。”听妈和四姐说：“大姐夫外交搞得好，二姐夫老实。”三姐夫那时在兰州没回来。三姐肺病刚好些，农村里讲害过肺病的人要忌一辈子荤腥，不能吃猪肉，因此三姐没来。四姐夫在外边做生意也没来。

二姐夫又到另外处借了个客棚。头一天，村里人都来帮忙，借桌椅板凳，搭客棚。上来我家的窑坡是个大的打麦场，在这场里搭了一个大客棚。棚的三边上全是用蓝布拧的花，叫胡椒眼儿。这么多人要做饭真不容易，厨房里烟呛得进不去人。三个姐和那三个嫂都在里边烙饼、蒸馍。今天都不敢吃新蒸的馒头，怕明天待客不够。掌勺大师傅也来了，在院子南边盘了个大灶，叫八风灶。不知烙了多少饼，受劳的人都打发吃了饭，就是把大厨师给忘了。这可把他给惹下了，把家里准备待客的绰绰有余的东西都偷走了。妈织好的白布撕了八块大笼布只剩下三块了，都让大师傅包东西拿走了。

那天天不亮，就打发那些去迎亲的人起程。前边迎客是一个长辈，伯父或叔父骑一匹大红马，走在最头里。跟着是担鸡的，后边是两个夹红毡的，最后才是花轿。担鸡必须是一只红公鸡、一只黄母鸡。为这一对鸡子，我妈可下劲了，春天买小鸡，妈就全挑那花梨鸡留着担鸡用。妈说："花梨鸡小时不好看，长大成公鸡是鲜红的，母鸡是金黄的。"我们也下劲地喂这些鸡。看着鸡子一天天长大，我们成天挑来挑去哪一对最好。担鸡用的是专门娶亲用的竹编鸡笼。圆笼上有个小圆口，把鸡子放在里边，用红线绳子把那个口网住。这点红绳都是很主贵的，谁家孩子娇，赶紧拽点绑在脖子上图个吉利，因此都是抢着要。

去女方家时走得快，一下子就到女方家了。回来时两个夹红毡的是保护轿的，一边一个护着。遇上路边有棵大树或大石头，都要贴上一张红喜字，人拿着红毡站在那里挡住石头让轿子过去；有个路口也得拿着红毡站着挡住。

从前听说有个故事：一个人娶个媳妇，两年了过不和睦。女的说："既然咱俩过不好，那我还是走吧，回娘家去。"旧社会不兴离婚。男的说："也好。"女方娘家牵着牲口来接，他们家大门口有块大石头，女的蹬上石头要上马，站在石头上以后，女的说："咱们也结合两年了，这就分开了，我给你拜拜吧。"女的给男的拜了拜，男的又给女的作个揖，这一下就说："好了好了，别走了。"就这样和好了，还过得很好。迷信的说法是他们结婚时没有给那个大石头贴红帖，是那石头闹得他们过不好。站在这石头上，互相行个礼，是把法给破了。所以，过喜事时要特别小心。小家庭，又缺钱，娶个媳妇也得样样照规矩办，真不容易。

花轿到村边，得等人拿个筛子扣在轿顶上，才能抬进村。轿子快要到门口的时候，先烧红一个犁铧，就是犁地用那铧。轿到门口要先打"醋炭"：一个人拿着烧红的铧和醋，又一个人拿着一把谷草火，一起上去围住轿，正转三圈，倒转三圈，每转一圈，都把醋倒在红铧上，"吱啦"一声响，味很好闻。这种传统做法是用来除瘟驱邪。打完"醋炭"就该由一个人递"保平壶”挑盖头：保平壶是个长扁形的高嘴壶，壶里空着，但要放上包着红纸的一块钱；人要拿着壶，再拿一根尺子，先把保平壶递给新娘子，再用尺子把盖头挑回家，扎在天地桌上的粮食斗里。这两件事只有两个人能干，一个是婆婆，一个是新郎。我妈前几天都说了，她不想去挑盖头，叫我哥去。妈那小脚，大长窑坡上下都不方便。那两天妈也太累，但我哥脾气那么怪，他不会去！那么多人看，里三层，外三层，他咋会当众干这事？那天我走到窑堖头边看，却真是我哥穿着蓝洋布大衫子，戴着礼帽，一只胳膊甩着，一只手拿着挑住盖头的尺子，走得很有劲，完全不像他原来那别筋头，像换了个人。

盖头一挑走，就要由两个迎客搀新娘下轿。轿门口先铺上一条布袋，再铺上红毡，接着红毡铺蓝布，一块连着一块，一直铺到屋里新娘子的床前。新娘这一路脚不能沾土。新娘下轿，是娘家帮轿的人来搀，四人或六人帮轿，有的还八个或十二个人帮轿。不管是多少人帮轿，轿前面只能有两个人，还必须是亲哥弟，搀她上轿、下轿。只能送她到大门口的门外，门里有娘家去的送女客，等着接。大门下的门槛儿上横放着一个织布机上的“圣子”，圣子上边再放个马鞍子，鞍子上边搭一条红毡。新娘子从那上边过去，这也是辟邪。

娘家要去两对女客，一对是送女客，一对是吃酒客，也叫送饭客。娘家要包些饺子放在食盒里，再配上四色礼，装满一食盒，由两个小伙子抬着。另外还有抬嫁妆的。嫁妆一般人家的是一个大箱子、一柜一桌、一个脸盆架，少数特别有钱的人家，陪全副嫁妆。再没钱的只陪一个大箱子。农村里的年轻人都愿意帮这忙去送嫁妆，到那里能吃一顿好菜。这两对女客要分两批走。送女客是坐席棚车，也吊个门帘，前边可带个孩子压车。这辆车要走轿子前边。那头有两个女接客的，新娘下轿前，先把女客接下车，等到大门里，新娘来了她们接住。这两个送女客，一个年纪大点要穿蓝缎子棉袄、黑缎子绣花裙，头上戴点素花；一个年轻一点的要穿红缎子绣花裙、蓝缎子棉袄，头上戴的花鲜艳一点。

新娘子被一对送女客搀到天地桌前，拜罢天地，再进到洞房里坐在床上。娘家客都外边入席走了，婆家两个女接客的为新娘子梳妆打扮，然后再出去拜灶爷，就是给老灶爷打个招呼，先报个到吧！在厨房门口放上一张桌子搭着红布，上三炷香；地上铺条席，再放上红毡。新娘子站着拜一拜，跪下拜一拜，起来再拜一拜就完了。可总有些孩子搅得她办不成事，故意在席子下边放个棒槌或砖头什么的。她没法跪。新娘到席上都要先走几步，踩一踩，看哪里有空再跪下。

还要拔一棵葱，摸一下火柱把，表示要接做饭这个活了；但一定要小心，那得看是什么人拿来的，敢不敢摸。如果是大人拿来的，就摸一下；要是孩子拿来的就不能摸，因他们可能把火柱疙瘩放火里烧热了。

中午吃饭时，新娘屋里要摆一桌，让娘家的送女客和婆家陪客的坐。新娘不能坐桌，只能坐在床上，娘家人或陪客的给她端点吃。有的新娘也多少吃点，有的人就一点不吃。也有的人吃得不少，当时就会有人笑话她，说："这新娘子今天吃得可不少。"早上起五更上轿前，母亲要给女儿打四个荷包蛋吃，再吃点肉和丸子，这一天都不怎么饿了。

三天瞧，六天回门

农村里，各村都有几个长相端庄的女的，专门出去给人家搀媳妇儿，送闺女。谁家的闺女一接到红帖，她母亲就要去找送女客了。跟她讲好她就不再答应别人了。到上轿的头一天下午，送女客就要来，替姑娘开脸，剃眉，把脖子上、脸上的乱头发都剔干净，再用线把脸上的汗毛都绞干净。开脸后，这闺女只坐在里屋黑处，连自己家的人都不想见了。

头天晚上要装箱，把陪嫁衣服装到箱子里。把箱子锁上，钥匙由一个十岁左右的小男孩子拿住，叫掂钥匙的。到时男家要请钥匙，端个条盘，上面放个红纸包住的钱，这是给掂钥匙的礼钱。钱数不等，可几角，也可几元。那孩子要把纸包拿走，不给钥匙的话，还得再次请，直到他把钥匙放在条盘上。这是风俗，一般孩子都老实，都是一次就给拿出来了。

新娘上轿，必须穿一身红缎子棉袄、棉裤、粉红袜子、绿绣花鞋。上边绣的是莲花，还有红缎绣花裙。夏天，就是伏天，新娘上轿也必须穿一身棉。到拜灶爷时，还要加上披风、云肩，上边有珠子、铃铛和飘带。

娘家的吃酒客，也坐席棚车。这车来得晚些，得等着新娘下了轿，搀到洞房里，把女客都请坐下，那时女陪客的才有空去接她们。如果车来了没人接，就该让主人家难堪了，这都看安排的人了。如来得早了，就在村外边等一会儿。

午饭后，娘家客人都要走了。帮轿的哥哥们还要到后边去看看妹妹，和她话别："我们都走了，过两天就来看你了。"有的新娘见娘家人要走了，就哭了。客人都走后，男方村里的孩子们就闹得更凶了。村里不管谁家娶媳妇，全村的孩子都可以去闹房，闹到深更半夜。

到晚上"送男的来洞房"之前，要把新娘子带来的饺子煮一煮，送给新郎、新娘都吃点。吃过以后，黄昏再送房。都一整天了，新娘子和新郎还没见面，谁也不认识谁。

送房是一个人在前边端个条盘，上边放四盘菜、一壶酒，后边一群人送着新郎到屋里。新郎、新娘吃几口菜，相互敬三杯酒，就算认识了。

我们家闹的人不多，我们住那地方男孩子少。女孩子是不闹房的，最多去看看热闹。到深黄昏，人都散了，我妈嫌没人听房不吉利，就拿了一把扫帚，上边挂个帽子，靠在他们窑门口，表示有人听房。我们五个小姑娘也去他们洞房门口听了几次，想听听他俩说什么话。窑屋那么深，还有个砖隔子，什么也听不见，我们就回去聊天了。

新娘子头天到婆家，她不用到厨房去。到第二天她就要操心了。封火后，停一会儿她要去看看火眼儿吸住没有，等火眼干了，她才能去睡。如果火眼吸住，火闷灭了，她明天早上就无法做饭。

我们五个人在厨房里睡，很晚了，我们还有说不完的话。嫂子来看火眼了，二姐的女孩说："哎呀，我妗子来了。"嫂子问："你们咋还不睡？我来看看火。"我们说："睡不着，光想说话。"

第二天天不明，嫂子又来添锅做饭，我们还在说话。她说："你们一夜没睡呀？""不，我们睡醒了。"

两天后，嫂子娘家两个女的坐着车来瞧，这是三天瞧，六天回门，新娘子还是穿一身红缎子绣花裙，鞋也是红的，肩膀上还是披风云肩，坐在吊着门帘的席棚车里面，门帘外还坐着一个孩子压车。原来当迎客的人领着新郎出村，他们也可以坐到车前边。到人家村边就赶快下来，他们得慢慢走。车得先到女家，接了姑娘回家，再接他们。

中午饭分两顿吃，先是吃一顿饺子，娘家嫂子要给新郎包一个辣椒饺子，新郎不知道，一口吃了，辣得脸通红，也不能吐，也不能剩半截不吃。饺子一端去，那嫂子就急着听消息，当新郎的也有防备，碗在桌上摆好，他先和领他来的人换碗。这个客人咬出来有辣椒，可以不吃那个饺子，放在盘子里。吃罢头餐饭，停会儿是新郎给女家祖宗牌位叩头，叩罢，再给父母长辈叩头。

第二顿饭是八大碗和八小碗的“洛阳水席”，要喝酒。吃这顿饭时，新郎要偷只酒杯装兜里带回去。他要是忘了，领他去的就要替他偷个装兜里。新郎来到这村里，村子里的大小孩子都可以去闹他，要钱。给得不够，把车上的牲口套拿走，让他拿钱赎。

回过门，再回家住三天，是九天了。娘家去接，把新娘子接回娘家也住九天，两头住一般多。在娘家住这九天里，要给婆婆做一双“眼明鞋”，还要绣花。新媳妇儿三年不能看婆家灯。每年正月十五是灯节，这三年里哪怕是十四走、十六回来，也不能在婆家过十五那一天。迷信说：没过三年的媳妇看了婆家灯，婆婆的眼要失明；而这双“眼明鞋”是一定要做的。

头一年是正月初二去拜节，新郎也得去。俗语说：拜节不许歇，歇了死她娘家爹。这天闺女不能住下，过几天父亲再去接她。回娘家住到正月十六再回去。头一年的这天回去，还有个过场叫“添仓”。新嫂子还像回门时的穿戴，坐着车送回去，院子里放张桌子，桌上放一斗粮食，里边放一块钱，用红纸把斗封住。新娘回去上香叩头，然后把一斗粮食抱到屋里倒在仓里，把一块钱拿走。这表示新媳妇把粮装在仓里，就会丰收。

05

打一千，骂一万，正月十六擀顿面

任表姐 /

还愿 /

年三十儿，贴花门儿 /

老驴老马歇十六 /

谢土神 /

送周秘 /

1993 年，李準、董冰与次女李筝子及外孙杨天悦，摄于上海

任表姐

一九四〇年，我十二岁那年，母亲在我们那老窑院时，为了我哥能平安长大，给老天爷许了一只羊。哥已娶了媳妇儿，该还愿了。阴历二月，妈说：“再去赶会，买只羊吧，该还愿了。”我们都很高兴，想着买只羊也是个玩意儿。那天父亲去赶会了，快中午了，哥说：“今天我爹不知买羊不买。”我说：“买只羊我放，放到年下还了愿，还能吃点肉。”

妈说：“你爹回来了。”

我们都抬头看，父亲刚拐过来邻家的墙，后边跟着只小羊，跑得可快。

家里还有个羊项圈，是铁打的，比小指头细一点，羊戴上不勒脖子。再找个旋子，也是铁的，会转圈，戴到项圈上再拴上绳，不会拧坏绳子。这小羊很好看，脸短一点，看着很精气。它饿了就咩咩叫，谁给它拿点吃的来，它可高兴，瞪着眼看人。刚买来，都稀罕，抢着喂，过几天就成我一个人的事了。

一天放两次，少一次也不行。母亲一辈子做活紧，她不会让我空手去放一晌羊，只要能拿在手里的活儿，都给我带上。有时，实在找不到活，就缠一疙瘩线给我，叫我合线。用一个中间有个眼的圆石头，扎上一根筷子，放腿上搓一下，转半天，合成一段绳缠在筷子上。我老怕合不完，牵着羊走着路都合着。也许是母亲的影响，我也是死心眼儿地干活，不敢玩一会儿，想着做完活再玩，但都是活做完也该回家了。

我叔伯二哥家，也买了两只羊，他一个八岁的孩子放那两只羊。一次，俩羊羝架，他吓得直哭，二哥说叫他和我一起放羊，做个伴。我们俩就一起放羊了。缺草的时候，我们跑到老凹沟、后沟、东岭等地，到处找有青草的地方。冬天，地里麦苗出来了，就把羊赶到地里啃麦苗。冬天麦苗不怕啃，旧说法是越啃越旺。

初夏时，我舅来了，他说："任有下落了，我打听到了，在丈量根儿村。"任，是我表姐的名字，她是我母亲的姐姐的唯一女儿。妈说："你去一趟看看呀，离这多远了？"

"有二十多里地，咱俩去吧。"

妈想了一下说："中，咱俩去一趟看看也好。"妈做了点准备，烙点馍带着。第二天很早起来，妈做点饭给他们吃了。父亲把驴喂好，备好鞍子，天还不明，妈骑上驴，舅牵着走了。三四岁的小妹留在家里。这是我妈第一次出远门离开我们，我们真不想让她去。

记得好几年前，有个瞎子来到我们村，不知在谁家门口说，他要找我妈，问她一个外甥女在不在她家。有人去叫我妈了，我妈说："人交给他，他把人丢了，我不找他，他还来找我！"这还是在我们那老窑院住的时候，几年前了。妈去了大约五六天，那天，我们吃了晚饭，在院里坐着，听到场上有牲口蹄子声，窑坡口有人吆喝牲口停住："吁！"我爹先说："唉……"我们喊着："妈回来了！"往场上跑。妈说："你表姐也来了。"听说表姐来了，我们可高兴了，一是没有见过表姐，二是我们家整年没来过一个稀罕客人，所以，急着看看表姐；可是天黑看不见，我们赶快接住回家，到院里才看清楚。这表姐不太理想，脖子有点硬，走路步子大，脚抬得老高，咚咚响。黑影里看不清脸，也不感到亲切。第二天，我醒来一看，表姐坐在院里槌布用的石头上梳头，我起来跑到她跟前看了看，她看着有点憨实。

过了几天，我五姐和嫂子都不喜欢她。妈跟我说："她们不跟她说话，你和她说说话。多可怜！她能住几天？"本来叫她来住一个月，她一住三个月不想走。我上午出去放羊，中午跟她在屋里纺花。她虽然憨，也跟我讲了不少她的故事。

还愿

表姐一岁多，父亲死了，母亲带着她，又嫁了一家，这家的人对她妈不好。她三岁时，她妈又死了。不知怎么凑合到七岁，家里给她说了个婆家，送去当童养媳。那家只有一个老太太和一个瞎儿子，瞎儿子比她大十岁。她成天得领着那瞎子出去要饭。要点干的，得给他妈带回家。要点稀的，她丈夫喝饱后才叫她吃。她用棍子拉住他，哪村里有狗咬，还得给他打狗，他还经常欺负她。

夏天，天太热，瞎子找一棵大树凉荫下睡觉，叫她一个人去要饭给他端回来。就这样要了五年饭。她十二岁那年夏天，天很热，他又睡在树下，叫她去要饭端来。她心想，我整天带着你，你还老欺负我，不如我自己出去自由些，她就这样跑了。一路上不敢要饭，一直向正西跑。这瞎子睡了一大觉听她还不来，知道不对，赶快起来去找她。别看这人没眼睛，他可能着哩！凡是她走过的地方，他都摸到。她还是比他先跑了几个小时，也比他跑得快。那个瞎子走着路问着，到一个村子，有条小河，有人告诉他，看见一个小姑娘到河边脱了鞋，蹚着水过去走了。他也摸着蹚过了那条河，跟着追了她一个多月，没追上。她说：她在外边，白天要点饭吃，一直跑不敢拐弯，怕他追上。晚上，她看谁家门外有个破窑洞，里边放点柴火，她就钻到里边睡一夜，天明了，起来再跑；没有窑洞时，就到场上找找谁家场里有草堆，扒个窝，钻到那草堆里睡一夜。跑了四个月，到八月底，到了一个村子里，有个老太太问她："你家是哪里的？"

"我没有家。"

"你这样跑，天冷了怎么办？"

"我也不知道。"

"那我给你找个家吧。"

"好哇！"

老太太就在村子里找了一家，那家老两口有两个儿子，都十几岁了，没找着媳妇儿，又叫她去当童养媳。她到那一家后，纺花、烧火、推磨、做饭样样都干。她说，他们家黑乎乎的胖小子有两个，也不知哪一个是她丈夫。干了五年活，就给她上了头，跟他家老大结了婚。后来，他们家富了，有两头牛，这家人就越来越不喜欢她了。把牛赶到地里拴着，却让她在家推磨。

她在我们家住了三个月没回，听说人家已经把她卖了，卖到五头村。

冬天里，去地里放羊，母亲叫我缝个大草包，要用三四丈布做。到地里我的手都冻硬了，还是不停地缝。一大堆布成天去地里都抱着，不知抱了多少天。一次半坡村有一家最有钱的人家殡人。那天下午，去地里扫墓，还吹着响器，人哭着在那里祭哩，可热闹了。我在地这头做活，天特别冷，手硬得拿不住针。东头二堂哥家那孩子跑去看了，又回来叫我说："姑，你快去看看吧，可热闹了。”我舍不得去看，因那个包快缝完了，想着赶快做完，再去看心里踏实。我就坐在地上，越是急着做，越是手冻做不成。等做成了，人家也祭完了。吹唢呐的也走了。

快过年时，二哥家先宰了羊，二哥到我们家说：“去神桌前供‘灵羊’时，还得放羊人去跪下，羊才‘灵’，不然羊不灵。”我听了很高兴，这个事谁也替不了我，我一个人放了一年的羊。是在老院里许的羊，还要到老院里去还愿。院里一张长桌上，上着三炷香，羊牵到桌前，人先跪下叩罢头，再用酒杯往羊身上倒酒，羊抖动一下毛，就算“灵”了；羊不抖动，就是不灵，说明神不满意，不收这羊。人都慌了，忙着多给神说好话，多叩头，再倒酒，直到羊抖动了，才算放心。老天爷原谅我们了，把羊收下了。

年三十儿，贴花门儿

过了年我该十三岁了，小孩子最喜欢过年，整年忙一年，过年才能玩耍几天，吃点好的。一到阴历腊月，人们都为过年忙了。男人们下山拉点煤，到城里拉点菜。女人们忙着做衣服。冬天男孩子需要穿黑衣服，织点白布去水坑里坑坑染染。就是买点橡子树上结的橡子壳，放锅里煮煮，煮一大锅黑水。农村里每个村边都有个大坡池，夏天下大雨的水都流在这坡池里。长年不断，底下的泥都是黑的了。用一根长杆绑上个铜瓢，把池底的黑泥挖出来，用黑水把布揉一揉，再糊上黑泥，稍停一会儿，再用一个挠钩挑住布放池里涮。涮干净后再拧干，再揉黑水糊泥，反复染十几遍。这样干一天把手都冻裂了。坑黑了布给男孩子穿。还要安点花布，是用黑线、红线、蓝线、绿线织成花格子布，给女孩子穿。大人孩子都要做一身新衣服、做一双新鞋穿上。腊月初八早上要吃腊八粥。俗话说：吃罢腊八饭，赶快把年办。要收拾粮食来磨面，淘点麦，磨几套三遍细白面，蒸很多白馍准备待客。

客人来吃了，走的时候，主家还要回五六个或七八个白馍。闺女回娘家，要拿一块礼肉，再拿两包点心。娘家收一包点心，收了肉，要回一包点心、七八个白馍。娘家人要去闺女家，这是回拜礼。不拿礼肉，只拿两包点心，对方收一包，回一包，再回几个馍。这时要赶腊月集，一去都是一天，人多得挤扛不动。要买香、箔、黄表纸、蜡烛、红纸，这都是过年少不了的东西。箔是有二寸长的长方形，一疙瘩大约一百张，有一半是白银颜色，一半是黄金颜色。两张白的捏在一起，捏成个元宝，叫银元宝；两张黄的一捏，叫金元宝；还可以把两张合住缠在指头上，拧一下，那叫小钱。捏元宝时，不能一张白、一张黄捏在一起，那叫假钱，不能用。捏一大筐，再用黄表纸抓一把，包一包。到初一五更时，磨房的磨王爷、井口的井王爷、槽头的牛王爷，每个神都要给烧一包。

“二十八，去扒沙”。人们牵个牲口跑老远，去装一袋子沙，再砍一捆柏树枝，叫牲口驮回来。

“二十九，装香炉”。把每位神前的香炉，都换上新沙。

“年三十儿，贴花门儿”。这天在各处贴上红对联，窑里窑外显得焕然一新。三十晚，要忙到大半夜，包饺子、装供品。给老天爷装五碗供食，爷奶奶牌位桌上也装五碗。还要把明天起五更吃的“头脑”需用刀切的东西都切好，因为初一五更不许动刀剪。都做完了，要打醋炭。这是端个烧红的犁铧，端点醋，一个人拿上谷草火，在家里各屋都跑上一遍。每到一个屋都要把醋倒在红铧上，冒一股白烟。打醋炭得快跑，床底下屋角都要用火燎一下。屋里院外绕一圈，送到大门外。这也是除邪。一年了，除除家里的瘟气，清洁一下过新年。打醋炭、除瘟气这个风俗据说是古代传下来的。这不完全是迷信，醋倒在铁上就是能杀菌。

初一五更起来，得先照个灯去牲口屋里看看，看它是站着还是卧着。站着，迷信说是今年收成不好；卧着，今年就是好收成。接着就该烧柏枝了，不让柏枝燃出火，只让它沤烟，直到天明。那柏树枝的烟味好闻极了。当院里，抬上一张桌子，绑上红围裙，后边摆上五碗供食，竖扎上筷子，前边放香炉，两边两根蜡烛点着。屋里爷奶奶牌位桌上也点了两支蜡烛。屋里、院里都是通明。还要放一挂大鞭、三个大炮，这火药味加上柏枝味，飘满院。院子里都是亮的，看天很高，好像天上飘下来了清香味。师爷桌上也点了两支蜡烛，我们全家人对这位师爷还是很尊重的。烧完纸就该吃“头脑”了，“头脑”由一锅肉、丸子、豆腐、白菜、凉粉、菠菜、肉汤烩成。这必须是天不明吃，天明了还要吃饺子。这一天要吃四顿饭，可是到下午都没劲了，再想吃，明天吧！只有等着明天来客人，再热闹热闹。初二早上吃了饭，等着迎接客人。大姐家近，总是先来；二姐也不远，有时坐个牛车来，有时走着就来了；三姐要坐牛车了，三姐最远；四姐坐的是骡子马大车，那时四姐家最有钱。初二、初三如果四个姐姐都来了，初四我们都可以去舅家走亲戚了。

老驴老马歇十六

正月十五是灯节，也是个小年下，还是观世音白衣奶奶的节。农村都敬白衣奶奶，好多家参加这个神社，轮流当社，一年轮一家。轮到谁家，他今年就负责过好这个节。正月十三要搭“百子桥”了，到各家借些大木杆子，架起来有一人多高，木板棚上，放两张桌子，顶上是蓝布棚。白衣奶奶是个泥塑的观音像，把白衣奶奶请出来坐桌子上，前边桌上放供菜，桌边放个香炉，一天上三次香。因为白衣观音是送孩子的，也叫“送子观音”，很多人都去上香。白衣奶奶坐着，身上披两层红布，身前两边红布下盖着好多泥做的小娃娃。村里谁家娶了媳妇两年不生娃娃，婆婆要来白衣奶奶这里“起娃娃”。先上香，再叩头，跟白衣奶奶多说些好话，求求情。用红绳子拴一对娃娃，揣在衣服里拿回家，然后盖在媳妇的被窝里。她家要有嫂子，嫂子要去给她被窝里洒点水，说是孩子尿湿床。第二年，她家真要得了个孙子，这年白衣奶奶节，她们就得负责让白衣奶奶过好了，要再买十对娃娃还给白衣奶奶。

十五、十六加上十四，这三天可热闹了，“百子桥”上有小鼓、小锣，孩子们都不断地在上边敲敲打打。

十五晚上，各家的神前都要点上灯，村子里也到处是灯，到处放起火花鞭炮，叫人兴奋得半夜都不想回家。

这天晚上，还要喝一次面茶。茶是用小米淘淘，放碾上碾碎，用细箩筛过，再放锅里炒熟。锅里的杏仁、黄豆都煮好，把大油、佐料调好的红萝卜丝和菠菜叶子放到锅里，再搅上炒好的小米面。这种面茶喝着可香。这个茶，农民都很重视。像谁家出嫁的闺女，是头一年，还要请女婿来喝茶。十五、十六两天，谁都不干活。这也是风俗，有句俗话：“老驴、老马歇十六。”还说：“打一千，骂一万，正月十六擀顿面。”十六这天，一定得给牲口喝点面条。十七这一天年节都过完了，又该纺花了。可是，还有个说法：“正月十七儿，老鼠嫁妮儿，不能纺花。”说是，你惊动它一天，它要惊动你一年。

我妈不，她舍不得这一天的工夫。她说：“老鼠都是晚上出来，白天它不活动。咱可以纺一白天，晚上早点不纺，叫它们安静。它办喜事，这一年它们也不惊动咱了。”

我们老不想纺花，妈就给我们讲了一个流传下来的笑话，就是讽刺那怕纺花的人。

“懒婆娘盼年下，盼了年下扒十五啊，扒了十五啊没啥扒，搓根麻绳吊死吧！忽然想起四月八。”农村四月初八还有个会，有的女人特别爱吃嘴，逢会就赶，有戏便看。人家说她：“哪天不去看戏，那戏台子要塌一个角。”意思是，她都成了顶台柱子了。到了会上，没钱花，她把纺成的线团拿去卖了买吃食。

谢土神

这年春天，妈不知听谁说，潘沟村有个女的会看宅子，就跟我父亲说：“你去接她来，把咱这宅子看看，看是否该谢土。咱打这么大个窑院子，能不动着土神？还没谢谢土神，住着总不大胆。”那天父亲牵个牲口去把她接来了。这神婆中等个，长方形脸，挺黑，眼睛很大，双眼皮，嘴也不小，有角有棱，牙很白，脸虽黑，倒不难看。走路还有点文气，有三四十岁年纪。她敬的神叫“黑古龙官”，她也会下神，就是说神能附在她身上说话，她能传达神的意志。

神婆来了先安神，趁着我们家那师爷桌。每叫一次神婆都得五尺布，这叫遮堂布。这布最后都归神婆。还得给神婆封几角钱，用红纸包住放在桌上。三尺白布横搭在桌边，跟三斗桌一般长，上边再搭上二尺红布，用香炉压住。神婆先上香把神接来，给神烧三炷香，跪下叩个头，再用一张黄表纸卷成圆筒，手拿住在香上绕三圈，嘴里念着什么，把黄表纸在灯上点着，慢悠悠的，还摇晃几下，纸灰飞上去再烂成几块。她就哭了，说是神喜欢。有时黄表纸灰会一疙瘩上去，又直着落下来，就是神不太高兴。有时，那纸灰燃烧完了不上去，咕咚倒在桌上，她说是神有情绪。她嘴里又念祝歌，向神求情。念什么我不懂，她要请神下来说说话，再让大家上香叩头。她干咳两声，我想她要呕吐了，其实不是，是神下来了，黑古龙官就说话了。我听不懂，我妈会听，她听着，说着叩着头向神求情赔不是，总之都是人的错。神不说了，停一会儿，神婆打个哈欠，再停一会儿，她才说话，好像刚睡醒一样。她也不多说，像是神拿住她半天很累一样。最后她说："你们家是动着土神了，得谢谢土。"

我妈很迷信，叫父亲去集上买块刀头肉。这种"肉刀头"卖肉的很懂。"肉刀头"是一斤肉、二斤肉都行，就是一刀下来一条肉，不能回刀。"啪！"一刀下去，给二斤，都知道这是谢土的。这样说好听，也是取个吉利。

到晚上，把桌子抬到当院，摆上供，上香烧几张黄表纸请请神。我们都站着看。神婆烧着黄表纸，嘴里念着，一会儿昂着脸看，嘴里说着："哎呀，来了来了！"斜着身子往后退了好几步，看样子她有点害怕，可我们什么也没看见。她说："你们这是动了小土神，来的是眯缝着眼的小土神，还不太害怕。有的家动了大土神，那来的都是些黑煞神，龇着牙咧着嘴。"我这时特别害怕，吓得跑到屋里，不敢在院里。

谢过土，妈算放心了，可那神婆说了些乱七八糟的话，妈不能安下心来。神婆说我们家有这精那精，说她看见什么妖精什么的。有时五姐说她也看见了，神婆可高兴了："你看，她也看见了。"我问："我怎么没看见？"她说："你五姐有仙眼，你没有。"这以后，妈就过几个月或半年要请她来一次，每次又不知给她许多少愿，过几个月再来还。她总要说点什么，以便下次再来吃喝一顿，挣点钱。

神婆说我们家有精灵鬼怪，说得活灵活现。天一黑，我看哪里都是黑乎乎的，可害怕了，心里吓抽住了，觉得背后都是凉的。五姐迷信，更胆小，去厕所都叫我走头里，她拉住我衣服走后边。我们那厕所是在墙上挖个小窑，再给后边挖一条深坑。我走着，先用一条腿探着坑边，探到边后，再往里去，厕所里边更黑。这一天晚上，五姐说："咱们去厕所吧。"我说："好啊。"屋里有灯，猛一出来，院子里那么黑，心一下子抽住了。进了厕所门，我伸腿去摸那坑边，谁知刚一伸腿，吭一下子，腿被抱住了。我吓得哇一声大叫，浑身的血好像都没有了。

这时听到了笑声，“哎呀，是妈啦！”我父亲赶快出来问：“怎么了？”接着就埋怨我妈说，“你咋不早吭一声，你不把孩子吓坏了！这能吓坏人。”

妈说：“我想着她们会知道我在这里，我不抱住她腿，她一脚把我踢到茅坑里了。”到屋里，父亲还在埋怨说：“这么黑，你真能把人吓坏，她十来岁个孩子，你也不给她叫叫魂儿。”妈说：“哎，就是没得给你叫叫魂儿。走吧，再去叫叫魂去。”她拉着我又到厕所门口，喊了几声，手往地下捞了两下，搁我胸口揉一揉，说着：“回来了，回来了。”

我们确实忘了我妈不在屋里，只顾害怕了，妈也很后悔。总之，家里巫婆常来，没一点好处，整天提心吊胆，到处是鬼是妖，越害怕事越多，弄得“草木皆兵”，在心灵上是个沉重的负担。

送周秘

那年冬天我嫂子怀孕了，夏天在娘家住着做小孩衣服，也叫“送周秘”。一个闺女出嫁是一场事，生头一个孩子又是一场事。就是要给小孩儿做些衣服、帽子。要安布，还要染一丈多黑蓝布，做小褥子、尿布。帽子得买绸子做。还要买些银生货：

脖子上戴的银项圈、银牌子、长命锁，还有小银铃饼子，这都是娘家的责任。各村都有些爱说闲话的女人，说谁家媳妇送“周秘”送了多少套衣服、几顶帽子、多少头银生货。这些话能传上半截村子，所以做少了也怕人家说闲话。

到八月十五，娘家人要给姑娘送个大枣糕回去，这个糕是一年一度的八月十五娘给闺女蒸的糕，二三斤面，要有小孩子，还要送一个小糕。

这年冬天，妈又把潘沟村那个神婆接来，再请示一下，看用什么方法来保护这个孙子。神婆说，先给我嫂子破一破，用五色线给嫂子编一条裤腰带，买三个新铜铃，再用红布缝三个三角布袋，里面装朱砂。用红绳把一个铃和三角袋绑在一起，三个铃绑在三处，结在腰带上，束在嫂子腰里。再给孩子收七家七姓的棉花。一家一个棉花条，纺成线，合成绳，染红。大约有两到三丈长的红绳，一头拴在嫂子的床头，一头盘个圈。孩子生下来赶快戴到脖子上，满月以后把这绳子全部盘到孩子脖子上。到一百天用红布包住，绕个圈子，过一岁缭上一层红布，一直戴到十二岁。母亲用所有流传的法子来保护这个孙子。

这孩子是一九四一年正月十八生的。早上，知道嫂子要生了，父亲不吭声，跑到东头二哥家前头屋把桌上的马蹄表拿回来，放在桌子上。那时候，农村的封建习惯，儿媳妇儿生孩子，老公公是不能说话的。父亲对这孩子太上心了，不吭声去拿个表看看时间。

父亲把表放到厨房里，他坐着等了一天。该喂牲口了，他把表也提到磨屋里，再提到厨房，一整天他没离开这个表。到黄昏，他在煤火台前椅子上坐，表放在火台上，再点个灯看着。猛听到“哇哇”两声婴儿哭，父亲盯住表，告诉我哥，这是几点几时，这孩子的生辰八字要记住。

七天后嫂子娘家来送一次菜，买个新瓦盆，生一盆绿豆芽带盒端来。再买一篮别的菜。这是叫孩子根扎得结实点。十二天时再送一次菜。第一次送菜，必须是舅舅或者妗子，外婆不能去。满月的前两天，可把东西全送去，这一次姑姑和姨都可以去，叫吃满月酒。主家要待客，亲戚多了要待好几桌客。

上年秋天我们家地里种的棉花，给我们一人分了五斤。不知是嫂子还是谁说什么了，我妈生气了，她说：“以后永远不种花了，一人分给你们五斤棉花，谁赚得多，谁多得，赚得少，也别埋怨。一人这五斤棉花就不管了。”

我们得把这五斤棉花纺纺，安成布。织成布得多长时间！可真不容易呀！可一九四一年嫂子有了这孩子，妈对我说：“你五姐大了，叫她先纺吧，你还小着哩，给你嫂子抱孩子吧，把这孩子抱大了，你再纺花，抱一年孩子就会跑了，不用抱了。”从此，我就接受这抱孩子的任务了，孩子睡了我纺点棉花，晚上搭黄昏纺点，冬天纺了一冬也安了一丈多花格子布。

06

结鬼亲

十二老母，西天大圣 /

放牛病 /

坷垃锤 /

董冰与六子女，1970 年冬摄于下放地河南西华县，此照为李準所摄

左起：三子李克威，次女李筝子，长女李小品，四子李克坚，长子李克勤，董冰，次子李克都

十二老母，西天大圣

一九四三年春天，三姐的丈夫从兰州回来接三姐去兰州住，走的时候，父亲和哥赶着车，送她们到洛阳火车站。到那里后，三姐说我五姐大了，该出嫁了，她也不会再回来，就给了父亲几块钱叫给五姐买点东西，算是三姐给五姐添箱了。后来听说那钱给五姐买了两斤棉花。送走三姐后，我们去地里干活。夏天下大猛雨，把地头打了个大豁子。因为我们住的邙山上都是梯田，大雨一冲，就是一个大豁口，要填住豁口，有时要几百车土。我和五姐往筐里铲土，父亲和哥挑土到地头上，把那口子填起来。那个工程不小，大概干了半个月。这天送走了三姐又去干活，哥挑着土说："把三姐送走了，浑身都软了。"父亲说："我也是。"

我除了抱孩子，还是跟五姐轮流磨面。开始一人磨两套就换班，后来三套、四套、五套，只嫌轮得快。一人磨十套可以多歇几天。嫂子做饭，不管磨面的事，面吃完她也不吭声。该谁磨谁操心，面快吃完了去看看，该磨了赶快淘粮食磨。

先是驴拉，磨着还快，后来换成牛，一次磨四十斤粮食都要一大晌。我最怕早上套磨，天不明起来，瞌睡不说，磨屋里漆黑，不敢往里边走。要跟着牛收粮食，我站在门口，等牛转过来我三步两步快收快跑。牛走得慢，不起早套磨，就卸套晚了。牛也懒，人一出门，它就伸长舌头去偷磨盘上的麸子吃，舔不到嘴里多少，却把麸子洒一地。我见它弄一地太可惜就要打它，它虽蒙着眼，因为门口有亮光，人站在那里它看得见，它也知道挨打的地方是屁股，头走到门口就不过来，屁股躲在里边怕打。你吆喝它几声，没法了，它猛跑半圈想跑过去。我气了就跟着打它一圈。

母亲是越来越离不开神了，不管干点什么都是先去求求神，请示一下。我那邻居三嫂也敬神，敬的是“药王爷”。我嫂子她妈敬的神是“十二老母”。杨岭村有个女的是我三嫂的好朋友，人可胖，浑身圆乎乎的，脚有点大。这人很开朗，爱说笑话。别人给她起个外号叫“大脚虫”。她那胖劲就像一条芝麻虫。她敬的神是“西天大圣”。她经常去三嫂家，因为那时农村太苦焦，敬神不光是迷信，也是她们的乐趣，一种精神寄托。她一去就住几天，玩个够。早晚她来三嫂家，都会告诉我妈，要去跟她玩几天。到那里是很快活的。那“大脚虫”特别会玩，能说会唱会笑，还会顺口溜，能成夜唱。她下神时嗓子很亮，对神还是很尊敬的。

农村有个风俗，男孩、女孩超过十二岁死了，就得给他们结个鬼亲。那年不知谁给我大哥说了门鬼亲，女方要求把他们的牌位抱来，还得叫盘响器，就是娶媳妇一样，响器吹着，两个牌位用红布搭上，也拜拜天地。妈就赶快找我三嫂和“大脚虫”，请她们给招呼住。在我们老宅子的院门口，唢呐吹着，她兄弟抱着她的牌位，我哥抱着大哥的牌位拜了堂。算是结了鬼亲。

二哥也是那一年订了鬼亲。邻村一个闺女刚死，有人就来跟我父亲说条件，得答应给女方买棺材衣服，还得请人把她的尸体抬来跟我二哥葬在一起。我那小侄儿一岁多了，叫小侄儿去给她抱牌位。全家人忙了一天，人家闺女死了，我们家是又忙又花钱，找了些帮忙的人，还得管人家吃饭。平常，我们家连点油都舍不得吃，可是给死去的人结鬼亲却要花不少钱。农民们在旧社会受神的压迫是很重的。

有一次，“大脚虫”又来三嫂家了，嫂子她妈也来了，叫我妈也去。我们不想叫妈走，妈说：“要不，你们都跟我去吧，今晚上是玩的，没正事。”我们巴不得有这一天，看看她们怎么敬神弄鬼的。我、五姐、嫂子都去了。她们下神时，还要请个“码子”，这“码子”就是找个人，叫鬼附到她身上，神婆也让神附到她身上，然后两人对话，神要审问鬼。这“码子”是我们一个邻居小卷她妈，她家很穷，当一次“码子”能给她几角钱，所以早晚叫她，她都来。这天晚上她也来了。开始“大脚虫”在唱，说笑着玩，顺嘴溜唱着唱着唱到修行上了，修到什么地方什么地方，好像全国都走遍了。越唱越严肃阴森。最后她唱到我死了多年的大哥的名字：“董容贵”。唱到这儿，便低下头不吭声了，全屋人都吃了一惊。我妈问：“容贵，你怎么来了？你现在在哪里？你受症不受症？”

她答：“不受症。”妈又问了许多，好像真的看见久别重逢的孩子一样，很关心地和他说了半天话。停了一会儿，他走了，“大脚虫”也好半天没说话。后来，也不知怎么说是谁，还是什么东西附到那“码子”身上了，我嫂子她妈也是身上有神，也不知她们说了句什么，只见她忽然跳起来打那“码子”，拳打脚踢，把老太太打倒在地下。那屋子地方不大，边上一张大床，我们都在床上坐着，那边一根长板凳她们坐，“码子”躺在屋地中间，嫂子她妈一手按住床边，一手按住长板凳，双脚在“码子”的肚子上跳，一跳好高。老太太也不瘦，肚子很软和，一跳一个坑，把我吓坏了，我生怕她把老太太肚子踩坏了。打的人累得呼呼哧哧，一头大汗，被打的人一声不吭。我说：“不会把小卷她妈打坏了吧？”“不要紧，打的人身上有神附着，打得不重。挨的人身上也附着鬼，神是打那鬼的，不是打她本人。”妈说。

一会儿，小卷她妈挨够了，休息了一下就走了。“大脚虫”

又疯开了，她又说又笑，闹了大半夜。我们都不想睡觉，她一唱一联儿，顺口溜，说笑话，把人逗笑得肚子疼，她都是自编自说的。

我抱着侄子玩时，常去象叔家玩，有时候也去赵圪塔家。象婶子那人也很好，她一个人很寂寞，她喜欢孩子，只要看见我，就叫住我去她家玩。她笨，不会过日子，打下麦子，就请人给她炸油条，炸很多，她还要给邻居都送，这家几根，那家几根，送去后人家也收下吃了，还要说她不会过日子。打下麦子炸那么多油条，给人家送完了，自己不该饿肚子了？

赵家老太太也很热情，大人小孩都好围近她。有一家山东人逃荒出来也住她家了，还是我家原来住过的那两间屋子。熟了，那山东女人也很好。有一次，她泡的酸菜，要给我捞点拿回家。我不要，她说："这酸菜叫你妈给你炒炒吃，可好吃了。""叫你妈给你炒炒吃"这句话，我听起来很新鲜，感到又亲切，又陌生，没有听我妈说过，也没有享受过。

放牛病

我们这个新家场后边有一条大车路，从哪儿来的车都要走这条路。到路口拐来下个小坡，急转弯，牲口停不住，要一直跑到场上。车一到场上，我们在屋里纺花都能听到。牛铃叮当响，牛咚咚地跑着。如果是牛抬杠车，知道是三姐来了，赶快去接，出去看看准是三姐。我和五姐坐在屋里纺着花，老巴着听到车响，有时听到骡子马蹄叮咚响，高脚车木轱辘呼碌碌地响，一听就知道是四姐来了，也都跑着去接。

我们整天忙着纺花太没意思，老想几个姐能来住住。谁来了都高兴，又生怕她们走。二姐、三姐、四姐不断来住。四个姐姐都很好，从没见过她们生气，虽然同父异母，但都是很可亲的。一次，四姐没带孩子来，住了两天，走的时候妈说："枣都红了，给孩子带点枣。"枣树在老宅里场上，那老宅里住有两家山东人，是逃荒出来的，一家是卖豆腐的，一家是吹鼓手。窑里有人住，去时就不那么怕。我下去借了根杆子，四姐打着枣，我拾着。大手巾拾一手巾兜。四姐说："够了，你把杆子还人家吧。我走了。"我去把杆子还给人家，又赶紧跑上来追四姐，一直跟着四姐走到村子东头，四姐说："回吧，你不回去，还往哪儿送呀？"我一想，到村头了，是不能再送了，就站住了。眼望着四姐走了好远，我才回去，真不想离开她。

有一回，父亲在场上说："唉，你四姐来了。"我们在家，别提多高兴了。跑上场一看，是东头二哥家的四妹子，我们也叫她四姐。她是半坡村的，到二哥家去，在场上说了几句话就走了。回到家，哥说："哎呀，高兴了半截儿。"

这年夏天的一个下午，村子东头保长在他门口请了个说大鼓书的。农村里几年也难得请一次说书的，所有人都高兴地急着去听书，晚上早早做饭吃了就去。我总是第一个跑上场坡，看看天那么高，那么蓝，稀稀的星星，没一点风没一丝云，心情太激动了，就说：“哎呀，天也这么好！真是照顾咱们去看说书的。”嫂子说：“咱爹不去。”我抢着说：“咱爹也去。”话音没落，“啪”的一声，屁股上挨了一巴掌，是妈打的。我说走了嘴，因我们近邻有个老太婆爱偷听人家说话，我们家地里的青玉米已经可以煮着吃了，我们人都走空了，她就会挎个大草篓子去偷掰玉米穗。

那天晚上，说书人说的是“拐镳镳”段子。说的是有两口子，男的太爱唱戏，女的爱念经，他们要互相纠正对方的习惯，女的说：“那咱赌个咒吧。”男的说：“好，我先说：‘我要再唱戏，叫我眼瞎指头断，出外死到家，一百个舅子也劝不下，吐我一脸狗屎也不擦。’该你说了。”女的说：“我要再念经，叫我娘家爹死了。”那天晚上我们都听得很高兴，可是地里也丢了不少玉米穗，都怨我多嘴。

这说书的，一请就是三天。第二天晚上我们还打算去看，下午，五姐在场上看场，她躺到场里睡着了。到半晌，妈问我：“你五姐起来没有？”“没有，可能五姐想多睡会儿，晚上去看说书不瞌睡。”那时候，女孩子在场上睡是不好的，妈就去叫她了，怎么叫，她也不起来。妈知道她是病了，嫂子也去了，她们把五姐搀回家，躺到中间窑里的床上，本来就是我们俩在这床上睡。我那时什么也不知道，不知道五姐是什么病，也不知道病的轻重。

母亲从来不知道找医生看病。我伺候五姐一个多月，她没说过一句话，就那么大的病，也没有叫医生看过。那天听妈跟嫂子说："她的病可是不轻呀，已经昏迷了两天了。要不，把她安的那点花布，给她做点衣裳吧。"家里都给她安排后事了。我仍一个人陪着她，整夜伺候她。父母是不下雨就在院里睡，下雨，把床抬到大门底下睡。那时，日本飞机经常去洛阳城里扔炸弹。城里有个姓严的老头，逃到我们村里住。那天，父亲在院里，他在崖头上跟父亲说话。父亲说起女儿有病，那老头问了情况，就说："我给你孩子看看病吧。"他来看之后，给开了个药方。药抓来一吃，五姐的病就轻了。又请他看了一次，吃了几服药，五姐就慢慢地好了。

还有一次，五姐发疟疾，盖住被子，我妈就拿个鞭子在五姐的被子上狠打狠抽。农村里迷信说法是：疟疾，叫"放牛病"，说是一种什么牛，使人害这种病。妈想着牛怕鞭子，打跑它，病就好了。当时农村里最怕这疟疾病，要注意的就是不让吃生瓜梨枣。对"放牛"两个字，也很忌讳，不叫说"放牛"，说是骂人的。

我还看到两个人开过一次玩笑。我们那个村镇上成立了一所中学，刚开办时，村里人都抢着包这学校的茅粪。谁包上了就很高兴，没包上都有些嫉妒。那天，有个人挑着粪，去地里给庄稼施肥；另一个人扛了一张锄，还牵了头牛，他锄着地，让牛在路边啃点青草。他看见那挑粪的人就说：“你也吃上中学的粪了。”那人没吭声，扭头看了看他，接着说：“不让你吃甜瓜你要吃，吃吃你放牛。”两个人都没有再说话。其实这话很幽默，互相骂骂就走了。

坷垃锤

父母那几年对我哥太娇了，因为只剩下他一个男孩，不让他干活，随便他玩，吃了饭出去串门闲游。家里地里的活都是父母、五姐和我干。

记得和父亲去地里干活，父亲耙地，我跟着打坷垃。到地头父亲掂起耙，我得用坷垃捶敲耙上那湿土和草。耙掂过去，我还要把杂草拾起扔到一边，再打着坷垃去追上父亲。到地那头，还要重复一遍这一套活。我很紧张，累得通身汗，还是赶不上父亲。我和父亲说了，父亲说：“你赶不上，我给你说个门儿，你就赶上了。你把脸仰起来看见最大的坷垃打，小的不打它就赶上了。”这一回，我脸仰高点，一直往前跑，看见高的大坷垃打，不久就赶上父亲了。

有时耙地只套一头驴，父亲不敢上到耙上去，怕驴拉不动。他拾一箩筐石头放在耙上代替人。可是到地头，他又搬筐又掂耙太麻烦。父亲就说：“双，你上去吧。”“我不敢上耙。”他说：“你蹲下去，后脚吃点劲儿就不怕了。”我走过去蹲在耙上，牲口拉着，父亲在后边赶着。父亲腰里别了个打耙的木锤，到地头他打打耙，我拾拾柴草，再走，比抬那一筐石头轻多了，驴子也能拉动了。

07

收红帖子

半罐银圆／看戏／

下井洞／闺女没有发言权／

黑腊月，明八月／

董冰与李準，1962 年春摄于上海王开照相馆

半罐银圆

这年冬天，我三嫂病重去世。她也是肺病。

这肺结核病害得我们村死了好多人。有的家整窝抬。

有一家姓郭的，一家四口人，女儿出嫁走了，有个儿子，约有三四岁。姓郭的两口子都得了肺病，男的先死了，没几个月，他老婆也死了，留下这小孩子，只好让姐姐领走了。又过了一年他姐姐也死了，这孩子没人管，他族里人把他外边一个婶子叫回来照顾他。

他这个婶子，才回到村上，是很出众的。农村里都土气惯了，没见过这洋气漂亮的人。她个子高高的，不胖不瘦，头梳得很光，穿一身黑洋布衣裳也合身，小脚穿一双白鞋，真漂亮。农村的说法是“姿趔”，这个女人真姿趔。她还带回来个一岁的孩子，她就领着这两个孩子过日子。她回来好几年，她的丈夫从来没有回来过。

一九四四年春天，国民党当兵的住到我们村子里。听说，一个姓孙的上士班长看她挺困难，给她挑点水帮忙，后来他俩就好了。没几个月那些兵就开走打日本人了。开走三四天，这个孙上士又跑回来，住在她家里。郭家族里人不愿意，老找姓孙的事，她那侄儿也不肯叫姓孙的“叔”。尽管闹腾，他也不走。郭家族里户家大，总和这姓孙的过不去。这女的生了个男孩儿不敢要偷偷扔了。后来，她又生了一个男孩就抱着养起来，郭家族里不愿意她也不管，就这样和姓孙的过下去了。

过了几年，郭家族里出了个大事，有人说跟姓孙的有关，也许只是怀疑吧。原来姓郭的有一家早开了个杂货铺，据说快解放那些年，他们家赶腊月集，赶一天集卖的钱就买一块银圆。也不知攒了几年攒了不少银圆。那年冬天，土匪去抢他家，大约一个月就去了三次，都进不到他家里，因为姓郭的老掌柜很厉害。第一次土匪用绳子拴住腰从崖头上往下系人，他们在家里往上放土枪，土匪下不去。第二次不知怎么还是没进到他家。第三次土匪就从大门底下挖洞，郭家人在门洞下也不敢点灯，郭老掌柜拿一个铡刀，他儿子拿把铁锹，老婆拿了一把菜刀。他要不出意外，那土匪还进不去。那洞口一次只能进一个人，他守住洞口，要钻进去一个人，一铡刀就能把人头砍掉了。

但意外发生了，洞挖好可以进人了，土匪却停住不挖了。老掌柜想，不挖了，是不是不想进来？他弯着腰往外边看看，外边人想着可以进入了，先打一枪看里边有人没有。这一枪正打在老掌柜头上。他一倒下，儿子害怕了，铁锹一撂，跳进一丈多深的红薯窖里，把脚也摔坏了。土匪进来把他妈打得不轻。后来他妈说叫他上来给人家拿银圆，他不上来，人家说："你再不上来，就点火把你熏死在下边。"他没法，只好上来，在磨道圈儿里挖出半罐银圆，交给土匪拿走了。

看戏

一九四四年阴历二月，国民党十四军住我们村。他们不敢住窑洞，先来号房，东头我二堂哥家住的是房子，被当兵的号住了。晚上，二哥偷偷把他的大闺女送到我们家，跟我和五姐在当中窑里纺花。门外边吊个竹帘子，外边看不到里边。我们家没有住当兵的，但当兵的经常来推磨。成群地来，有时还在院里和我妈聊天儿。妈说："听说日本人快来了，你们咋不去打他哩？"那当兵的说："我们十四军是围城的，十五军是守洛阳的，我们围洛阳，十四军在，洛阳就在。"

"你打过仗没有？"我妈问。

"打过。"

"打仗啥样啊？"妈又问。

“嗨嗨呀！那可不像是在点心店里吃点心。”

妈说：“怪甜？”

“对了，怪甜，那可是酸甜苦辣的味都有。”

我这二哥家有两个闺女、四个儿子。那时他吸大烟，生活困难，小女儿四岁给了他三妹子。三妹子也是半坡村的，她没生养。那小女儿小时候叫蜜娃儿，她大哥说带她去三姑家，她可高兴，小孩都是爱走亲戚。到了那里，吃了饭，她哥偷着走了。过了两天，三姑带着她串门子，村里人问她：“谁家的孩子？”三姑说：“我的，我哥的小妞给我了。”孩子一听，“哇”的一声哭了，她还不知道不叫她回家了。后来她三姑给她改了个名字叫“欠”。

我还小的时候，二堂哥家出了一次大事。有一天上午，妈在窑坡边石头上坐着，我两个堂哥抬了一桶水，他们放下水休息，只见那个大堂哥走得很快，从西头过来，我妈问他一句话，他只哼了一声，也没回答。走到桶边弯腰把桶上的扁担抽走了，掂着扁担就上三堂哥家场上去了。我堂哥们都跟着跑上去看，我也跑着去看。只见几个穿警察衣服的人用绳子绑住二堂哥，二堂哥在“哎呀，哎呀”地叫，另一个人头顶帽子上勒条红布。哥哥们跑得快，首先是大堂哥举起扁担照那警察头头上擂了一下，警察出血了，他捂着头，跑着“哎呀”着，血还在淌。

这一打，大堂哥、二堂哥、三堂哥，三家人全跑了，因为闯了大祸了。那些人，听说是水泉村住“局子”的人。那天下午，又来好多人把二堂哥家的门封了。这件事是因为二堂哥抽鸦片，“局子”的人向他要钱，他不给，得罪了“局子”的人，才来抓他。他仗着弟兄多，就打起来了。后来，那两堂哥家没跑几个月就都回来了。二堂哥家好多年没敢回村子来。开始，有人把他的地都种了，不知种了几年，没人种了，又荒了几年，草长得好深。后来，二堂哥偷偷回来，住在我们家，偷偷把地种上，收的时候，也住我们家，收完麦子，打好了带走。又过了几年，“局子”人换了，二堂哥才敢回来种他的地。

十四军住在我们村里要请一台戏唱三天，我听说后太高兴了，我长到十六岁了，没有看过戏。父亲一回来，我跟着去问他：“听说咱村里要唱戏，是真的吗？”

父亲说：“是真的，这是当兵的请的戏，他们想看戏，那不会假。”

“什么戏？好不好？”

“好，这是六蓝儿的洛阳曲子戏。人家这是大戏。”

我也不知道六蓝儿是谁，又过了两天，听说搭戏台子了，父亲晚上回来到磨屋里去喂牛，我跟着去问：“爹，听说今天都搭戏台子了。”

“哎，戏台都搭成了，明天一早就去车接戏箱，上午就唱戏了。”

“我们能去看不能？”

“晚上可以带你们去看。”父亲说。

村里住着国民党兵，闺女们是不能出门的，所以每天我只能向父亲打听消息，父亲很耐心地跟我说说。

终于唱戏了，我们去看了两个晚上。第一天晚上唱的是《曹保山中状元》，第二天晚上唱的是《牛郎织女》。那戏唱得真好。第三天晚上，我还打算去看戏，但他们唱了一天，到晚上说是不唱了，明天要到别的村去了。听到这个消息，我的心里真难受，真想坐着哭两天。这么好的戏，不叫我再看一次。那时候，农村的封建意识很浓，闺女们哪里也不许去。很近的邻村里有戏，晚上也不敢去看，谁要是去看一次戏回来，那些破嘴女人非给人家说点闲话不可。东头一个闺女晚上去邻村看了一次戏，回来后那些说闲话的女人说：“东头谁家的闺女，那天晚上去邻村看戏，回来一群小伙子撵她，把她的裤腰带都给撵丢了。”这闺女她妈是后嫁来的，上边还有两个哥哥，因为她是她妈带来的，所以，这些人就说她们的闲话。我们那个地方落后得很，闺女们不能上学，有的人家有钱，把闺女送到外地去上学。就这样还少不了听闲话。

下井洞

这年春天，棉花快纺完了，该织布的时候，日本鬼子打进了洛阳。那几天，从东往西逃难的人很多，整天一股水似的。跟逃难的人打听，有的说：“听说鬼子快进城了。”有的说：“都听到炮响了。”有的说：“都听见步枪响了。”搞得人心惶惶。这天大约是阴历四月初，晚上天快黑了，二堂哥领着他闺女来了，一进门就很急，跟我父母说：“赶快叫两个妹妹跟我走，我送她们到半坡村，那里有山洞，保险。”妈说：“吃了饭去吧。”二哥很着急：“哎呀，都啥时候了，还吃饭！”

到了三姐家里，天黑了。吃了饭，就去下地洞。这洞就只有他们几家知道。生地方黑乎乎的什么也看不清。大家走进一个门里，把门关住。走进洞底下更黑，又不敢点灯。就在过洞里有一口井，大约五六丈深，好吓人。在两丈深的地方有个窑，横着放了一块木板。窑很低，进窑里有个小油灯，进窑时只能弯着腰走。有人拿手巾兜点吃的，一下拿不好，哗啦一声，馍掉井里了。我真怕，那么黑，还要摸着下井。井边上好远有个小坑，脚蹬手扒往下边下，要是脚或手蹬扒不好，就会掉进井里。想想我腿都软了。二哥的大闺女秀莲下去了，该我了，三姐叫我先下，五姐也跟着下。

那晚上下去很多人，那洞里有好几个拐窑，都住满了人。

那些窑都不通气，只有走很远很远才有一个大窑，还不知通到什么沟里，有碗口那么大个气眼，透进来一点光。那个最大的窑，那天晚上也住满了人，都不说潮了，也不说怕，地下扔点席、扔点草就都睡了。风声紧了都下来，不紧了人家都上去了，只有我和五姐、秀莲还有她那妹妹小欠，我们四个人在底下住的时间最长。三姐一天给我们送三顿饭，该吃饭时，我们都去井边窑口等着，三姐要瞅着没人时偷偷来，趴在井口上喊两声，我们答应了，她赶快把饭系下来。有时上边风声不紧，小欠也上去帮她妈做饭，二堂哥有时也下来看看。

我们去井边接饭，得点上个灯，要不什么都看不见，要弯着腰跑好远。那时用的是铁灯，里边倒点植物油，用棉花搓根捻子，放在里面点着。有一次，没有油了，二哥来了说："那边桶里是煤油，倒一点儿点着。"我们也不知行不行，他说："行，煤油也是点灯的。"我们就倒了点儿点着了。可是拿着刚走了几步，轰一下整个灯都着了，手也烧了，赶快把灯放地上吹灭了。

平时许多人在洞里时，还有人弄鬼弄神地说看见什么鬼了，多高一个东西，在她眼前晃晃，拿灯照照又没有了，很吓人。剩下我们仨时，也只好不怕了。

有一天中午，三姐做饭晚了，农村到吃饭时人都回家了，趁那时三姐偷偷给我们送饭。吃了饭，人都出来了，就没法送饭了，怕暴露这个洞。这天吃了中午饭，人家都担水栽红薯，我们坐在洞口里看着，空桶下来，水桶上去，一桶桶水从我们眼前过去，不停地绞了一晌。那水一直是清亮亮的，一点也不浑，可见这井水是很深的。

空桶下去时候，是放“噗噜”，一只手按住辘轳，很快桶都到井底下钻进水里了，再绞辘轳上去。那水“哗啦，哗啦”洒着，听着那水声我们肚子也响起来。一直到天黑，打水的人都走了，静了以后，三姐才把饭用篮子系下来。

我们在井底下住了十一天，日本人占住了洛阳。家里人看那洞下也不能长住，就把我们接回来。我说了洞里的景况，妈说：“从前兵荒马乱时，人逃难，跑到洞里，一洞人，谁家孩子要哭哄不住，洞里人就不依她，马上把孩子放到地下，用包袱放孩子头上坐上去，把孩子捂死。这些事都是有的，因为关系到一洞人的性命。”

回来后，也不敢在家里住，父亲又把我们送到柏树沟村舅家，那地方很偏僻，日本人可能没到过那里。舅不在家，只妗子和她两个儿子在。他们家也种了几亩地，我们帮他们去地里栽红薯。家里活也干，妗子织了点花布，是蓝白线格子布，要给她两个儿子做衬衣、短裤，让我们给裁。我把布洗洗槌槌，该剪了，妗子让我们剪，五姐说她不会剪，让妗子剪好，她做，妗子不剪要让我们剪，没法了只好我剪，也是妗子说着我剪着，衣服总算做好了。那天收大麦，割完大麦后都捆住，有几小捆我们扛，一人一捆。有两捆大一点，妗子那个大男孩叫“巴子”，他跟五姐一样大，那两捆大的他俩扛。妗子说五姐那捆没有巴子那捆大，五姐认为她那一捆就不小了，妗子要说小，五姐就跟巴子换了。巴子那捆可能是大一点，但他是男孩子，大一点怕啥！地离家挺远，要上几个坡，又是难走的石头坡路。到家还要扛到场上，那场坡可就更难上了，又陡又长。五姐一下子把麦捆扛到场上，生大气了，中午饭也没吃。她正在生气，下午父亲去接我们了。见到父亲好高兴，我问：“爹，我们敢回家了吧？”“敢回了，有时还得跑跑，就跑跑吧。”父亲对妗子说：“怎么办？该收麦了，留一个给你帮忙吧？”妗子说：“哎呀，你都带走吧，不敢叫她们给我帮忙。”父亲不知道她们生气，她说不叫留，我们都想走。妗子点着火给父亲打了两个荷包蛋，也给五姐打了两个端去，知道她中午饭没吃，要走了，七八里路也够走的；可是五姐鸡蛋也不吃就走了。

回到家，妈说：“在人家里住那么多天，该忙了都接回来了，不留一个给人家帮忙收收麦子？”我还不知道是妈交代要留一个在那儿。好险呀，要是妈去接，准得把我留下。回来收麦子，不敢在家睡，窑屋太闷，恐怕夜里有日本兵过听不见，各家都在场上睡。二堂哥家东头靠着马路，更不敢在家住，晚上都在我们家场上睡。白天可以回家做饭吃，一天不知要跑多少趟。

村东头和南边寨里的人家要跑，都是往老凹沟跑。那条沟离他们近，顺南边地里一条小路直跑到沟底下。我们那场上看南边地里那条小路，看得很清。我们那一块，全靠看那条路上的动静，要跑都是往后沟跑，从我们那场后边马路上跑到北岭上拐个弯下去，就是后沟。“破”是三嫂的女儿，她才十五岁，她妈死后留下她，还有两个弟弟，大的六岁，小的四岁，还有个小妹才一岁。她爹说把小妹找个家送人吧，破还舍不得。人家抱走了，破在家哭了两天。两天后人家又送回来了，嫌这女孩太瘦。一说跑，破就抱着小妹，两个弟弟跟着她就跑了。她爹在后边拿东西多，拿不动，喊她又喊不应。跑到沟边都要看看，如果风声不紧了就不下沟了；看外边人还是跑得很快，那就下沟。人都不跑了，破她爹赶上来喊：“破！”

“哎！”破答应着。

“今天日本人不杀你，你爹就要杀了你哩！你跑那么快干啥哩，鬼子可把你杀了？”破也不吭声。一个小女孩，妈妈死了，还要带着三个小弟弟妹妹。她拼命拉扯着弟妹，也不叫苦。

有时正碾着麦子，见南边路上人都牵着牲口跑得很快，就赶快卸了牲口，牵着就跑。有时，看着人跑得还稳，也不那么急。有时看见人们飞打着牲口快跑，就得紧着一气跑到沟下。

闺女没有发言权

有一次，真来了一支日本人部队，往西还拉了两车武器到土木沟村。那沟好深，鬼子从沟下过，那村的人在上边打他们。日本人也很凶，脱光了脊梁往沟上爬。上边抗日老百姓用石头往下砸，日本人把枪炮都用上，也没攻上去。

那天可把我们吓坏了。平常跑归跑，没有那么害怕。因为后沟和土木沟通着哩，枪炮声听着很近。一沟人谁也不敢动，我二堂哥领着我们几个女孩跑到沟半坡一个窑洞里。也不知里边有狼没有，只管进去了。洞很深，但我们走得不深。仗打了有两个小时，最后日本人还是没有打过老百姓，他们那两车武器也被截了。

几天后，收麦的人都很累，再加上整天惊吓，人们乏得够呛。那天半夜，人们正睡着，突然听到几声枪响，各家麦场的人都吓得跑起来了，互相问："怎么回事？""这枪声听着不远。""在西边，不在咱村。""可能没事吧，还是去睡吧。"说着听到有人的哭声。啊，这是"打孽"的，夜定的时候，听着声音很清楚。

妈说："乱世的时候，就是有'打孽'的，谁和谁有仇，就趁这时候报仇。都去睡吧，没事。"第二天刚明，消息就来了，是土木沟的赵谣被打死了，他弟兄四个，就他有点强梁，农村的说法是霸道，那天截日本人那两车武器分得不公，有人恨他。他一个人带个五六岁的小孩儿在场上睡，人家去照他头上开了两枪，他就没动了。孩子吓醒了，跳下来钻到床底下。那人没有惹他孩子。其实他们家里人也知道是谁干的，不过他那几个弟弟没有胆量，也不敢为他报仇。

收罢麦，我们都回家住了，父亲和哥还在场上睡，夜里有啥动静好叫我们。破也不敢回家住，晚上来和我们一起住，我在院里铺些木板子睡在上边。

这年虚岁，五姐十九了，我十七岁。因五姐的对象出门在陕西没有回来，她还没收到红帖子。收罢麦以后，忽然，我的红帖子送来了。我妈吃了一惊，妈整天为五姐的事准备着，都没想过我的事。妈说："不行，这闺女还小着哩。我一群闺女都是长到二十多才走的，还有个大的没走，这个太小了，不行，把帖子给他们退回去。"

这都是李準母亲的主意。他们家人口多，有二十多口人。李準他父亲弟兄三个，他三叔早不在了，他伯父有三个儿子、两个姑娘。李準兄弟四个，还有两个姐姐，他八九岁的时候伯父也去世了，这些堂兄弟排起来有七个，他是老三，大哥、二哥是伯父家的孩子，大姐也是伯父的女儿，二姐、三姐是他的两个亲姐姐。他伯父去世时，大儿子十二岁，小女儿才一岁。这十一个孩子都要李準父亲一人负担。闺女大了要出嫁，儿子要上学。三个姐姐都出嫁走了，两个哥哥娶了媳妇。他母亲有些好强，看人家娶了两个媳妇当了婆婆，她便眼热。另外农村里都是轮流做饭，娶个儿媳妇婆婆辈就可以不做饭了。所以他母亲巴不得娶个媳妇，她才感觉有气势，好不容易等到他虚岁十七了，就赶快向我们家送帖子。

母亲把帖子退回去了。李準他母亲又托她外甥女，就在我们村子南边住的，来跟我母亲说："你说你闺女小，我二姨说去了之后，可以多住娘家少回他家。"我母亲喜欢干脆，省事，也是跟砸小孩玩具一样，见人家来说一次又一次，她和父亲说："兵荒马乱又不安定，走一个少操一个心。终究还是人家的人，不叫走也挺不好看。就那样吧。"母亲就跟李準他妈的外甥女说："你把红帖子给我捎来就行了，我也不是图吃她的果子。"这一答应，红帖子装她兜里就送来了。

那时候，闺女没有发言权，就是蒙住头跳黄河，深浅不知。父母定什么就是什么。闺女们连什么日子也不能知道。没有张口的权利，有苦难言。不同意也不能说。

我只听母亲去和五姐商量，先把五姐的毯子借给我，将来再给她织一条。五姐不同意，母亲说："算了，再安一条吧。"那时候，农村里刚学会织那种线毯子，五姐用七色线织了一条毯子，很好看。我要织也来不及了，只用绿线和白线织了一条毯子。这又要狠着劲纺花了，我再也没有想玩的心了。

场上的姑娘们，有人说闲话："是大麦先熟啊，还是小麦先熟？"我妈不愿意，就去找那说闲话的说："你们个闺女家懂个啥！什么叫大麦先熟，小麦先熟？你能保证你姐先走，还是你先走？"那姑娘不敢吭了。那时候，姑娘们要听说她去婆家，都羞死了，就再也不多嘴了。

要安一个花格子被面，所用的布，都得自己织。

黑腊月，明八月

有一天，说是嫂子她妈病重了，叫嫂子去伺候她妈，嫂子慌着收拾东西。我和五姐给小侄儿打扮一番，穿上新衣服。小侄儿一岁多了，还不会走路，可他知道穿上新衣服很高兴，去了三天又抱回来了。妈老远看见问她："你咋回来了？""孩子病了。"

妈走近一看，哎呀，孩子咋形都脱了，眼窝塌大深，不睁眼，完全不像三天前的孩子了！妈整天吃了饭就去东头给孩子找单方。各种单方找回来都用了，孩子病也不见轻。

这种病，叫鸡爪疯。那一年夏天，好多村子都有这种病，死的孩子很多，开始是泻肚子，两天后孩子就瘦成皮包骨头，不睁眼，和死了一样，但是能吃奶。我二姐也有个男孩比这孩子还大点，很胖，会说话，也会跑了，得病几天，就撂了。二姐来一看，说："这孩子好不了。"尽管说好不了，我妈还是到处跑着打听单方和消息。有人说："老天爷今年要收多少孩子，在各家收，都是土地爷负责这事。"妈赶快捏个面人儿，放在土地爷跟前，让土地爷把面人儿交了，把孩子留下。

各种方法用遍了，看着孩子像死了一样。父亲是从不说泄气话，那天他看了孩子说："哎呀，这孩子连三天的阳寿都没有了。"按住脉还跳，其他和死都没分别了。妈最后一招也用上了，把孩子灸了一下，捏个面圈儿，放在孩子头发旋上，再用艾叶捏成一头尖一头圆，尖头沾点油点着，放在面圈儿上，快点完了，就烧住头了，孩子要会哭一声，就会好，最后这孩子只"哜咛"了一声。我大姐的大儿子给找来了鹿茸，也给他喝了。

那天上午一摸他脉不跳了，赶快抱到场上，放到树下摸摸脉又跳了。我妈早就给大孙子准备了一条白布，说大孙子一断气，赶快把他拴在磨上，这也不知谁跟她说的破法。见孩子的脉又跳了，妈还是舍不得往地里送。一会儿东头住的嫂子她表姐来了，她看看孩子那样，就说："叫孩子他父亲把孩子抱到地里，用铡子把孩子砍砍，再溅他父亲身上点血以后就好了。"妈说："孩子还有点气儿哩。"她说："就是趁他还有点气儿，要是没一点气，砍也白砍了。"

从前的迷信说法，说这孩子是偷生鬼，生了死，死了再来。趁活着把他砍死了，以后他就不敢再偷生了。那时的迷信不知害死了多少孩子。还听说，有个孩子三四岁了，有病了，邻居一个女人去跟他妈说：“把孩子抱到寨墙外边，用菜刀把孩子砍死。”孩子听见了，跟他妈说：“妈，咱不去寨墙。”她抱着孩子走，孩子认识路，看出是去寨墙，就求她：“妈，咱不去寨墙。”那迷信支配着她，把孩子当敌人，不可怜他，也不动心，嘴里哄着孩子，“不去”，到地方把孩子按住砍了。不少人都是孩子有重病了，不等断气赶快用谷草卷住送到地点用火烧了，烧得孩子在里边哭，她觉得是治住他了，如果孩子不会哭，她就觉得烧晚了，后悔没治住他。我们没听嫂子表姐的话，孩子在树下放了一天，喂奶他还会吃。我们不断人陪着他。到晚上，嫂子把大门外那推车窑扫了扫，放点席片，要把孩子放在那里。她说：“抱回家里没气了，很害怕的。”我们不同意，孩子放在外边，大人能回家上住门睡觉吗？还是抱回家，后来孩子的病慢慢好了。

嫂子她妈大概是在七月份死了，没有叫嫂子去伺候，因这孩子病太重，嫂子只是抱上病孩子去把她妈装殓住就回来了。那时候老人死了，不能马上埋，都要在屋里搁两三天。

这孩子慢慢好了，也会笑了，他也不肯躺了，要叫人抱着。只要抱到身上他就不吭。我要做针线活，就抱上他做。孩子死里逃生多可怜，不能叫他哭了。我纳鞋底，做鞋帮，绣花鞋，都是抱着他做的。

天不冷，晚上在院里月亮地纺花。农村说黑腊月，明八月，八月的月亮最明，在院里能纳鞋底。

08

耕读传家

嫂子的哥 / 父亲很厉害 /

铁疙瘩 / 包皮布做嫁衣 /

不会吵架 / 三千个古人朋友 /

邮政局的果子 / 何必曰利 /

李凖（左）最早的照片

右为其二哥，大约 1948 年摄于洛阳

嫂子的哥

这年冬天，我嫂子唯一的哥哥死了。他就是那一次截了日本人两车武器的人。他整天跑着买卖枪，跑了一夏天，到深秋时候，不知怎么他成了“黑人”。大约是国民党地方政府要抓他，他在村里不敢露面了，到处转悠。有时候到我们家，吃了饭，晚上摸着回他家，后来也不敢回家了。

我和五姐那天在当中屋纺花，见嫂子她哥和常和他接头的一个四方脸人来了。他们在大门底下小床上坐着说话，父亲在坐着陪客。说着说着，那个方脸人双手打着自己的脸。我和五姐都吓坏了，怎么回事？那人打完了，嫂子她哥不紧不慢地说：“你不要来这一套，你不要来这一套。”我们感到惊奇，他那样打，嫂子她哥不但不拉不劝，还那样说。我们还是头一次见到人和人之间还有这样的关系。这是什么关系？不懂。以后好像不见那个方脸人来了。时间长了，她哥也不来我家了。

说是他又跑得远了，跑到西南边杨岭村他叔伯舅家了。后来又听说，他叔伯舅和他也是因买卖枪的事，争执不下，他用染房缸里的染布水灌了他舅一肚子，因此他又不敢到那村里去了。

阴历十月份，他舅把他抓住了，要枪毙他。他说："舅，我妈还没有埋葬哩呀。"他舅说："你死，只管你死吧。"就把他打死了。告诉他家里，家里只有他媳妇带着两个孩子，大的女孩有三岁，小的儿子不到一岁。他村子里有个孩子来叫我嫂子，他没来到家里，在崖头上喊，说嫂子的哥叫人家打死了。我嫂子直想骂他，说他不会说话。那个孩子说嫂子的哥是在杨岭被打死的。嫂子娘家出了这么大事，父亲陪着嫂子去了，到他村里找了几个年轻人，借了块门板抬去，走到杨岭村，已经深黄昏了。一大块麦地黑乎乎的，去哪里找人？找了半天，找着个尸体没有头，又找了好半天才找到半个头，那半个怎么找也找不到。年轻人都急了，说："算了吧，那半个头，要不要都一样。"父亲说："那不行，你给他弄回去半个头，他家属会愿意？无论如何也得找着那半个。"又找了很长时间，才找到那半个头，对住搁门板上抬回去了。到家都后半夜了，父亲跑回家，躺下睡了一觉，天明后，又去招呼着给他买衣服、棺材，给他穿好衣服，放在棺材里。他媳妇哭着把一岁的小男孩放他身上，叫他把孩子也带着。别人把孩子抱出来，把她拉走后，才把棺材钉住，去埋了。嫂子回来那天晚上，一家人都不睡觉，也不点灯，关住门在屋里说话。我听得非常害怕。

父亲很厉害

李準他大哥结婚的时候，他父亲给他大嫂买了好几套好衣服，待了好几桌客，办得很排场。这有两个原因，一是家里娶第一个媳妇；二是这是他父亲的哥哥的儿子，他要对得起他死去的哥哥。这是李準他父亲的想法。第二个儿子就没有那么排场了。他负担重，那么大一家人，只有四十多亩地，打的粮食不够吃，还靠他在镇上开个杂货铺，养活这么一大家子。二嫂子买衣料东西不多，心里不愿意。李準要结婚了，家里人都瞪着眼，盯住看他们买什么东西。他父亲想，他是掌柜的，自己亲生的孩子要更简单。李準母亲不愿意，她说："人家大媳妇买点好衣服，咱这也是老大，也得买点像样的衣料。下边的那几个哪怕都不买，我看这也公平，两家都给老大买点也说得过去。"掌柜的不听她的，她不敢多说，再说就骂她。他父亲脾气很厉害。

铁疙瘩

李凖也是姊妹六个。他排行老三，有两个姐姐、三个弟弟。他伯母第一胎也是个女孩子，接着是两个男孩子。他祖父重男轻女思想很严重，只喜欢男孩子。

李凖从小个子就大，长胳膊长腿，黑胖。祖父给他起个名字叫铁生，这个名字有两个意思，第一是他的长相，黑胖，圆乎乎的像铁打的一样；另外是农村有一种迷信，谁家孩子娇了，就取名叫铁，铁最结实，孩子能像铁一样长得结实。

他小时候，姐姐抱着他出去玩。他的个子大，姐姐刚开始缠脚，脚疼就容易摔跤。每次摔倒，他还没有哭，姐姐总是吓得“哇”的一声先哭。母亲听到哭声，跑到跟前，先把姐姐打一顿，说她哭那么大声，孩子没有摔着也吓着了。

他渐渐长大了，相貌很特殊，黑胖大头，一双大眼，双眼皮，亮闪闪的，看着虎头虎脑很好玩。村里人叫他“铁疙瘩”，都爱逗他玩。

他从小嘴就很会说，脑子反应也快。两岁多的时候，有一天晚上，全家人都在他祖父屋里聊天。那时候点的油灯是铁铸的，里边倒点儿棉籽油点着。伯父看看油灯，给他几个姐姐说个谜语，叫她们猜。伯父说：“一疙瘩铁，拳头大，三间屋子盛不下。”姐姐们还没猜着是什么，他就开口说：“一疙瘩伯，拳头大，三间屋子盛不下。”他以为伯父说的是他那个“铁”，所以不愿意，就还他一句，大家都笑了。

他五岁上了小学，上学时候经过一家姓赵的门口。那个赵大伯名字叫新有，碰见他总要截住逗他玩，拍拍他的头摸摸他的脸。他总想躲开赵大伯的纠缠，就是躲不掉。时间长了，也就锻炼出来了，他俩打打闹闹，一个人跑，一个人追，有时他跑远了，扭头看着赵大伯没有追上来，他就编起了顺口溜：“赵新有，抓把土，你撵我，我不走……”后边还有几句，只是时间长了，他记不起来了。

他五岁那年，村里一家娶媳妇，他也跑着去看热闹。吃饭时，一些人拉住他非要他喝一杯酒，他说：“方少年，勿饮酒。饮酒醉，最为丑。”这是《弟子规》里的句子，他刚读过就用上了。人们都很吃惊，酒也不要他喝了。

在学校他也是个活跃分子，编快板儿、编戏，编的《马超大反西凉》，学生们演的时候，附近的农民们都去看。我早就听说他在学校里唱胡子生，唱得呱呱叫。

他小时候记忆力就好，一篇文章读几遍就会背了。有一次学校里比赛背书，有个同学一口气把一本《三字经》从头背到尾。别的同学都很服气，他笑笑说：“我能倒着背。”于是把这本书从结尾背到开头，竟一字不差。

1954 年摄于洛阳老家

二排左起第一人为董冰
三排左起第一人为李凖的父亲李俊人，第三人为李凖的祖父李祖莲，第五人为李凖的母亲杨氏

他是爱说爱动的孩子，也很会玩，放了学经常领着北街一群孩子，跟南街的孩子们打土仗。他很会讲故事，看过的书都跟同学们讲。一群学生整天围住他，听他讲《小五义》《三国演义》，什么“白眉毛徐良”“关云长水淹七军”，还有“憨女婿走亲戚”……

他因为姊妹多，小时候没有穿过囫囵鞋。那时候农村做的鞋子也不结实，都是很破的布才做鞋底子用。做一双鞋给他穿上，不几天鞋后跟就破了，露着脚后跟。他也不敢让母亲知道，自己在牲口的破围脖上，剪一块旧皮子垫在鞋里。跑着跑着皮子掉出来了，再往里填填。鞋上的洞越大，皮子跑丢了，再剪一块大些的垫上。他知道无论如何也不能让母亲看见他的鞋破了，母亲知道了不仅没有新鞋给他穿，还要打着骂他是“费犟驴”。

他母亲年轻时脾气不好，孩子们鞋子破了衣服脏了，都得挨打。弟兄几个在一块儿玩，打起架来，母亲抓个笤帚疙瘩，不管谁，有理没理，一个一个挨着打。他大弟弟爱认个死理，总是站着不跑，每次都是挨打最多。他跑得快，有时候跑了不敢回家吃饭，就让他弟弟偷偷给他端一碗，吃完就上学了。

他八岁时，他舅家表哥娶媳妇，母亲把自己的蓝洋布衫，给他改了件大褂穿上去做客人。那时候洋布很缺，闺女出嫁时才能做一件洋布衫。他穿着洋布大褂走亲戚，自然是很神气。花轿一到，他听见唢呐声，就跑到场上去看。外边看热闹的人多，他个子小看不见，就趴到土墙上看，下来时衣服上粘了一片湿土。他害怕回家挨打，赶快吐上唾沫擦，结果越擦越脏，土在衣服上和成泥了，怎么弄也弄不掉，结果还是没逃过那一顿打。

他九岁那年，两个姐姐都出嫁走了。姐姐回娘家，都是他牵着驴子去接。去的时候，他把驴牵到麦场上，蹬住石磙骑上去。那驴也欺负他年纪小，站住就是不走。打它狠了，在场上围着麦秸垛转圈，还故意挨着树走，想把他挂下来。他又是喊，又是打。走到大路上，那驴就没有办法了，只好老老实实跑到姐姐家。回来时驴跑得很快，它知道回到家就能吃草料了。李凖从小就和驴子打交道，因此他懂得驴子，他能看出驴子的喜、怒、饥、渴。

包皮布做嫁衣

我和李凖是一九四四年阴历十一月二十日结的婚，在这前一个多月，我妈也病了。开始，因为扎煤火，手碰到干煤上，大拇指甲边碰烂了一层皮。本来不算事，可她又淘了麦子，也不知是不是麦水有毒，到夜里疼了一夜，第二天胳膊上肿了个大包。后来浑身肿，脸也肿了，头也肿了，是感染了，很吓人。我要伺候妈，又要赶着做活。做了两件黑蓝布衫，套棉袄用。织的蓝线、白线条子花布，做了两件衬衣夏天穿。

早就听说李凖他们家的家法严，是个读书人家庭。妈也说过："咱家一群闺女到了婆家，都落得很好，婆婆很喜欢。我去看望闺女，人家都是高接远送。谁要是惹得不香甜，我去了人家慢待我，我就一辈子不上她的门。”我明白，妈这话是叫我听的，知道他们家不是一般的家庭。

我又安了一块绿花格子布，想做条棉裤，也没织下来。妈病了一个多月，忙不过来。

李準家来“过礼”。拿来一块红布，煮得也不红，黄撇撇的，做了两件红棉袄、一条红棉裤。他们家拿来的东西很不像样，买那两块包皮布，煮了条黑裤子，煮了件蓝布衫，上边还有几个三角口。二姐一看：“这不行，这不能穿，给他退回去。”拿着去南边找她那外甥女，走了好远。我妈那时还没有起床，一听说，赶快叫人去把二姐叫回来。妈说：“他拿来啥，咱给他拿回去啥。人是他家的人，东西是他的东西，哪怕他拿来是一块破布，咱也给他做成衣服送回去。退回去就惹不好了，咱闺女将来到人家家里要受气。”

他父亲在旧衣摊上买了件蓝绸子棉袄，又大又胖，叫他大姐给改了。他大姐手还巧，没见过我，改的棉袄还合身。买了块油绿色绸子，是条裤子料，就这块是新买的，两双袜子是新的。两条毛巾稍像点样，他家二嫂子就不愿意了，把她那时的两条毛巾拿出来扔到老天爷的板上，扔了好多天。

他母亲老气不忿，嫌那包皮布太不像话，她说：“这东西拿去了，人家会退回来。”他父亲说：“退回来再买。”他妈在家盼着说："今天把东西退回来才好哩，退回来才好哩。"背地里骂老头，"你当掌柜，咱不多要东西，跟他大媳妇一样也不行。你尽给人家拿些破尿片子。"老太太气得咬牙切齿，恨不得甩他脸上，可她不敢，只有暗中生气。背地里骂他："你整天当掌柜的，心血都捞干了，咱还尽吃亏。"

那时，农村刚实行一种新式结婚典礼。新娘子不蒙脸，头上戴绒冠，披纱，戴墨镜，轿上只盖下半截门帘。我四姐她婆家妹妹，比我早结婚几个月，就是戴的冠。这冠是拿钱租的，用一次不知多少钱，一种金冠，可能更贵些。四姐她妹妹上轿时戴的金冠，回门时戴的绒冠。我结婚时李準他父亲也想叫戴金冠又舍不得钱。拿了半个绒冠，只有前面一半，后边用绳子系在头后边。上边用粉红纱撮一朵大花，往头上一戴，挡住后边绳子，什么也看不见。前面是戴着冠，戴上墨镜，上轿时，穿的是我四姐的一身红缎子棉袄棉裤。李準穿的是他父亲在旧货摊上买的一件蓝绸袍子，小半截他母亲给改了，从腰上剪开接了一截子不一样颜色的布；外边穿他姐夫一件大褂子，是青蓝色斜纹布。这件大衫子可有用了，他弟兄三个娶媳妇，都是穿这一件。

跟轿的响器队，只有两个人，一个老头吹个唢呐，一个十岁左右的男孩拍个铜钹。排场家要八个响器，一般也得四个人：一个唢呐，两个笙，一个铙。十一月下旬，正是冷的时候，轿在路上跑得飞快，闪得厉害。有人晕轿都吐了，幸亏我还不晕。我哥常给人家帮轿，他应该知道叫他们走慢点，他不吭，我也不好说。头天晚上大姐交代我两句话："到那里跟他说话小点声，房子外边听得清，有人听见了会笑话。"

我们那个村离他们村，走大路有四里地。

穿过牛家街，往北拐，有个胡同，走过去往西，进个栅栏门就到了。这个栅栏门里共住了五家。他们家在最东边，大门朝南，进去大门有三间临街房，是前头屋。再走就是一个院子。两个对厦，两边房喂牲口，东边屋是他祖父住。紧挨着是二门，进去二门，还有个扇屏门，进去才到后院里。正北五间上房，祖母住三间，隔出两间，他母亲和伯母各住一间。下边四间对厦，东边两间，一间厨房，一间他二嫂住；西边两间，大嫂住一间，我住一间。最后边还有个大后院，后院里很多树，大都是楸树、椿树，只有一棵小杏树，听说是李準小时候栽的。

那个时候，特别是他们那个家庭，我结婚后三五年也不敢在院子里跟他说一句话。

他们家那么多人，一口大铁锅，看着吓人，做一锅饭得两个人抬。我去的两天以后晚上，蒸馍火灭了。大家都知道火灭了，都不去找柴火生火。我人生地不熟，怎知道哪里有柴火？可不生火，天不明我起来添锅怎么办！我拿个灯，叫他弟弟领着，到处找柴火，跑到前头院，找点柴火回来。随后，祖父就跟着来了，说："这么晚了，老三家，去前头院干啥？"只要祖父到二门里说一句话，全家都惊动了，才都出来解释、帮忙。

每天，我天不明起来添锅、扫地，到天明院地要扫完。第六天回门，我就埋怨我妈了："咱们家一群闺女都是二十多岁才走，叫我走这么早，你也知道他们家那么多人口，我能搬下那大铁锅不能！"我妈也有点后悔，她埋怨李準他母亲："她托人来说一次又一次，我也没办法。"

婆母只嫌我穿的衣服不好看，不合身。我去娘家住了九天回来，她把我一件棉袄带罩衣都修了修，剪瘦小了点。红棉裤穿上黄撇撇的不好看，回去把绿格子布织下来，做条绿棉裤，回来穿上还是不好看，有些菜气。最后还是我四姐给了我一条棉裤片，做了穿上，是紫红色带大花，黑紫红带粉红花、大绿叶子，好看些了。

李準家除了父母外，还有伯母和祖父、祖母。这个祖母是后来的，还生了一个小姑姑，比我们小两岁。我一回到他们家里，思想就紧张，心都提大高，总怕早上添锅晚了。那时候，也没个钟表，不知早晚。有一次，夜里睡一觉，我睁眼一看：哎呀！屋里都明了，可把我吓坏了。赶快起来，跑到院里看，下大雪了。房上地下都是厚厚的雪。我赶快扎开火，添上锅，院里雪都扫扫。去屋里停一会儿，看看天还那样，再去厨房看看，大半锅水也快开了。怎么办？再添点水，再去屋里等一会儿，锅又开了，再去添点水，锅添满了，还开着，外边天还那样，火也着乏了，还不见天明。鸡子一直没有叫，这才知道是雪照着窗子亮，不是天明了，还早着呢。火也乏了，一大锅水，我也端不下来，这怎么办？叫谁我也不敢，想了半天只好去上房屋窗户底下，叫小姑姑帮我抬抬锅。那一大锅水，俺俩也抬不动，只好把水舀出来一大盆，我们再抬下来。然后往火里下点干煤，再糊上点湿煤，再把锅抬上，把那一盆热水再倒回锅里。我又回屋睡了一会儿，鸡子才叫了。这天是该二嫂做饭，由我起早添锅，做饭人天明才起来。一锅水开了，先抬下来给祖父搅一碗白面疙瘩汤端去，再做大锅饭。

二嫂一起来就跑到我窗户底下去问铁生。二嫂喊着："铁生，铁生，今天咋添锅这么早？"李準没好气地故意说："今天吃'头脑'。"二嫂高兴开了，在院里到处叫，跑到大嫂窗户底下叫："大嫂，大嫂快起来吃'头脑'吧！铁生说今天吃'头脑'哩。"说着笑着，又跑到奶奶窗户下喊奶奶快起来吃"头脑"。在院子里见谁起来就跟他们说，直在院子里笑着闹了一早晨。

李凖、董冰，1987 年 7 月摄于内蒙古

不会吵架

李準的性格是很开朗的，不管什么事，他看起来都是乐观的。我是个悲观人。有时候，我在他们家很发愁，他经常劝我。记得有一次，他跟我说：“你发什么愁，将来妇女是会解放的。外国都有三八妇女节，再过几年中国也实行了妇女解放，也有你们的节日，到那时候你们都自由了。”

我听了觉着是笑话，什么时候还会有我们的节日，不敢相信；不过他的话还是有煽动力的，听了他的劝解，我还是开心的。

我们刚结婚不久，我又回娘家住了一个多月，他母亲还来看了我一次。到我家她很高兴，看见我她笑着说：“这一段吃胖些了。”她很喜欢。她跟我父亲说：“哎呀，俺那孩子是个张飞，不管什么事，他都满不在乎，说说，哈哈笑笑，心里盛不住事。”她和我父亲说了半天话，不断说她孩子对什么事都满不在乎。

铁生教我认字，他说：“你学认字吧，不认字不行。学会认字能看点书，那就有意思了。”我也愿意学习，他给我订了一个本子，叫我写大字。他先写一张做影，套在里边，叫我照住描了一段时间，才把那张字拿出来，让我看着写。再过一段时间，他让我悬起肘写字，胳膊不能挨桌子。

他又给我找了一本书，是国民党那时候，也兴叫妇女上学的课本，大约是办过学习班。有一本书很厚，里面很全，有历史，有第二次世界大战，还有花木兰。那本书上有老拼音，他先教我学拼音，他说：“只要学会拼音，这本书你就会看了，以后你要会看书就不苦恼了。”他教会了我拼音，又教我读那本书。那本书也没有读多少，以后就忙了，一搁住，几年也没看过。

过了年，正月十六，我从娘家回来，他妈说：“你也轮开做饭吧，该你做那三天，你操点心，做完了你也歇两天，要不你每天得起五更给人家添锅扫地。”轮着做饭，我也害怕，这样，我要负责扛那个大锅了。中午要擀两大块豆面条，做成一大锅，再擀一小块白面条，给爷爷做小锅饭。

我头天做饭，中午和面，伯母去厨房看了看，出来到院里，跟他祖母和母亲说：“老三家还可以，还会和面，面盆都和得溜光。”

我擀一大块豆面条，大嫂擀一块，大嫂是贴厨的。一人做饭，一人贴厨。要是三个人都在家，做完三天饭，还能歇三天，贴三天厨，再做三天饭。要是两个人在家，那就没时间歇了，贴了厨做饭，做了饭贴厨，整天不离厨房。做饭人是扛大旗，贴厨的是做小活，我只要进到厨房，大活小活我都干，为了跟她们团结，大家和睦。要是两个人在家，虽然忙，还愉快。要是三个人在家就不行了，我做完饭歇那三天，她们就不理我了。特别是二嫂，眼一斜，嘴一撇，就是另一个样了。她一回到家，捣得大嫂也不跟我说话，因为她们是亲妯娌。只我和二嫂在家，她也不跟我闹别扭，因她没有亲人玩了，只好跟我玩。我记得有一年春天，大嫂住娘家了。我们都是轮流住娘家，不能都走了，家里没人做饭。长辈人有了媳妇儿，她们都不愿进厨房了，所以不叫我们都走。我和二嫂在家也不错，每天吃了早饭，收拾完，纺一会儿花，叫住小姑姑，三个人到后院玩一会儿。后院的树上绑了一根大绳子，可以荡秋千。我们打一会儿秋千，再回来做中午饭。我和大嫂在家也好，更愉快些。大嫂那人心地不错，就是没主意。

二嫂的娘家和我娘家在一个村里，她娘家在村子南边住。她跟我一点也不友好，总是想百法治我。哪怕是热点酸红薯叶菜，她也抢着送到大嫂屋里，她们俩端着饭去她屋里吃。不管做点什么，她们都藏起来自己吃。婆母老嫌我太老实，嘴不快，手不快，争不过人家，嫌我老吃亏。我一个人怎么能争过人家？他母亲生气，跟他父亲说这事，他父亲说："你管她哩，她争不过人家，她少吃点。你说人家，人家说你偏心她。"

他母亲成天吵我："哎呀，你憨死了，憨死了，人家把你卖了，你也不知道人家把你卖到哪里了。"我不吭，实际上，我不是不知道，她们眼一斜，嘴一撇，我就知道她们想干啥，就是不能说，一说就要吵架。我不会吵架，也不想吵架，只好甘拜下风。

三千个古人朋友

李凖是蒙古族人，是成吉思汗的大将木华黎的后代。木华黎原居住在内蒙古达兰湖畔过游牧生活，后因战功被封为太师、国王；不过李凖他们家已经汉化了，只记个姓氏。他们家的下屯村，在清朝都叫鞑子村。

李凖的祖父李祖莲，是洛阳县的一个宿儒。曾在县考试中过案首，到民国后就教书为生，教过四十多年私塾。他的书法清秀瘦硬，在洛阳西北岭一带颇有名气。李凖的伯父叫李俊华，也是洛阳一个有名的教师。曾任洛阳县立第四十学校教长。李凖的叔叔李明善，也是个私塾教师，不幸他们都在李凖幼年时相继病故。李家一门三个教师，自然要标榜是“耕读传家”了。事实上他们家诗书气味也很浓。每天晚上全家人坐在一块谈得最多的是历史故事，大多是《三国演义》和《东周列国志》上的事。李凖的历史知识比较丰富，大多得益于他那个家庭。他家客厅里放着两部草版书，一部是《康熙字典》，一部便是《三国演义》。什么诸葛亮、张飞、关羽、曹操、孙权、吕布、伍子胥、管仲、孙膑、庞涓这些人物，李凖从小对他们就极为熟悉。李凖曾经说过：“我熟悉古人的传记要比今天的人多得多，我有三千个古人朋友。”这大概和他后来能写那么多不同性格的人物，有密切关系。

李凖的祖父是旧知识分子，最崇拜的人物是孔子、孟子、诸葛亮、康有为、梁启超。最恨的是慈禧。他经常说：“清朝以妇人得天下，以妇人掌权失天下。”他的思想比较陈旧。在青年时代，他虽然毕业于河南省警官学堂，还会背一些英语，但对辛亥革命就接受不了，因此一直在乡下闭门教书四十年。后来在本县县长郭子彬家当家庭教师，专教“四书五经”。李凖在他的几个孙子中，是个最不听话的，也是他最不喜欢的。他让李凖在家中读《论语》、读《左传》，李凖却偷偷地翻着家里的《唐诗合解》《赋学正鹄》以及《史记》来读。几次被爷爷发现，都把这些“闲书”搜走，可是李凖又读家里的《桃花扇》《西厢记》《随园诗话》。老先生对此非常讨厌。

有一次，李凖在书橱里翻出一叠墨卷（过去考试用的模范文），上边有一行红字批语：“此文章字字珠玑，可以压倒元白矣。”李凖就问：“爷，元白是什么意思？”老先生只熟悉四书五经，再加上过去讲究“书不读秦汉以下”，所以他一时也弄不清“元白”是什么意思，就说：“元白是一种大酒杯吧。”李凖当时十三岁，他说：“爷，不是酒杯吧？是唐朝的元稹、白居易吧？”老先生一下子恼羞成怒，说：“就你能！以后不许读闲书！”可是从此以后，祖父也开始重视他了。祖父常说他读书悟性好，记忆力强，又说他有“歪才”，之后又给他讲

《资治通鉴》《袁了凡纲鉴》，不管文学、史学，对李凖影响都极大。老先生一直活到一九五九年，在吃食堂时去世，当时已八十多岁。到老年他喜欢栽树，他亲手栽的桐树、榆树、柿树很多，可惜大炼钢铁中都毁了。

李凖的伯父李俊华，小名叫昭子，也是洛阳邙山岭上一个较有名气的知识分子。他爱好文艺，能写一手柳体大楷，本地好多匾额都由他书写；也喜欢音乐，能吹一管好箫；也能画几笔仕女人物画；特别爱收集碑帖。他自已能装裱字画碑帖。他们家的朱拓苏轼草书扫地大屏，就是由他来装。他也能写一手篆字，但水平一般。他们家老一辈都写唐楷，李凖的三叔李明善也是个教师，写欧体唐楷；可是李凖一辈子写字，却最讨厌唐楷，他喜欢隶书和魏碑，其中最喜欢中岳庙的《灵庙碑》和泰山上的《经石峪金刚经》。这些字雄浑恣肆，又带点儿童天真味道，这大约和他的性格有关系，他不喜欢老古板。

李凖的伯父比祖父思想新一点，经常讲《饮冰室文集》和孙中山，但他不喜欢政治，只喜欢书画碑帖。李凖也喜欢碑帖书画，可能和他伯父、叔父的影响有关系。他的伯父和叔父都在李凖十岁以前病故，害的都是心脏病。他的祖母就是害的心脏病早年去世的。他父亲去世也是由于心脏病。

他们家的藏书和字画碑帖不少，可是李凖叔伯兄弟七个，对这些东西都不大喜欢，只有李凖如饥似渴地读了，给他的文学事业打下一个坚实的基础。

邮政局的果子

李凖的父亲李俊人，小名明选，排行老二。年幼时因家中贫困，割草放牛，犁田锄地。他父亲的两个兄弟都上了私塾当教书先生，只留他在家务农做庄稼。他十三四岁时顶着家里四十亩地，练就了一个好庄稼把式。

到十五六岁时，他不甘心在家务农，就给邻居族叔家帮忙卖盐运杂货。族叔李学莲看他人聪明勤快，就收留他当学徒，并在麻屯镇上兼办邮政局。四五年后，李学莲到洛阳城里去经商，这间邮政局兼杂货店便盘给了李凖的父亲李俊人。这家杂货店他一直经营了三十多年，由杂货店兼卖南货，又开了中药店、估衣店。在麻屯镇，他和别人合伙经营了三家商店。

他经营的“敬信”南货店，在洛阳西北乡非常有名，方圆左近四十里都知道南麻屯“邮政局”的点心、果子、酱油、醋、酒货真价实，言不二价。当地群众曾有一句口头语叫作：“你也不是邮政局的果子，不让还价。”李俊人老先生最注意“信用”，他常说："信誉是人的第二生命，信用就是钱。"别人家卖的白糖果子都是连包装才一斤，他们家的果子连包装一斤二两。他们家的鸡蛋糕、芙蓉糕质量超过洛阳城里。特别是他们家做的米醋，每作只淋出七桶，多一点也不出，而且卖醋的提子，每斤总要多一两。老秤换成新秤了，他家的醋提子还是老秤。如果买主让称一称分量，他就要再倒出来一两，时间久了都不再让秤了。

虽然祖父没有让李準他父亲读书，但他这个家庭毕竟是农村一个到处是书本和文化的家庭，李準的父亲天资聪明，而且吸收能力很强，《三国》《列国》这些书他都非常熟。另外，由于他代办几十年邮政，每天能读到十几份报纸和杂志，所以他在镇上成了一个通晓时事、传播文化的中心人物。他的文化知识比起祖父、伯父来，虽然"四书五经"没有他们精通，但时事新思潮，却要比祖父们广博。

应该说李準受他父亲的影响是很深的，特别是那些叛逆思想和新文化。李準他父亲常对他们说，我最不喜欢那种文质彬彬的迂腐秀才，也不喜欢那种规规矩矩的孩子，当小孩子时要敢作敢为，要"输打赢要"。人没有一点性子是不行的。

对子弟的教育方法，他父亲也和祖父不同。祖父是要读书知礼，要文质彬彬，不要和村里的野孩子们一块儿玩。他父亲

李準的父亲母亲

则不同，他强调交往，要和村里各种人打成一片。比如村里每年灯节玩狮子、龙灯、高跷、排鼓，他祖父不让参加，父亲却怂恿参加。他说：人在社会生活，不能过得路断人稀，要会交际各种人，要随群，要放下架子。这都是练达人情的学问。在这种教育下，李準小时候就参加农村剧团，演戏、捶排鼓、轰社火，所以李準比起来其他兄弟，他在农村的朋友最多，而且遍及三教九流，连剃头的、吹响器的都有他的朋友。这在他们这个所谓“书香门第”中是很少见的。

李準的父亲虽然是个农民，却有很多新的教育方法。有一次，李準才十八岁，父亲给他三百元说：“你去城里东关骡马行里买一匹马，回来拉磨用。”李準说：“爹，我不懂马，不会买马。”他父亲说：“你到牲口行里看人家怎么买，你就怎么买。”

李準下午从城里回来了，牵了一匹黄马。结果三个人牵着它套不上磨，又踢又咬。父亲过来笑着说："算了，别套了，你没有看它腿上根本没有套绳磨的'套花'，是一匹没有拉过套的野马。另外这马尖头瘦尾，调教好了也没力气。牵去行里再卖了吧。"第二次李準又去牲口行里牵回来一匹灰马，马个子很大，价钱也不贵。经父亲一看，是瞎了一只眼，眼睛看上去和好眼一样，但手在前面扑扇，它不会眨眼。父亲又让他牵去换了。往返三次，他买回一匹栗色黑棕小川马，父亲这才中意。通过这几次买马，李準逐渐精通相马了，后来他只要对一匹马看一眼，就能说出这马的德行、口齿、耐力和能否生育。他这些相马本领，都是从实践中学来的。

他父亲常说："负责任，享幸福。办事不要怕负责任。"他为人极为勤快，自幼学得一手好农活，像犁地、耙地、摇耧、扬场这些细农活，他在全村都是数一数二的。李準平常放学回家，必须干农活，衣服一换就得下地。父亲最看不惯那些游手好闲的人。他经常说，不管你长大种田不种田，这一套活路你必须学会。

他还有一些旧的处世本领。比如，他经常在村里给人家调解家务纠纷。他有个原则，就是不对着他们一家至亲骨肉说另一方的坏话。他说："他们家闹气都相互看作仇人，但过不了两天和好了，就把你亮出来了。""夫妻无隔夜之仇"，这是他的看法。

五十年代，李準写《不能走那条路》和《李双双小传》后成了全国知名作家。老先生对儿子的工作不懂了，他不知道什么是作家。后来有一次他看了《不能走那条路》以后，忽然对我说："他现在是写书的呀，写书要写'言情'，才能流传后代。光写劝善的书不行，像会上言'宣讲释义'的那些劝善书，除了老头老婆听以外，别人就很少听。"

李準的父亲是一九五六年因心脏病去世的。

何必曰利

李準他祖父、伯父都是私塾教师，父亲是个杂货店商人，兼办邮政，家里也种地，所以他说他们家是"耕读传家"。他家门联上老贴着"耕读传家"四个字，说他们家是既种地也读书。从他祖父的服装打扮最能证明：一件土布蓝大褂，虽然很旧了，不管冬秋，总要穿上；一顶破呢礼帽，给村里人家当"喊礼"先生时才戴上；再一点和农民不同的是，他不论冬夏总要穿一双布袜子，那袜子是布缝的，口小很难穿，李準说他老记得看祖父穿布袜子时皱着眉头、咬着牙的样子，当听到"嗵"的一声（穿进去了）时，祖父才舒一口气，他也算是如释重负。

李凖说，他开始记事时，是全家“跑反”进城。大约是一九三〇年，当时军阀混战，老百姓经常“避乱”跑到城里去，他们“跑反”就跑到洛阳城里。因为没有进过城市，所以他印象特别深。第一个印象是洛阳的城墙和城门，那么大的门，城门口还站着兵；第二个印象是一个卖汽水的摊子，摊子上放一个塑料做的粉红色小孩，小孩会尿尿，尿出来的水就是汽水（实际上是糖水），用杯子装来卖；第三个印象是看城里人吃西瓜。我们住那地方是邙山上，因为水少，极少种西瓜，但洛阳城卖西瓜很多，满地西瓜皮，他那时两岁，捡了地上一块西瓜皮就吃，因为是到城里，又是大街上，他母亲不好意思，从他手里夺过来扔了。后来听他母亲说：“真后悔，当时没有带五十文钱，如有五十文钱，一定给孩子买一块西瓜吃。”

他爷爷是教书先生，书法也是他们那里方圆左近最有名的老先生，所以一到腊月，村里头的人都来请他写对联。大卷大卷的梅红对联纸，堆满了一床。爷爷写对联，李凖和他二哥研墨汁。他们没有耐性，不想研，爷爷给他们的任务是每人研一千圈，才准休息一会儿，他们研得头昏脑胀，但看爷爷写对联时，却感到是一种享受。爷爷给人家写对联，都是按每家的不同职业身份而各有其内容，比如写给一般农民的多是“春前有雨花开早，秋后无霜叶落迟”“一冬无雪天藏玉，三春有雨地出金”。后一副对联，写的是这年一个冬天没有下雪，又盼着下春雨的吉利话。再如写给镇上商店的有“主因信实千金托，客为公平万里投”。还有附庸风雅的总是把古代的著名商人抬出来，如“马周店内春常在，少伯舟中月正明”。有些理发馆（从前叫剃头铺）也请写对联，照例是“进店来乌头学士，出门去白面书生”。从前在农村农民都兴剃光头，要是现在都兴留长发，出门去仍然是乌头学士了。

他们家过年更热闹，特别年三十晚上请神，都是他祖父领着他们弟兄几个打着灯笼跟着。从天爷、灶爷、土地、门神到祖先堂，挨个儿上香烧纸，奠酒叩头。祖父只给祖先堂叩一个头，其余都是小孩子们的事，一晚上不知叩了多少头，把头都叩晕了；不过也有个有趣的事情，就是放鞭炮。

到初一上午，就是拜年。首先在家里，由大哥领着给祖父、祖母、父母等长辈叩头。紧接着就是串村拜年。这串村拜年不管是同族的、外族的、外姓的，见了面只要是长辈的，一律叩头，有时在大路上碰到了，也要跪下叩头。

他祖父是教书先生，每年的工薪也不过银圆二三十元。他虽然每天给私塾学生们讲着《孟子》上的“何必曰利”，却老想发财；但发财梦做了一辈子，却也没有发大财。每年初一五更，在开门的时候，祖父要先烧香、放鞭炮，亲自去开大门。开门时总是要先念个歌子，歌词大意是：

大年初一把门开，
金银财宝滚进来。
驴驮金，马驮银，
狮子驮着聚宝盆。
…………

念罢歌以后，他就打开大门喊着："孩子们快拾，拾元宝！"李準他们小弟兄们拿个篮子在院子里拾些砖头瓦块，祖父很满意。这些砖头瓦块都堆在大门后，放到过了元宵节再扔出去。

09

到哪儿没有行好的人

半私半洋 /

小孝子 /

打算不到一世穷 /

神婆不是故意的 /

李準董冰夫妇，1978 年摄于北京西四住所

半私半洋

李凖上学比较早，五岁就到麻屯镇古路沟一所小学读书。当时大约是一九三三年，因为在家里没有人带他玩，便由大哥二哥带着他去上学。这所学校里有两个老师，一个姓张，名字叫张九令，是教“四书五经”的；另一个姓杨，教当时商务印书馆出版的教科书。当时群众叫这种学校为“半私半洋”，即一半私塾，一半学堂。

李凖只记得他的课本第一课很花：一个青年妇女在给一个孩子吃奶，是彩图，文字是“妈妈”两个字。第二课是“小狗，小狗，走走走”，图文精印，小孩子们很爱读。他的记忆力强，虽然只有五岁，一本书能背得烂熟，但他年龄太小，麻屯镇离下屯有一里多路，中途还要爬一个大土坡，再加上村南街上还有两条大黄狗，这成了他的负担。好在有两个哥哥，有时他下课了，也得等哥哥们结伴同行回家。

上三年级时，他伯父当了麻屯小学校长。李準当时才七岁，他因为算术没有及格，还留了一级。大哥的功课比较好，老是全校第一名。这也是造成祖父不喜欢他的原因。但李準在学校里的朋友多，各种游戏他总是积极参加者。到金水河游泳、摸螃蟹、村子里捶排鼓、玩社火以至演新剧，总少不了他。抗日战争开始，洛阳各中小学开展抗日救亡宣传活动。李準在学校里成了活跃的学生。他是歌咏队又是剧团的演员，演过一出叫作《新刺虎》的戏，他演老生。我们那一带十几个村子都传说他演得好，其实那时他才十二岁。

一九四〇年秋季，洛阳县常袋镇成立了一所达德中学，李準在麻屯完小还没有毕业，就转入了这所中学的秋乙班。常袋镇离下屯村十二里地，在北邙山岭上，要翻几条沟，因此要在学校搭伙吃饭和住宿。这所中学是抗战后临时开办，比较简陋，但教师多是从华北流亡到内地的大学生，教学质量还不错。李準在班上语文、历史成绩都比较好。这是因为他从小在家里读过“四书”、古文，所以国文课本上的文言文他都能懂。像《大铁椎传》《春夜宴桃李园序》这些课文，有的他早就读过，不用讲他就懂了。英语、代数比较差，这是他一生的遗憾。

李準在中学和小学，仍然大量阅读旧小说和课外书籍。在中学时他和几个“小说大王”比赛过，从《封神演义》《东西汉演义》到《七侠五义》《小五义》《彭公案》《施公案》一直到《镜花缘》《老残游记》，他共读过三百多部旧小说。这些旧小说丰富了他的知识，也耽误了他的正式功课。

达德中学有像李凖这样十二三岁的学生，也有十七八岁的学生，甚至还有二十多岁的学生也来上中学一年级。当时国民党抗战时要抽壮丁，中学生可以免役不去当兵，因此附近村子里有些农民就把二十多岁的子弟送去上中学，以逃避兵役。这些大个子“孩子王”比较淘气，把足球、篮球霸占住，不让年龄小的同学玩，有时还抽烟。有的已经结过婚，当了爸爸，弄得女教师都害怕他们。

到了一九四一年，河南已开始大旱，头一年秋庄稼旱坏没有收，第二年麦子又歉收。这时学校的灶上已停止吃馒头，每天两顿面片，这样可以省些粮食，可是这样却苦了那些年龄小的学生。每逢开饭，两大锅面片抬出来，大个子学生每人抢一把长勺子，便去捞面片。他们把锅子围得水泄不通，捞面片技术也高，用勺子一挂一捞，把面都捞在碗里了，等到年纪小的学生挤到跟前时，只剩下半锅稀面水了。

之后天气继续大旱，每个月的面也对不起来了，李凖就开始“跑灶”：每星期天回家背点红薯面馍，由母亲烙好卷点韭菜花，背到学校；每天啃点干馍，喝点开水。开始时，父亲还给几毛钱，每天到街上花五分钱吃一碗绿豆面丸子汤，后来几毛钱也没有了，就只吃点干馍，喝些开水。

就这样挨到秋后，家中连红薯面也供不起了，父亲就让他回到老家，不上中学了。

第二年旱灾仍继续，李凖当时十三岁，在家农活也干不了，再加上河南“水、旱、黄、汤”，到处是逃荒要饭的人，他找不到什么活干，父亲就还让他去麻屯小学，再上小学。李凖觉得自己是中学生了，哭着不想去上，可是父亲执意要他去。“人家小学老师还教不了你了！”在父亲逼迫下，他只好又去上小学。上了两个月，李凖听说西安几所中学在招收灾区学生，便联合了水泉村的表兄杨灿文、表弟杨青元和李瑞等，准备从洛阳到西安去考中学。

一九四一年夏天，李凖和杨灿文、杨青元等五个学生到了西安，准备考当时的国立五中。

从洛阳启程，他们背着行李，带着干粮。当时他十三岁，是第一次出远门。由洛阳挤上向西去的难民火车，活像沙丁鱼罐头一样，一个紧挨一个挤在车里。当时的陇海路是一条“饥饿的走廊”，从黄泛区逃出来的难民，成千上万躺在铁路沿线。到处是乞丐，到处是饿死的难民尸体。这种大饥荒的惨状，给他幼小的心灵上留下了深刻的伤痕。

由于日寇在黄河北岸向潼关打炮，火车只能通到阌帝镇，然后下车步行过潼关。当时他们几个孩子翻潼关山路，天气炎热，路上还要小心日本飞机轰炸，整整走了两天，才到东泉店车站。他们准备继续坐火车向西安，可是铁路上根本不卖票，成千上万的难民往车上“扒”。他们五个人一商量，由他看行李，那几个人去“扒”车，占好位子再叫他上车。不料火车来后，大伙一拥而上，挤进去的出不来，挤散的也互相找不到，结果他们四个人挤在火车皮顶上，却把他一个人剩在下边站台上，另外还有四个行李。他正跑着喊他们，火车开走了。

这天晚上，天又下起了大雨。他一只鞋子被水冲走，光着脚去饭摊上买了两个包子，刚要往嘴里吃，却被一个要饭孩子抓走了。那孩子大约比他还小两岁，一双眼胆怯地看着他，而且先向包子上吐了两口唾沫。李準看着也不再追他了。

他拖着四个湿的行李到一个席棚下去避雨。刚站了不到半个钟头，一个胖女人就掀开草帘子向他要五毛钱。他说只是在这席棚下站一会儿，她说站一会儿也要给钱。他身上已经没有几毛钱了，不敢再花，只好带着四个行李站在大街上雨地里。

这一夜在东泉店车站，对一个十三岁的少年来说，可真够受的。他的身上被大雨淋湿又暖干，暖干又淋湿，要不是四个行李，他真的要跑了，可是他不敢跑，也没有地方跑。他第一次离开家，西安在何处，火车怎么搭，根本不知道。

这一夜使他长大了许多，什么是战争，什么是饥荒，人是怎么饿死的，这一切一切，他都有了深刻的印象。后来他把这些经历，大多写在《黄河东流去》这部长篇小说里。在东泉店车站大雨地里站了一夜，到黎明时雨住了。这时他才看清，地上这里那里有不少死尸，都是河南逃荒出来的难民。就在这样的死亡线上，人们还有热烈的同情心。他向几位刚下车的难民伯伯叔叔们诉说了他的遭遇，他们居然帮他挤上难民车，又把四个行李递给他。用当时流行的一句话说："到哪儿没有行好的人？"

到了西安车站，人家下车他也背着四个行李下车。就在这时，他的表伯杨竹筠找到了他。表伯说在车站找了两天，也查过车站的小旅馆店簿，今天方才找到他。他们在西安流浪了一个秋天和冬天。到南院门国立中学报了几次名，人家只收沦陷区学生，不收河南灾区学生。他们暂住在北关黄金庙街一家铁工厂里，给人家帮忙。后来他们连一顿饭钱也没有，日子实在混不下去，他只好又只身"扒"上火车，回到洛阳老家。

他母亲正躺在床上害着一场大病，见儿子回来了，她身体渐渐好转。大旱灾仍在继续，他父亲就决定让他去当学徒，主要是找个吃饭地方，能保住命就行。

他被送到洛阳东车站附近一家恒源盐栈当学徒，这年他虚岁十五。

他的任务是看茶炉和早上买菜。他有一个师兄叫李宝才，爱好文艺，看过不少新小说。经师兄介绍，他也开始阅读新小说，注意当时报纸的文艺副刊。洛阳这一段学徒生活，使他接触了一部分城市文化。他在洛阳当了将近两年学徒，到了一九四四年夏天，洛阳沦陷，盐栈被迫倒闭，他就回到乡下老家。

小孝子

这年阴历七月份，我和五姐在娘家住。那天下大雨，我们在屋当中窑洞内纺花，父母在大门下床上坐着。雨下得很大，我们听到大门下有人来了在说话。我们俩在说："下这么大雨谁会来？串门的也不会，窑坡那么滑，他怎么下来？"正在猜想，看见妈往屋里来取东西，知道不妙，必有急事，不然妈不会来，她那小脚，地下又滑，要啥东西，应该叫我们给她送。

我们不等她走到就喊："妈，你干啥？"妈说着走进屋子："你四姐有病了，来了两个人叫我去。""哎呀，下这么大雨，你怎么去？下午下小点了再去吧。"我们说。"不行，现在就得去，他们说病得不轻，轻了，宽他奶奶不会这样大雨还打发人来叫我。”说着妈就穿上套鞋，那是她自己做的，底子很厚，帮子也纳得很结实，再用绳子拴住。下着瓢泼大雨，妈穿着套鞋，拄一根拐棍，跟着那两个来人走了。

妈在四姐家住着，我哥一天去看一趟。我也跟嫂子去看了一趟。只见四姐在床上坐着靠着被子，出气还很困难。说是四姐头天晚上生了个小男孩就病了，不能躺下，躺下就上不来气。我们去，四姐也顾不上说话。她婆婆和她丈夫的兄弟媳妇，都在她屋里说她们村不知谁死了。四姐听见很吃惊地说了一声：“她死了！”我们一天都没见四姐说话。那时都不知道是什么病，那病时重时轻。

不知过了几天，人家来人说：“四姐已去世了。”妈交代不叫嫂子和五姐去，因为她们都怀孕了。四姐是月子病，不想叫她们去，只叫我和东头二哥家儿媳妇去。我们家其他人都不去，我也有点不想去。父亲说：“你去吧，再去跟你四姐见最后一面。”父亲叫邻居套了一辆车，我们去了。到那里一下车，不足十岁的小外甥，穿一身小白孝衣，头上戴着长孝，出来，趴到地上给我叩了个头……好可怜的孩子！这孩子也是我抱大的，从小只要来我家住，都是我抱。这孩子可懂事，记得有一次，他还小，有四五岁，在我们家住着，当时是秋天，早上要在场边地里割豆子，四姐到地里后，不知哪儿不舒服，就到场上父亲的小床上盖着睡了。这孩子知道她妈有病了，就坐在床边上，一动也不动。秋天早上有点凉，冻得他缩住身子坐在他妈身边，谁叫他也不过来。四姐大约睡了一觉好些了，她一起来，孩子也有了精神，也有笑脸了，又跑着玩了；可是现在，白棺材头里放一张小桌，上边放一碗麦子，是上香用的。香已经燃完了，他奶奶说："宽，给你妈上香吧。"孩子也知道拿三根香点着，双手举住，作个揖，插在碗里，跪下叩个头，掉着眼泪站起来不吭声，把眼泪擦擦。这是不该哭的时候，孩子也知道不能大声哭，该哭的时候，这孩子哭得很痛。他知道，再也见不到妈了，他想他妈。

到下午，把四姐埋了。妈和我们一起坐车回来。过了三天，早上吃了早饭，我和五姐、母亲都进屋了，父亲在院里桌边坐着抽闷烟。听到父亲"哎"一声，我们都往院里看：哎呀，小孝子来了！宽在前边走着，穿着一身小白大褂儿、白裤子，头上戴着长孝，他父亲在后边跟着，进来大门都是满脸的泪。父亲就"哎"了那一声再也说不出话来。孩子跑到外爷跟前，趴地下给外爷叩了个头。我母亲几乎哭出声来，跑出来把孩子拉到屋里。她坐在床上，孩子趴到她怀里，都没有大哭出来。足足有一个小时，大家都没能说出一句话，眼泪代替了语言。我姐夫陪父亲坐在院里，我们几个在屋里，说是无声的流泪，几乎也哭出了声。好大一会儿，宽他爹才劝父亲不要太难过，要保重身体。

这孩子一来就不想走了。下午他爹走，他就留在我们家里，我们照顾他。七月份，枣子红了，每天领着他到老窑院去。那里有个枣树园，有很多大枣树和酸枣树，去给他打枣吃。有时我哥带着他去，我们在沟这边看着那么小的孩子穿着小白孝裤、白鞋，光着脊梁，在跑着拾枣，不由人要掉下泪。真可怜呀，那么小个孩子穿着重孝，谁是孩子的亲人！从远处看着孩子，我们都掉下泪；可是到跟前还要哄着他玩，让他高兴。怕孩子孤单，留他在这里住了一个多月。

我们那里风俗讲究老人去世了，子女先裱一双白鞋，就在平常穿的黑鞋边裱上一层白布。穿过五七三十五天，就再换一双白鞋。第一双白鞋是毛口鞋。这是表示子女对父母的孝敬。孩子在我家住着，我和五姐给他又做了一双实口的白鞋。我们心里很难受，可怜这孩子，四姐也只留下这个孩子，叫她的孩子给她穿一双孝敬她的鞋吧，同时我们也向四姐尽点心。

打算不到一世穷

五姐从小在妈怀里抱着的时候，就给她说了个婆家，后来听说那个男孩子死了。过了一段时间，又有人给她说了一个婆家，不知多长时间，这个孩子又死了。我妈说：“哎呀，不说了。”她迷信，以为五姐命硬，老克男方。后来又有人来给五姐说婆家，妈也不问这家穷富，也不打听，就答应了。妈说：“这不是跟活坑人家一样？谁知道他能长大不能？不管他穷家、富家，只要他长大成人。”就这算说成了。这个人倒是长大了，后来才听说，他家确实很穷。婆婆是个吃嘴怕做活的人，好看戏好赶会，顶戏台子角的浪荡人。那时候农村里一家人过日子，女人不会过日子，全家人跟着受穷。老头成天跑二十五里地到城里挑点菜，逢集到集上去卖卖，凭这营生过日子。他们家也是仨闺女、仨男孩。老婆子不会俭省过生活，老头累死也顾不住那八口人。俗话说：吃不穷，穿不穷，打算不到一世穷。他们家也有几亩地，打下点麦子都猛吃，烙油馍，擀蒜面。吃完了，弄不来，可以一天两天不开锅。老头弄来就吃，弄不来就饿。婆婆也不说有了省点，多吃几天。别看她有了吃，没了饿，她这个人还很乐观，说说笑笑，从不发愁。后来妈听说他们家的情况，心里有点担忧，又没有办法，只好说是五姐的命不好。

五姐长到十六岁，身上的月经不来，就得了个肚子疼病。疼起来就满地打滚，不管白天晚上，一疼起来就是整天或整夜。一家人白天就别想吃饭，要是晚上都别想睡觉。一个冬天晚上，五姐犯病了，我和嫂子到别人家找农村药方。走到场上，往村东南角一看，一片红灯真好看。我让嫂子看，她说：“那是洛阳西工，城里夜里街上都有电灯。”哎呀，街上有那么明的灯真好！夏天晚上树叶多，挡着看不见，冬天夜里在窑洞里没有出来过。所以我从没见过。五姐的病，不知谁给说了个单方，是用青碗碴儿破破，就是用细瓷碗打烂的碎片，碾成细末喝下去。我父亲提个篮子到处找，找了几天，一下拾了大半篮子。去村东头找个碾，搁上推推，拿回来再用细箩筛成细面，把红糖放锅里化成汁，把瓷面倒里拌拌。弄了一大碗，叫她每天抓着吃。这一碗吃完后，她就不犯病了。

五姐结婚以后，父亲去她家看了一次，回来不吭声，闷了半天才说：“她那一家子，真不像样。不像个过日子的家庭。厨房里就一个小锅头，地下一把柴火，看着真寒心。”父亲想来想去没有办法，最后想：只要我活着，就叫孩子多回家住吧。

那年冬天，五姐生了个男孩儿，他爷爷很高兴，说：“给孩子起个名字叫置业，意思是置点产业叫爷歇歇。”孩子一个多月得了病就死了。那时候，农村对这个死字太害怕了，很忌讳这个字，只说是孩子扔了。

一九四五年过了春节，正月初二，我回娘家，妈告诉我说：“一会儿你五姐来，你可别提孩子的事，她小孩儿扔了，她很伤心。”停了一会儿，五姐来了，我们用笑容迎接她，说了些别的话，没有提到孩子。一会儿，宽和他爹也赶着车来了。宽和他继母坐在车上，我们赶快去接住，也叫她四姐，但心里不好受。新闺女头一年走亲戚，本家的伯叔都要请去吃饭。东头的二哥叫我们三个人都去了，我是作陪的，这一天很热闹，五姐也没难过。李準这次也去了，他虽然十七岁，却像个成年人一样，高谈阔论，大家很佩服他，他也不拘束。

这以后，五姐是一年一个孩子，有两个不到月都小产了，第四个又是个男孩子，也养成了。五姐老怕这孩子长不大，求神保佑，想尽办法，最后归到耶稣教中，意思是把孩子认给耶稣以求保佑。我们那集镇上有个礼拜点，一个姓牛的老太婆是领教的。五姐每礼拜天都去，还千方百计给牛老太太带点礼物。五姐家是后楼村，离镇上四五里地，夏天那么热的天，一星期也不敢不去，怕耶稣说她心不诚。她不管刮风下雨都要想办法抱着孩子去，拿点鸡蛋或拿点菜，不然摊点煎饼用手巾包上，枣子下来了，一只手抱着孩子，一条胳膊挎一篮子枣，柿子下来就摘一篮子柿子去。夏天天太热，祷告完毕就快中午了。回去路上她又怕热着孩子，坐在路边树凉荫下，等到下午凉快些再抱着孩子回家。中午她也不吃饭，那牛老太太，每次收了礼，也不叫五姐喝她一碗茶。为了孩子，五姐多少顿不吃饭，掂着枣、柿子，压得胳膊疼，她也不叫苦，只要保佑她孩子健康。那孩子身体不好，常闹病，一病她就赶快抱着往教堂跑。只跑了一年多，孩子病更重了。到最后，五姐觉得孩子不敢离开耶稣了，就不敢回家，住到教堂两天，牛老太太说：“这孩子的病可是不轻，你赶紧抱走吧。”没办法，五姐只得抱住孩子哭着回家了。到家里孩子他奶奶说：“把他用干草卷住，拿到地里点着烧了，看他还敢来捣蛋不敢！”她就用干草铺在地上要卷，五姐舍不得，说：“叫我给孩子用棉袄包住。”包好放在干草上，孩子还有气儿，五姐舍不得往地里扔，哭着说：“孩子冷，叫我再给孩子包包，再裹裹。”可是他奶奶还是用草卷住拿到地里点着烧了，烧着时她还听见孩子在干草里“叽咛”了两声。回到家她说：“点着火烧着，他还在火里‘叽咛’了两声。”说罢还笑。这也不是说奶奶待小孙子太狠，那时是迷信。就这样，孩子平时是她孙子，抱住可亲了；生病了，就是敌人，整治他越狠，好像她今后的日子就安宁了。当然也有人的个性的关系。

这一下又有人说五姐是吃那青碗碴儿吃坏了身体，养不好胎。有人出主意说：“叫买点驴油吃吃就好了。”父亲去集上杀坊跟人说说，给留点驴油。过几天，父亲把驴油买回来了，把油炼炼，炼好一大碗，给五姐烙油馍吃。每次烙馍，都给五姐烙个驴油馍，那一碗油吃完了，五姐好点了，又生了个女孩子，还健康，她也不去信耶稣了。她婆家有个伯父也有敬的神，就又把孩子认给他伯父的神了。初一、十五去烧点香、进点供，孩子过生日了，去送点礼物。

小孩子长到一岁，五姐就病了。她丈夫出门在外，只有我父母照顾她。她和婆婆分着家过，收罢麦，我回娘家，妈跟我说："你五姐有病，你去看看吧。"我就去了。五姐病得头都抬不起来，歪着头，还得抱着孩子去地里铲点麦茬晒晒，烧火做饭，不去铲就没烧的。我跟她去地里铲了一会儿，看见一片片她铲下来的麦茬扔在地里，她抱着孩子，拿不回家。我帮她拿了点，也没拿完。晚上我回到家跟妈说："五姐太难了，把她接来吧。"

妈说："你去接她来吧。"

我一夜没睡好，心里真可怜五姐。第二天刚明，我就去了。我们家离她家只有二里地，我老远就看见五姐又抱着孩子在地里铲麦茬。我跑去说："姐，咱妈叫我来接你去的，你不铲了吧。"我帮她把铲下来的麦茬拾到一块儿，捶捶土捆住背回家。我们回来后，村里人跟五姐说："你这病可能是'月家疾'，去象庄药铺看看，吃几服象庄药就好了。"

神婆不是故意的

洛阳城平乐镇有个象庄中药店。那个药铺是很有名的，方圆几十里的农村都知道它的名字。他家有个药是专治月家疾。

月家疾就是月子里吃点什么东西，积在肚子里成了病。一吃象庄药，彻底泻一泻，把肚子里的东西全泻空，病就好了。我们那儿的产妇容易得月家疾是跟风俗习惯有关。那个习惯太可怕了：生了孩子，喝三天稀米茶，米茶就是小米下锅里煮煮。一粒米不带，光喝上边的稀汤。喝三天稀茶，胃涮空了，什么也不敢吃，喝点稠米汤胃就不好受，所以说一粒米喝下去，就会积在肚子里成病。那三天的米汤还得用箩漏过。做汤的人要小心，喝汤的人也要小心，生怕喝下一粒米。半个月都是喝稀的，后半月可以稠一点，烙点薄饼开水泡泡吃。有的人觉得受不了，老想吃主食，可是一吃就积在胃里，胃已经倒了，没有消化能力，因此就要吃象庄的药。我们村里曾有个女的，一个月肚子涮空了，赶上家里办事待客，她坚持不住，吃了油腻东西，把命都送了。

可是五姐不是月家疾，她去拿了几服药，药吃下去，就躺倒起不来床了。她也想着她不行了，就交代我妈说："妈，我要是不行了，叫孩子跟着你吧。孩子才一岁，你们那锅边儿饭铲铲就够她吃了。每天能叫她吃点东西，就饿不坏她，她奶奶靠不住。"

一九五一年，就在五姐病重的时候，正赶上李凖他大哥在上海军医大学毕业，回家探亲。这真是农村有句俗话说的：人不该死有人救。大哥多年都没回家了，妈一听说，赶快找人套辆车把五姐拉去看了看。大哥说："你这病是肺结核加肠胃病。"他给开个药方，吃的药是控制肺结核不叫发展，打针的药是治结核和调整肠胃，还嘱咐说千万不要乱吃药。回家后，我哥就去城里买了一瓶治肠胃炎的药，买了一瓶异烟肼。先治住病不让发展（吃的药便宜点，打针药太贵怕买不起）。这两瓶药吃完，病也大见轻了。哥又到城里那个药房，人家看了药方说："你光买吃的药，不买打针的药，是治不好病的。"哥说："打针的药买不起，也不知得多少针打。"卖药的说："一盒十针，十五块钱，一共打三盒就行了。"回来妈说："只要有个数，十五块也罢，三盒就治好了病，赶快打。"因此大家想尽办法要把病给她治好。妈去五姐家，把她陪嫁的洗脸盆架子拿到集上卖了，把箱子里边的筐也卖了，凑够十五元拿去买一盒药。看她屋里能卖的都卖了，最后还不够，怎么办？五姐地里种了点高粱，妈每天去地里看看，有几穗红的砍下来拿回家晒晒捶捶，捶够了十斤拿到集上卖了，去药店再买一盒药。

我们村还有个姑娘，她比五姐小两岁，也是肺病，比五姐病还轻些，她也去叫大哥给看了病，开了方，回来她家不去治病。她妈还说我妈糊涂，病成那样了，还打那针干啥哩？过了一段她看我五姐的病真大见轻了，她也赶快拿着药方去买链霉素，后来她也治好了。

五姐病好以后，有人说她吃点菠菜好，父亲不管怎么困难，还是给五姐买点菠菜。五姐病好以后，仍然很迷信鬼神。她又生了六个孩子，每个孩子，她都要认一个神来保佑，她才放心。过几个月，就要叫神婆去她家跳跳神。如果一段时间不请，她就觉得胆子不大。这可给神婆们找着买卖了，神婆每次去她家住两天，赚五尺布几角钱，混几顿好饭吃，还要给自己留条后路，约好下次来的日子。

我记得一九七几年了，我回去看五姐。我刚到，五姐问："你中午想吃什么？"我说："你有酸菜没有？擀点豆面条放点酸菜。"五姐说："那好办，我家没有酸菜，他奶奶家有，去捞点来。"正说着一个神婆来了，一进门就说："今天吃甜面片啊。"五姐说："唉，他姨说吃酸菜面条的，要不做两锅吧！"我说："算了，你别做两锅了，我无所谓。"一会儿我说："姐，你咋现在还请神婆，迷信哩。"五姐大吃一惊："哎呀，你可不敢说呀！"她怕我得罪了神，我想三言两语也说不通她，也不惹她心里别扭，就不再说了。

一九六八年春天，传说洛阳西边，离城不远有座山，山下的泉水喝了能治百病。这一传开，天天人多得能拧成绳。烧香念经取神水的，还有人上山扒药丸子，说那圆土丸吃了治病。这次五姐倒是没去，可是她大女儿出于孝心，和村里几个闺女商量好，第二天一早去了，带两个瓶去取神水。到那里后，她们看到山下有个大窑洞，里边坐满了人，有烧香念经的，还有城里老太太带着孙女儿求神的，还有穿着红条绒衣服、头上扎着粉红绸子蝴蝶结的姑娘也来取水。她们又上山看到一群女的在扒药丸儿，她们也蹲下去扒土丸。刚蹲下去，只听“轰隆”一声巨响，下边有人说：“哎呀，山塌了！”她就想站起来看，谁知一站起来，头朝下随着塌下来的泥石下去了，她赶快用手扒了两下就晕过去了，后来被送到附近一个部队医院里，命救过来了，可是眼睛却瞎了一只。那个扒药丸儿的女人腿砸断了，大窑洞全塌了，全压在山下面了。听说城里一个干部知道他母亲带着孩子去了，他赶快跑去看看，老远部队围住不让去了，他站在那里哭了一场回去了。一座破窑洞，上边上几百人，又在乱挖土，那么大一座山倒下了，他上哪找人去？

大约是一九七九年秋天，那个神婆又到五姐家。五姐丈夫有气管炎，神婆说她会扎针，她们家祖传扎针。结果，她一针下去，人就不会说话了。神婆拔了针就走，她知道不妙。五姐还送她到场里，把她送走，回家一看情况不好，赶快叫孩子们拉辆架子车，把她丈夫送到医院，结果也没有救过来，当天死了。就这样五姐也不埋怨神婆，反而说：“人家也不是故意的，是没扎好。”

五姐只比我大两岁，当时也不过五十多岁，可是因为愚昧迷信，一家子死了几口人，连女儿眼也坏了，丈夫也被针扎死了，所以说当时的农村不单是阶级压迫，愚昧迷信也是凶恶的敌人。没有文化，没有卫生知识，死了多少人，真令人叹息。

微信扫码

想知道李凖是如何评价他的夫人吗？

10

温柔典雅

老虎头帽子 /

接二连三地生病 /

住娘家，享荣华 /

坐筐 /

1980 年摄于河南洛阳窑洞前

后：（左起）李準的二姐夫郭宝山，李準，李準的二哥李鑫生

前：（左起）董冰，李準的二姐李箫，李準的三姐李千枝

老虎头帽子

一九四六年我也怀孕了。婆婆说："你回娘家时，我给你拿二斤棉花，到那里你纺纺，安点布做小孩衣裳，不要到时候拿东西太少了，叫人家笑话。"我不想要她那棉花，但不敢说，怕她吵。我发愁了很多天，到我打算走的头天晚上，她又去问我："那花你拿不拿？"我接上说："不拿。""不拿拉倒。"她要不说"拿不拿"三字，我还真不敢说"不拿"。老人好心好意，我怎敢说不要？她这样一问我随口答出，她也不生气。

春天要去娘家住两个多月，纺花安布，到麦收回去。收完麦种秋，把忙天过完，再去娘家住两个多月，就是做活，做小孩衣服、帽子。这帽子要买点绸子，各种颜色的绸子，粉红、大红、黑色，做帽子用的质料要好些，黄和绿色都是做花用的。二姐的手最巧，我记得三姐、四姐、五姐的小孩帽子都是二姐来给做的。这帽子还得叫二姐来做。

二姐做那老虎头帽子，做出来真像只老虎。做成个大风帽，前边安上个老虎头。父亲买那点布料，二姐给捏弄捏弄，做了十二顶帽子。那时候农村里都是听声的，也是论件的。农村里太无聊了，整天就好打听：谁家今天来吃满月了，拿了多少套衣服，几顶帽子。所以，二姐总想能多做一顶就多做一顶。剩下点碎料二姐又一捏弄，做了两顶夏天小孩儿戴的帽子。就是没有帽顶，只有一个布圆圈，前边安一块，盖住呼吸顶，上边可以做花，一个做了只鹦哥，一个做了只蝴蝶。蝴蝶须是用那细铜丝缠在大针上绕绕拿下来的小弹簧，很软，很像蝴蝶须儿。鹦哥是用蚕的茧壳，剪开两半做翅膀，是软腿，孩子戴上就像要飞的样子。

这次我住娘家规定是阴历八月十五回去，娘家蒸个大枣糕送回去。要是不到那一天就回去，别人就要说点啥。我这次就没到十五，大概是月初七八就回去了。妈送我走到场上，邻居有个婶子看见就问："怎么现在就回去？"

"嗯。"

"怎么不等到十五就走？"

"是人家捎信儿叫回去的。"

"怎么啦，婆婆掉下来床了？"这是开玩笑的话。

回到家，才知道是李準有病了。每天下午，发冷、发烧、头疼，已经好几天了。开始他是在麻屯铺里，后来回家跟他弟弟们在前头屋睡。我回来那天夜里，他弟弟回来叫我三次给他烧开水喝。第二天他从前头屋走回来就很吃力，上门台用两手扳住门框，几乎上不来。我不知道他病得那么严重，我在院里看见他回来了，可是我不敢马上去屋里照顾他，怕嫂子们说。停了一会儿我才进屋，谁知他说：“从前头院走回来就走不动，躺在床上被子都不会盖，冻坏了，你也不早点来给我盖盖。”我很惭愧，我不敢来。从这天回到屋，他就没有再出去。他妈说：“回来夜里伺候着方便。”

到家第二天，我就接住大锅饭做饭了。七八月天又短，又是很忙，听我妈说过一句俗语：八月天随碗转，好婆娘也赶不上三顿应时饭。

地里庄稼陆续该收了，他的病也越来越重，夜里要喝三四次水。那时没见过暖水瓶，只有一个小铁壶，掂着可沉。晚上烧一壶开水，把火封住，等火眼儿干了，用三个煤渣块垫住壶，放在火眼上。夜里他要喝开水，我起来还得把火眼儿捣大点，把水烧开给他倒点喝了，再把火眼儿封住。因他不喝那壶里的温开水，这样，一夜要起来三四次。

白天轮着做饭，我做三天饭，贴三天厨。歇这三天，还要磨两套麦子，收拾粮食磨又是两天。伺候病号是自己的活，公共的活是一点也不能缺。

开始不知道他生的是什么病，后来才知道是伤寒病，一下子两个多月都没有起床。我白天除了那些公共的活，再加上给他做几顿汤喂喂，烧茶水，没日没夜地干了两个多月。快到十月了，大嫂那时也怀着孕，家里人都说："看这两人，该生了，都不生，都过月了。叫她们去出点力多活动。"叫我和大嫂去地里用大草篓子往家里抬玉米穗，从玉米棵上掰下的玉米穗，装那大半篓子，可沉了。我们两个整整抬了三天，五亩地的玉米都抬回家了。

又过了几天是阴历十月初一，是烧寒衣的节日，就是给祖先烧些衣服。要过冬了，每年这一天都要烧，还要包饺子供祖先吃饺子。到初二大嫂要生了，伯母很高兴地说："哎呀，昨天吃了点饺子，很好，老大家今天要生了。"大嫂已经生了个女孩子，有两岁了，这一次又生了个男孩子，大家都很高兴。

两个多月后，李準的病好了，是恢复阶段，也能坐起来，端去饭会自己吃，夜里也不喝水了。他妈叫给他搬到她那屋去住，给他抬了个小单人床。白天我还伺候他，他还不会下床。他妈的意思：一是让我晚上休息休息，劳累几个月了；二来农村里风俗迷信讲，儿子身体不好，不叫进月子婆娘屋，一个月都不让进。

接二连三地生病

他搬走以后，我的手出了毛病，也没能好好休息。

开始，我去地里割豆棵，豆棵长得太大，镰刀又不快，割了一晌手上磨了个大泡。后来泡烂了，又去坡池坑布，揉揉黑水糊糊泥，黑泥水进入伤口里，夜里那个地方又疼又痒，折腾得我夜里睡不安。白天我跟大家说，都不在意。她们只是说："哎，那是咋了？"说了就忘了。不成大病没人理，成了大病就晚了。过了几天手肿了，李準母亲又吵我："嘴太笨，不早点说。"我几乎天天都和她们说，就是没人当成一回事。

李準母亲去集镇上跟医生说了说，医生告诉她："挖点没心草，捣碎用鸡蛋清拌拌，糊到手上。"我糊了两天，不管用，又有个大夫说："用瘦肉切碎，用红糖拌拌糊。"也不管用。手背肿得跟馒头一样，白天夜里都跳着疼，不能睡觉，也吃不下饭，最后，李準母亲发愁了，说我快要生孩子了，手再不好，搅在一起人能受得了？赶快去找大夫先治手。赵叔说："霍村有个外科医生不错，去把他接来。"好像赵叔认识这个大夫，那天吃了早饭，他牵头牲口去接医生。赵叔是我们董村的，就是我们借住一年的赵老太太家的儿子。他原在半坡村给人家帮忙，后来回家没事干了，让我父亲给说说，来这里帮忙的。

这天中午该吃饭时，大夫接来了，先让大夫吃饭，吃了饭开刀。我很害怕，本来手都跳着疼得不敢动，怎么能开刀？那时候又没有麻药。中午还给我端了一碗好饭，是给大夫做的捞面条，我吃不下，她们都劝我说："你一定得把这一碗面条吃了，不吃你顶不住开刀。"我只好硬着脖子，把那一碗面咽下去了，也不知是什么味。吃了饭就去爷爷那小屋里开刀。叫我坐在椅子上，伯母端住我的手，叫我把脸转过去不让我看。大夫拿把三棱刀，一下子扎下去，我“哎呀”了一声，一看，流血了，鲜红的血顺着个三角口流出来，听赵叔跟大夫说：“把你那定子药给上点。那药不是快吗？”看见大夫用小镊子夹了一小点比火柴杆还细的小棍儿，扎在那刀口里，用一张小膏药贴上。我出来小屋到家里，小姑姑说：“你是害怕还是疼的？出了一头汗。”我也不知道，大概两种原因都有。

下午，手也不嫌轻重，反正没休息，把我妈也叫来了。到晚上，可能是那药劲走开了，疼得比原来厉害几倍。只感觉小拇指头跳掉了，没有那个指头了。大夫已交代过：“疼得太狠，怕心脏受损失，包点白糖吃，护护心脏。”包了一包白糖放在桌上，我用舌头舔了一下，不行，太甜，疼得心都快跳出来了，怎么能吃那么甜的东西！就舔那么一下。

一家人都睡得静悄悄的，我一个人在院里转。屋里跑院里，院里跑屋里，跑不掉那钻心的疼。天快明了，也不那么疼了，我妈说：“不老疼你快躺床上睡一会儿吧。”我躺下不知睡着了没有，就觉得不舒服了，孩子要出生了。妈说：“那你别睡了，起来吧。”

手疼了十几天，吃不下，睡不着。能让我休息休息，哪怕是一天也好些，就赶得这么紧，怎么能受得了？那时我年龄也小，才十八周岁。我实在顶不住了。

直到第二天上午，她们说是太阳下地两砖了，约有九点多钟，孩子生了。孩子落地没有气儿。大家都在慌着救孩子，老娘婆嘴对着孩子嘴呼了几口气，我妈说：“脐带别剪，脐带别剪，把衣胞放在盆里，用热水烫烫，让热气顺着脐带进到肚里，孩子就会过来了。”我听到孩子哭了一声，她们都在忙着给孩子洗、包。我在床上坐着，觉得眼黑了，看人都看不清，我说：“我的眼怎么看不清？”说了一声，又感到恶心，就说，“我恶心。”这一句话说完，就晕过去了。我想人死就那样。不过来就完了，什么也不知道。我妈叫人赶快找个破犁铧放火上烧红，倒上醋熏熏。那也来不及了，可把一家人慌坏了。一会儿隐隐约约听到有人喊我，迷迷糊糊睁开眼看到伯母在床边上跪着，手抚摩着我的胸口，喊着：“老三家，老三家。”我醒来铧也烧红了，拿来熏了熏。

这病农村叫血晕病，说是血往上走，淹住心了。这病在农村好过来的人很少。那天多亏人多抢救得及时。要是人少就过不来了。我这下把手疼全忘了。因为说是血淹住心了，所以一天都没睁眼，昏睡了一天一夜没有醒过来。

到晚上，我妈才想起害怕，说她腿都软得拉不起来了。

“越想越害怕，差一点儿大人孩子都不得要了。”妈说。

我屋里的外间，地下用八块砖支了一块门板做床，我睡了几个月，现在叫妈睡上带着孩子。第二天，我还没有歇过来。第三天下午，发冷，发烧，她们说是下奶哩，下奶就是要发冷，发烧。第四天下午又是冷烧，第五天下午还是又冷又烧，这就觉得不对了。恐怕是病了。以后，每天下午都发冷发烧，又有点咳嗽，很难受，一咳浑身都是疼的，真不敢咳了。农村里治咳嗽的办法是用一个白萝卜，中间挖个窝，倒点蜂蜜，锅里添点水，放里煮，煮好了连萝卜水和蜂蜜都喝了。这一喝，又泻肚子了。越治病越重。人都成碾地磙一样，不当一点家了。妈说："这人咋成这样了？看着真吓人。"

奶下来了，还不少，每天把孩子抱来吃几次。父亲听说我病得不轻，叫我哥每天上午跑来看看病情。有一天我哥来说："她烧得那么狠，叫孩子吃她那奶会好？"这一说，她们都说那不叫孩子吃我奶了。不吃了，也不涨，奶就没有了。她们说是发烧烧干了。

叫大夫看看吧，因为是月子里，有些药还不能吃。也吃了几服药还真应，头疼，吃了两服药就不疼了。就这样天天烧，耳朵也聋了，眼也花了，也吃不下东西。病情看着很危险。我哥每天吃了早饭就跑来看。父亲是隔一天来一次，想着说不定哪一天就见不到了。有一天哥来说："你想吃点啥？我给你买点。"我想吃点酸石榴，哥说："我去大姐家看看有没有。"哥起来就走了，他要不问我，我也想不起来。到大姐家有二里多地，哥跑去真找到了。那时候要买也买不到，阴历十一月了。大姐的婆婆好收藏这些东西，她们家院子里有一棵石榴树，石榴都是舍不得吃收起来，送人了或者有什么用。哥给我拿来了四个长得鲜红的大石榴，说："我给你剥开一个，你吃吧。"哥剥开看着我吃了点，他才走了。

我病重六七天以后，我妈可能是吓着了，头天晚上她说不舒服，她还要坚持。婆母不想让她走，第二天早上看着不行了。婆母说："亲家母，你起来吧，吃了饭，叫他们送你回去。"他们打算叫我妈骑牲口回去，妈起来了，赵叔说："牲口还有点草，等一会儿让它吃完再走。"一会儿牲口备好了去叫妈，妈起不来了，头脸都肿大了，她也不当家了。婆母一看说："不行了，不敢叫她骑牲口了，赶紧找人抬吧。给董村捎个信儿，让他们来几个人抬走。"一会儿我哥带了个人来了。他们又找了几个人把妈抬走了。抬走时妈都憨了，什么也不知道，抬到家孙子喊着奶奶、奶奶，跑到床前一看她，孩子都哭了。

这一下，可把我们村里人吓坏了，开始是铁生有病，后来我有病，妈来照顾我，现在妈又病得抬回去。我们邻居有个老太太，我们都叫她六奶，她什么时候看到赵叔回去，她就老远去问我的病情怎样。

每天哥来，我只能跟他说一句话，问："妈啥样？"哥说："妈病轻了。"婆母看我的病情严重，就也不管那迷信不迷信了，她跟我说："我去麻屯叫他三哥回来看看你吧。"这一点我很感激这个慈心的婆母，她不忍心就这样叫我和李準不见面，她也不管那迷信好不好。她说完就走了，那时我已经是昏昏沉沉的。停了一会儿，李凖回来了，他说："你现在感到哪里不舒服？"我也不知道说了句什么，我那时什么也不知道，见他这一面以后还能见着不能了？我也忘了问，我病得这么重会不会好？不好了孩子怎么办？忘了交代交代后事。不知是那时病太重了，还是憨得没想到我会好不会，他说："你好好休息吧，我走了，明天我再回来看你。"

写到这里，我想不对，记得我没病时，李凖在他妈屋里躺着，自己还不会走路，怎么他会到麻屯了？他妈去麻屯叫他回来看我。昨天晚上，我问他说："我不记得是怎么回事，你是怎么去的麻屯。"他说他还记得，我病时，他还在家，我的手疼他都记得，说他印象最深的是那天，一会儿说小孩没有气了，一会儿又听到齐哭乱喊，都乱叫"老三家，老三家"，喊了半天没喊过来。他奶奶跑到院里说着哭着，他还记得他奶奶说的那几句话，他印象最深，所以到现在还没有忘。他听见他奶奶在院里说："多好个媳妇儿啊，温柔典雅，小小年纪多可怜。"说着又哭。他说那天把他妈慌坏了，来回乱跑。他要不说，我一直不知道，奶奶都哭了。

我的病越来越重，他父亲说："铁生需要养养，整天在家受惊不行。"把他弄到麻屯铺子去了。我问他："那时候有什么想法？"他说："我想了，你要真不好了，我要把孩子养大留个纪念。"就这样，都有了做后事的准备。就我从来没有想到，病会不好。两个多月，孩子一直没有奶吃。母亲每天出去叫人来喂奶，把那村里有奶的邻居们都叫了多遍。铁生他大姐、二姐都在这里住了一冬帮忙，不敢走。大姐有个小女孩半岁了，大姐的奶好一点，二姐有个女孩两岁了，二姐的奶不行了，叫孩子吃大姐的奶。

晚上大姐和二姐睡到一张床上，叫我的孩子跟二姐睡。夜里孩子哭了，二姐喂喂奶不够，叫大姐从被窝里把孩子拉到那头，喂喂再拉到这头。那时农村冬天也很冷，有时也叫大嫂喂喂。大嫂的孩子比我那孩子大半个月。一冬也没叫大嫂住娘家。

快满月时，我五姐来，她问："你那一只手啥样，叫我看看。"我把手伸出被子外，让五姐看看。五姐都掉泪了，她说："原来你的手都胖乎乎的，看现在成了皮包骨头了。"一个月以后，我的病大有好转。这一场大病，真是我的大苦大难，我觉得人到世界上来就好像是为受罪而来，作为一个女人，生老病死，什么灾难我都经历了。我当时才十八岁。由于贫穷落后，人就要受煎熬。我真盼望我们的下一代，再不要受这样罪了。

农村里，谁家得了孙子，要去很多人贺喜，要待客。麻屯镇上有很多人等着向李凖父亲贺喜，因我病重，父亲没有接受。等我的病大见轻了，父亲在麻屯镇上忙着请了几天客。银牌子、银项圈，客人送的礼都是双份的，因为是两个孙子。家里忙着吃了一天面，把半个村的女人都请来吃了一顿面，都是孩子吃过人家奶的。村里就是吃面，集上是到饭馆请客人吃一顿饭。

两个月后，孩子抱来叫我看看。孩子放在我床上，屋里也不亮，看不太清。孩子是双眼皮儿，大眼睛，还不错，我很喜欢。之后我可以坐起来，孩子就送来叫我抱住，哭了，我只能拍拍他，我还没有奶。我在床上坐着抱了几天孩子。铁生他父亲从麻屯镇上回来，老听到我在哄孩子，他说：“不能叫她老抱着孩子，身体还没恢复好，抱孩子闹得太劳累。”

我妈回去一个多月病也好了，又把她叫来照顾我，我还不会起床。快过春节时，叫我到院里太阳地坐一会儿。院里放个大椅子，上边放个被子。第一次下床，脚一下地，像乱针扎，两个人使劲儿架住我两只胳膊，架到院里。坐在椅子上，把孩子抱给我。在太阳下看孩子，可不好看，孩子脸黄，皮子松，汗毛大长，很没有精神。

祖父说：“给两个孩子起两个名，一个克复，一个克勤。”我说：“俺这个叫克复吧，因为我们娘家村里一个人已经叫克勤了，孩子还得叫人家舅，不能重人家名。”大嫂说：“俺才不能叫克勤，我本家一个叔叫克勤。孩子还得叫他表外爷，怎么能重他名？”这一说，她的亲戚更近，只好把克复名字让给她了。

看起来，孩子叫这个喂、那个喂，可还是吃不饱。大嫂的孩子吃得又白又胖，大嫂再给孩子打点红胭脂，真好看。她们跟我说病好了，给孩子喂喂奶吃吃，可能还会有奶，不叫孩子吃奶，奶也不会再来。我就每天叫孩子吃几次，就这样，天天吮奶，奶又下来了，可是不多，因我还没能吃壮饭。孩子晚上也跟着我睡，夜里哭了就喂喂，慢慢我夜里能管住孩子了，白天还得找人喂几次。

住娘家，享荣华

过罢春节，我父亲赶着车来接我，两个人架住我胳膊，几乎是连抬带拉，把我抬到车上。车上铺一条席，放个小板凳，我坐上抱住孩子，还有条被子包住。父亲把我接回娘家去了。

那时候农村的习惯，当媳妇儿的不会干活，就不能在家里闲住。我那时病虽好了，也能吃饭了，就是不能走路。这么大一场病，要养几个月才会干活。只有回娘家去养。所谓养病，就是妈过年留下点肉煮煮叫我吃。我觉得那肉什么都不放，连盐都不放，吃着可香。之后什么也没有吃过，一根菜一个鸡蛋也没有吃过。父亲很困难，没有钱，喂几个鸡子下个蛋，还要换盐吃。

俗话说："住娘家，享荣华。"就是坐着不干活，能吃上饭，那就是荣华富贵了。我家里有个小妹妹，能帮我洗洗尿布，很多杂事都是妹妹干的。五姐做饭，我就不用干活了。

到娘家以后，我妈每天两次到村东头给孩子寻奶吃。后来妈嫌累了，就上午抱着出去找个人喂喂，在那儿玩一会儿，孩子睡一觉，醒了，再找个人喂喂才回来。一个多月以后，妈抱着孩子出去不回来，我在家奶都流了，我说："不要去寻奶吃，看看啥样。"以后慢慢地我的奶够吃了，孩子也见胖了。

到阴历二月中，铁生有个弟弟在常袋镇上学，星期六回家从我们村过，他家里人说叫他星期天上午到我家把孩子抱回去，叫家里人看看，到下午再抱回来。孩子吃胖了，也知道认生，抱回家他看看都是生人，一天也不笑，只是瞪着眼睛看周围的人。这孩子个头大，吃胖了很好玩，他不爱哭。他一家人看到孩子吃胖了，也长大了，都很高兴。孩子饿了，叫大嫂喂他吃奶，他认生不吃，按不到怀里，按倒起来，按倒起来。下午赶快给我抱回来了。

我在娘家住了整整一春，该收麦了，李準家捎个信儿叫我回去。一回去就不客气了，什么活都得干。我有点害怕。一直等到收大麦了，我才回去。

坐管

回来要扛大锅饭，还要去地里干活，我真胆怯。我回到家，大家看到孩子吃得更胖了，都很喜欢。奶奶说："把孩子抱给你爷爷看看。"爷爷看到孩子也抱一会儿，放他床上放一会儿。不管怎么抱，怎么放，他都不哭。一会儿爷爷抱着回来，进了二门哈哈一笑说："这孩子乖着哩，咋抱他都不哭。"有时把俩孩子都放到爷爷那床上玩，大嫂的克复有时好哭。爷爷一次抱着克勤送回来，笑着说："这孩子真乖，谁敢说这孩子闹人，我都不依。"

收麦前，小满会上，买了两个“坐筐”，两个孩子一人一个。这坐筐，小孩坐里边，大人省劲多了。早上起来把孩子往坐筐里一放就不管了。可是旧习俗说：生个女孩子不能买坐筐，要是买了坐筐，要一连生八个闺女。大嫂头生一个女孩子就没有买坐筐。这个坐筐，孩子能坐好几个月。三个月时，早上起来可以把孩子放到里面空空屎尿，坐一会儿赶快抱出来放床上，因孩子腰还软不能多坐。四五个月就可以整天坐了，只要醒着就是坐筐，孩子歪里睡着了，赶快抱出来放床上，睡醒了喂喂奶又搁里了。时间一长，孩子就怕往坐筐里搁，他自己会抱住腿不肯坐。

每天中午吃了饭是孩子们享福的时候，老太太们都纺了一晌花，吃了饭要歇一会儿，抱着孩子去爷爷那小屋里玩玩。两个孩子都抱去，很热闹，这都是几个人的事，母亲、伯母、祖母和小姑姑。我们是除了给爷爷端饭，平时不能去小屋。

孩子长到七八个月以后，不能放坐筐了，他会自己爬出来，一头就栽到地上。就只好放到地上，让他随便爬吧。

有时早上天不明，我就起来套磨。把孩子穿好衣服送到东边院，他爷爷在那里。太阳一下地，就把孩子放到地上，叫他随便爬着玩。

我磨到半晌，卸了磨去找孩子喂奶，他就故意逗我，爬着，笑着往桌下床下钻，藏着不让我抱住他。他爷爷特别喜欢地说：

“这孩子真少见！人家孩子都是看见妈哭着撵。这么一大晌，还能不饿吗？还藏着不让他妈抱。”强抱住吃吃奶他就睡了，醒来再吃吃放地上就爬走了。

孩子整天在地上爬，他爬累了，脸一扭，就坐在一条腿上歇一会儿，再爬着走。有一天有几次我见他往腿上一坐，哼哼两声就想哭，可是又爬着走了。一会儿他忘了，又一坐哼哼又想哭了又不敢坐，又爬着走了，都没人注意孩子不敢坐是为什么。直到下午，太阳下去冷了，我才有空给孩子抱起来换换裤子。把裤子一脱掉，哎呀！孩子小腿上扎了一根大针，是纳鞋底用的大针，直直扎在小腿上。大姐说：“哎呀，哪来的针呀！”我吓得手都软了。拔了一下没有拔掉，还是大姐一下子给拔掉了。拔出来肉里扎那一截是黑的，孩子腿上也是个黑洞。就在那里给他换了条裤子，也没有管他。

这孩子太不爱哭。隔壁有个四婶儿，不知谁抱着孩子去她家了。她说：“这孩子，我都没听见他哭过。叫我扎他一针，看看哭不哭。”后来四婶儿跟母亲说：“二嫂，你那克勤咋那么不爱哭？那天我扎他一针，小胖手都流血了，他都没哭。”他奶奶气得骂她：“你这狠心贼！俺孩子不爱哭，你就给孩子小手扎流血。不会说话的孩子，你就这样治他，你不怕遭罪！”

11

我们就是老八

红肿高大，大夫不怕 /

血浓于水 /

这军队不错 /

小八娃儿 /

全家福，1968 年冬摄于河南郑州

后：（左起）次女李筝子，次子李克都，长子李克勤，长女李小品，三子李克威

前：（左起）董冰，李準，四子李克坚

红肿高大，大夫不怕

一九四七年，我在娘家养病住了一春。可娘家并不太平。上年夏天，我嫂子就说过，她那奶的下边有个硬块，跟小拇指头肚那么大。叫我们都摸过，可硬。我妈说："红肿高大，大夫不怕。不青不红，这可不是好东西。"只知道不是好东西，但不知道该怎么办。

看着她也好好的，吃喝干活还是蛮有劲儿。妈没办法，只好求神，又把潘沟村那个神婆接来。神婆说："你这媳妇儿前边没有路了。"

"俺媳妇儿好好的，怎么没有路了？"我妈问。

"她前边黑咕咚的就是没有路了。"

又是下神又烧香，也没顶什么用。

这年正月，看着嫂子身体不好了，那个奶上并没有什么变化，她只说是胳膊腿疼，把奶上那一块忘了。父亲赶着车拉着嫂子，到洛阳城去找医生给嫂子看了病。那个医生给开了两瓶虎骨酒，回来给她喝。嫂子喝得恶心。我们想着是人家大夫开的药，都是治病的，恶心也要劝她喝。谁知她越喝病越重，很快就起不来床了。

我母亲看着不得了，赶快又换神。潘沟村那个女人不行，找我五姐她婆家伯父。他是个神汉，不知他敬的是什么神，看着来势很凶，大男人个子又高，说话声音也大。

这些年，请哪个神来，都是用我们家那师爷桌，这次他来还是趁那张师爷桌。

他突然说："那师爷不是师爷，是个猴精。"他正在下神，大声地说着，忽然站起来，大手一伸，把墙上那一张神主子一把扯下来。那劲头看着吓人，母亲想着他可能会镇住一切。

那是我们家最尊贵的神，想想敬了十年，家里有点什么事，妈都要去求它。父亲出去拉差，母亲赶快先给师爷烧一根香，求它保佑。每年过春节前，都是先给它香炉里换一次沙，很尊敬地端去，把旧沙倒掉，换上新沙，双手捧着放到桌上。平时，谁也不敢摸那香炉。

这一下，他一把扯下那张纸，第二天我们把香炉端到牲口铺底下，没事了，就这么简单。

妈把各种神都求够了，嫂子的病不见轻，妈真发愁了。那天夜里我听着，妈叫我五姐的名字。妈一直在喊："哎呀，环——，咋办哩呀？环——！”一夜，妈喊了无数次。也不知是妈睡醒一觉喊一次，还是她就没睡。只听着她喊：“哎呀，环——，咋办哩呀？环——！”妈实在没办法了，她几乎神经错乱了。

五姐整天做大锅饭，再给嫂子做点汤，跟小妹去喂喂嫂子。吃饭、吃药都要喂。药她不想喝，喝了吐一枕头，五姐给她换换，叫小妹拿到水塘里洗洗。

我刚回去，也是不能动，还得给我端饭吃。都是小妹和五姐伺候。我记得好像是没过三月，嫂子就去世了，撇下三个孩子。本来，妈都揽过来两个孩子，嫂子病重了，妈又把第三个孩子也揽过来了。大孙子六周岁，二孙子四周岁，第三个孙女儿，年内才过一岁。

一直不知道嫂子是什么病要了她的命，只知道人死了，很悲痛。现在想来她害的是乳腺癌，这种病在当时更没有办法。看着父亲在忙忙碌碌地跑着，招呼事，还掉着眼泪。灾难太多了，父亲太可怜了。谁难过了，都能大哭一场，解解心里的闷气；母亲哭，我哥也能痛哭一场，只有父亲强忍着泪。农村的规矩：年轻的女人死了，临出殡时，在大门外，丈夫哭一场，还摔一个碗。碗摔在棺材头上，把碗摔碎。在这时，哥也哭得很痛。唯独父亲——老公公不能哭，只能难过自己知道。

我和五姐，赶着给两个小侄儿缝了两件小孝衣，裱了白鞋。

孩子们穿上孝衣和白鞋，大孩子抱着牌位，二孩子打着幡儿。两个孩子去送殡，村里人看着都掉泪。

大侄儿六岁，已上小学一年级了。学生那时都兴穿那草绿色的学生服。妈虽然没钱，她也不愿让孙子心灵上受委屈。她用自己织的白布，自己染。没钱买染料，她用土办法染。每年夏天她都拾些棉花棵上的花，花落了她拾些晒干放着。还有夏天槐树上开的花——不等它开，开大就不能用了——拽下来晒干，染这种布。先用槐树花放点白矾，放锅里煮煮，出来是黄色，再用棉花棵花加黑矾再煮，煮出来就是草绿色。

借一套别人家孩子的学生服，我照着给剪剪，用手针缝缝，穿上跟别人家买的都一样。侄儿们穿上很高兴地去上学。

嫂子去世了撇下这三个小孩子，可把父母劳累坏了。三个孩子都尿床。两个孙子尿床都尿到十几岁，每天早上我父亲给搭出去晒晒，下午太阳下去了，拿回来给他们铺铺。夏天天好了还好说，遇上阴天下雨，就得用火烤。到下午，父亲夹一捆秫秸到磨屋里点上火烤，烟熏火燎两个钟头，褥子、被子单子都烤干了，拿回屋再铺上。冬天就更难办了，不干还上冻。再遇上雪天，可苦了父亲。有时他也会忘，正吃晚饭时他忽然想起来，"哎"一声。"怎么了？""他俩被子忘烤了。"吃完饭赶快去烤一黄昏，拿去铺上，叫他俩赶快趁热被窝睡。孩子越长越大，一泡尿就是半床被子，弟兄俩，两头睡，这个被子就别提了。长大了，自己也会拿出去晒晒，可他们嫌不好意思，早上起来用被子盖住那湿窝窝，吃了饭上学，晒被子还是爷爷的事。多少年如一日，父亲伺候这两个孙子也真不容易，不知作了多少难了。

血浓于水

这年收完麦，村里人又给我哥介绍一个对象，结了婚。这个嫂子来了以后，只管给两个男孩子做点穿的，小女孩儿她不管。说是当时介绍人只说有两个男孩儿，没说有那个女孩儿。

新来的嫂子会做活，哪怕是一件旧衣服，她给改改，孩子们穿上也很合身。

去世那嫂子，是个乐观有嘴没心的人，好说、好吵，心思还好，但是做活不行，两个孩子她都收拾得很窝囊。记得那个大侄儿一岁多那年冬天，她给孩子做了件棉袄，大襟缝得太靠下了，孩子穿上后小胸脯露着。平时天不太冷还不要紧，到了那下雪天，小孩子不听话，不叫他去院里，他老想去，小四方脸吃得可胖，雪白的小胸脯露着可有意思。他看见下雪好玩，光想跑出去看下雪。父亲一看见孩子就埋怨说："冰雪在地，孩子穿件棉袄露着胸脯。"很心疼孙子。我们看住不让他出去，一会儿看不见，他又跑出去了。父亲一天就说了好几遍："冰雪在地，孩子穿件棉袄露着胸脯。"很生气。

两个男孩子，大些了还好，这个小女孩儿可吃苦了，一春一夏都是在院地上爬着。那时农村的孩子，不会走路的就是地上的孩子，爬到自己会抓住东西站起来自己学走。

这孩子没学会走路，身体不好，很瘦。

母亲说："我也老了，这孩子我也招呼不大，不如找个没孩子的家，给人家，孩子也可能会享点福。"妈跟我们商量了一下午，已是初冬了，孩子都穿上棉衣了，想着，这一冬，孩子还是受不完的罪。

正好我们一家近邻居，保婶子她娘家兄弟媳妇没有孩子，她想要。她们家是小崖沟村的，离我们村有五六里地。保婶子来说好了，那一天给孩子洗洗脸，换一条干净棉裤，叫小妹抱到保婶子家，保婶子接住就去给他兄弟送去。东头有个饭店，她买了个油酥饼给孩子拿着，抱着走了。因为孩子太欠人抱了，所以人家抱着走也没哭，如果孩子哭着不走，那才揪人心哪！

保婶子说："你把孩子收拾这么大也不容易，我弟媳妇说她织的布给你撕点吧。"我妈说："我不要，我为的是孩子不受罪，我要不等于卖孩子了！"

人家两口子对这孩子很娇，抱去以后，人家就抱着去找医生看看病，说是肚里有积食，吃了几服药就好了。两口子冬天没有事，就换着抱，这一冬孩子可没有受罪。

第二年夏天，孩子已是两岁半了，吃得白胖。这孩子从小就不黑，比她两个哥哥白。

人家养母领着，穿了一身花衣服，来她姑家走亲戚。我们听说孩子来了，都想看看。妈去跟保婶子说："叫我们再看看孩子吧。"一会儿领来了，在场上都没有进家。我妈抱住孩子问她："你还认识奶奶不认识了？"

"认识。"

"你还记得奶奶不记得？"

"记得。"

"你叫啥名字？"

"我叫芳。"

又跟她说了一会儿话，她什么都会说了。孩子在家的名字是叫素珍，到那里人家又给改了名字。

这以后，听说人家不高兴叫我们看孩子。我妈说："算了，以后不看了，既是给人家了，别再惹人家不高兴。"人家怕孩子知道了，长大跟他们不一条心。从此以后我们再没有见过这孩子。人家来走亲戚，也不叫我们知道，我们也不敢问了。

过了几年，我在娘家住时，这个新嫂子去赶集，到路上碰见这孩子。她已经十多岁了，拿着几个鸡子去集上卖，我嫂子也不知怎么知道是她，就问她："你是叫芳不是？"

"是。"

"你去赶集卖鸡儿哩？"

"嗯。"

"你会卖？"

"我会。"

鸡子乱叫乱跑，她几乎拿不住，嫂子说："我帮你拿拿吧。"

"不用，我能拿住。"

嫂子回来后，跟我说："我在路上碰上素珍了，也不知她认识我不认识，她自己拿了几个鸡子去集上卖，她都拿不住，鸡子要跑，我说帮她拿拿吧，她不叫，也不知道是不是怕我拿走了。"

又过了几年，这孩子小学毕业了，大约有十四五岁了，她养父母带她到西安去了。

到那里以后，她突然给她亲大哥写来了一封信。信中说："大哥，你还记得我吗？我是素珍。我们全家都来到西安了，在来之前，又去姑家看了一次，我看到你和二哥，没有敢跟你们说话，以后可能见不着你们了。"

真叫人吃惊，她怎么知道的？人，真是万物之灵，就这样苦水里泡大的一个小生命，也有她的亲情，有她的智慧，"血浓于水"这句话真不错。

她大哥给她写了回信，以后又通了几封信。过了几年，她又回来了，我哥跑到小崖沟村，把她接回家里住了几天，又到西安去了。

这军队不错

一九四七年阴历七月，我在娘家住，有一天下午，我和妈、五姐在院里坐，有两个当兵的去找我们家了。我和五姐还没见过当兵的，有些害怕他们。

那个当兵的把他一件旧衣服撕了，叫我给他做个书包。我不想跟他们打交道，就说："我不会做。"他很耐心地跟我说着怎么做怎么做。他已经撕好了书包料，是黄卡其布，很厚。他叫把两边的毛边窝到里边，从外边缝住。那么厚的布，不好做，我还是说我不会做，不想接受他的活，他还是缠着不走，态度很和气，没办法只好给他做了。我一答应，他就走了，说："下午来拿。"

他们一走，我妈说："唉，人家这军队不错，你看态度多好，一直说好话。看见年轻妇女连脸儿都不看。"后来我们才知道是解放军。下午他们两个又来了，书包做好了。听着枪声乱响，看着他俩很慌张，我们问："是哪里打的枪？"

“这是我们打的枪。”看见书包做好了，他很高兴，说了两句谢谢的话，慌慌张张就跑了。

据说，那时候解放军是在新安县那边的山底下。柏树沟村我舅家的三儿子就参加了解放军。后来听这个表哥说：“就是七月份那一次，他也跑到麻屯，上到寨墙上，吆喝了几声就又跑了。”表哥参加了解放军，后来又发给他一杆枪，那枪不知是从哪儿弄来的，他拿到手里很高兴。拿回家急着用，先到大门外放一枪试试，一枪没有打响，子弹在枪筒子里炸了，把他的指头炸掉了三个，手掌也掉了半拉。他流血过多，躺在地上，没有办法，只好用二斤清油给洗洗。解放军给他留点粮食，让他在家把伤养好。

一九四八年春天，听说解放军快要来了，农民们不知道解放军是什么样，都有些害怕。听说解放军不喜欢富家，人口多的都赶快分家，我们家也分开了。李準父亲说，他是当家的，他不要好房，一个大院子前后院都分给伯母家了。我们搬到一个小跨院儿。我住的屋是原来盛煤的，可破，墙都是烂的。地下都是大坑，床底下的坑可大，搬了几块土坯垫住床腿。上边也没有顶棚。

分开家又赶着三天娶了两个弟媳妇儿，伯母家娶了他的三媳妇儿，我们家娶了二媳妇儿。弟媳妇儿住那个屋，是原来盛草的屋，也破，但是比我住那屋稍好些。

这次娶媳妇都是坐的哑巴轿，不敢吹响器。那几天农村里坐哑巴轿娶媳妇的可多了。闺女有十六七岁，娘家都催着叫娶，都害怕那兵荒马乱。

那一天早上天还不太亮，母亲起来想出去看看，到大门外，她又跑回来了。她说："哎呀，出不去了！"栅栏门还没开，从那门底下，看到外边都是当兵的腿。

东场里有个人起来得早，他见到处都是一群一群当兵的，他慢慢走近他们看了看说："是你们？"当兵的说："嗯。"他说："哎呀，我以为是老八来了。"

"我们就是老八。"

"啊呀！"吓了他一大跳。

快收麦时我们家没有煤烧，李準和他二哥下山拉了一牛车煤。去了两天，回来天都黑了，牛急着吃东西，他们卸车，车还没抬起来，那牛就猛一蹿，一下子踩在李準的脚上，把他的脚趾甲也踩掉了。李準在家种了一季地，麦收了秋种上，我们两个去地里共同锄秋，我才感到有点自由。

收了秋，又种上麦子，农忙就完了。他去城里找他姐夫，给他找点事干，不想在家种地。那时他姐夫在城里做生意。他姐夫真给他找了事，是一家姓石的亲戚开的银号，叫他去当个店员。

小八娃儿

这年冬天我在家，带着孩子，除了做饭，就是纺花。孩子快两岁了，很乖。爷爷、奶奶都在家他也不闹人。我在屋里纺花，他就在屋里自己玩。小孩子虽然乖可是他也不能老坐着，他在屋里不停地活动，我的纺花车头上挂个小油瓶，他拿下来掂着走了两步说："给我个篮儿，我去麻屯哩。"这是学奶奶的，奶奶经常拿个醋瓶说："给我个篮儿，我去麻屯哩。"他虽然不闹人，却总是不停地活动，要扰乱我纺花。我就纺着花教他说个曲子，我说一句，他说一句，嘴里说着，腿还是不停地在屋里走动。说的小曲儿是"小白鸡儿噙柴火，一天噙了一簸箩。跟爹睡，爹打我，跟娘睡娘拧我。"说了两遍，又说到"跟爹睡，爹打我"，该说"跟娘睡"，他已经走到门口了，他扭头就跑，噔噔噔跑过来，我说："哎，你怎么不说曲儿了？"他两手抱住我的胳膊说："我拧你，我拧你。"后来我跟他爷爷奶奶说了，他们都笑了，爷爷说："这孩子，脑子反应快着哩。"

李準在城里他亲戚的银号里干了三个月。一九四九年二月份，国家把银号接收了，连人带单位接收过来。他就随着银号参加了工作。才参加工作是供给制，给他发了一身灰粗布制服，一直穿到冬天，又发了一身蓝洋布制服。

这几年我都在家，地里种了庄稼，我和母亲还要去地里干活。李準父亲有心脏病，不能去地里干活。他还有两个弟弟，还在上学，要吃应时饭。一个在麻屯上中学，回家吃饭。一个在外村上学，回家拿馍。烙点馍拿出去吃几天，吃完再回来拿。有时我在地里正锄地，见捎信儿的回来要馍，就赶快回家烙馍，让别人给六弟带去。

这时我已经有两个孩子了。小女儿不太乖，农村是没有条件抱孩子的。放在床上太高，怕掉下来，于是把我那屋门里几块砖搭上门板铺条席，把孩子放上。她想睡了就睡，睡醒了就哭，掉下来也不高，摔不坏。我有空了去喂喂奶，没空了就不管她。

吃了饭刷刷碗，赶快抱起孩子喂喂奶，扛着锄头就下地。到地里赶快锄，头都不敢抬，锄一会儿看看太阳不早了，扛起锄头就回家。在地里看太阳不是那么准确的，回到家里看看院里的太阳到哪里该做饭。学校有钟表，是看着表放学回家吃饭的；家里没有表，只有看太阳，最怕天阴，看不见太阳。有时回来一看太阳，时间晚了，也不敢喂孩子吃奶，赶快做饭，做好饭让他们吃着，我才能去喂孩子吃奶。

挑水要去大东地。东地一孔大井，那个井很深，有四丈多深，水很旺，来回要走半里多地。天要旱了全村人都吃这个井里的水，因为天一旱别的井都没水了。他两个弟弟都不想挑水，看见饭好了快些吃，吃了偷偷跑了，还得我去挑水。两个大木桶，井又深，都绞不上来，到半中腰得轧住辘轳歇歇。绞上来后嫌桶太大挑不动，再把桶里水倒井里点。后来想着好不容易绞上来了，不舍得倒，就这样挑回去吧。有时夏天，天旱得狠了，这口井里的水越来越少了，要三次四次才刮到一桶黄泥汁。村里人都是挑着桶去排队刮水，刮两桶黄泥汁回家倒在缸里澄清了吃。

我白天是很忙的，不能做针线活，到晚上把孩子哄睡，我得搭黄昏做点活。等我做完活该睡了，老二就睡够了，该哭了。哭得我也没法睡，我想着把这个女儿要是收拾长大，非把人筋都磨断完不可。

大忙天收麦子，李準也回来帮忙收，解放军支持劳动，给他准假回来收麦，有时也请个帮忙的。

他们家的教育是很严的。他父亲老早都教育他们不能私自给妻子钱，谁要是往兜里装钱，这是最没出息的，最丢人了，所以他没有给过我钱。我也不知道要钱，要钱没有用处。我在家也没有花过钱，不知道钱怎么用。

一九四九年冬天，李準那一套灰粗布衣服不穿了，我把他那条裤子给儿子改了一套棉衣。一条腿改成棉裤，一条腿改件棉袄。就是他穿了大半年都穿灰白了，需要染一染。家里连五分钱的染料钱也没有，后来还是亲戚给了五分钱，去买了点染料煮了煮，还是灰的，就是把那白气压住了。

做了棉衣给他穿上去舅家，妗子看见说：“哎呀，克勤也成了小八娃了。”就是小八路军。妗子就成天喊他小八娃儿。

这年冬天，李準他二姐在洛阳城里住，他父亲要去看病，母亲陪他去二姐家住了一个月。我和弟媳妇在家，母亲不放心，怕我们害怕，把小姨家一个表妹叫来和我们做伴。这表妹比我小一岁，她刚结了婚，在这住着给她丈夫做了个大布衫子。

我的小女儿出麻疹了，我怕传染给大孩子，又把我五姐叫来，让大孩子跟她睡。女儿麻疹好了许多天，我还不敢让五姐走，我想一定会传染给大孩子的。又等了有十来天，没事，五姐走了。

快要过年了，这几天母亲该回来了。那天突然下了大雪，已经是腊月十几了，看着纷纷扬扬的大雪，我们就怕了。要是把妈隔在城里可怎么办？农村这个年是很当回事，要赶集买好些东西。我长这么大没赶过集，不敢到集上去，也不知道该买什么东西。要待客，前半个月就要做准备了，要是雪把妈隔住不能回来，这年可怎么过？只我们两个都没有去过麻屯集上，实在不知道该怎么办年货，越想越着急。

老天爷就是不讲情面，鹅毛大雪直下了一天，急得我们真想跪下给老天爷叩几个头，求求它不下吧。也该淘粮食磨面了，这家里没有个老人领住实在不行。

第二天，雪虽然停了，地下积有半尺厚的雪，要化化冻冻半个月也化不完。城里离家二十五里地，那黏土路，妈那小脚怎么走回来？越想越发愁，天又快黑了，黑压压的夜色逼得人透不过气来。正在这时候，看见大门口进来一个人：“哎呀，妈回来了！”我们的心哗啦一下都开了，赶快跑去接住。

“妈，你是怎么走回来的？”

“赶快给妈端一盆热水洗洗脚吧，三四层裹脚都湿透了，脚上的皮子都泡软了。”

妈说她吃了早饭就要走，二姐不让她回来。她知道我们在家不行，一个人拄着一根拐杖就回来了。她出了城一看，一片白，不知哪里是路，只能凭大概方向摸着走，怕第二天一开化那泥路就难走了。路是山路，还要过几道沟，老太太归心似箭，她也居然摸回来了。

12

不读哪家书，不识哪家字

坐火车 /

谁不买我的针，回家跟你妈离婚 /

亲戚都来交木 /

李凖、董冰与长子李克勤，1991 年春摄于北京

坐火车

麦子快熟了，豌豆先熟，东边那个大井边，大约有两亩地种的是豌豆。我去铲豌豆，把两个孩子带到地头。儿子三岁多一点，女儿一岁，刚学会走路还不稳。井边长了一棵小榆树，在地头上罩了点凉荫，我说："你俩就在这里玩，这儿凉快，你哄住妹妹，我去干活。你可不敢到那高处去，看妹妹去井边，摔井里。"我在地头铲了一会儿，看他也没动，我就铲到地中间了。儿子往井里扔个石头，妹妹听见了响声，她就跑着去看。儿子喊："妈妈，小妹去井边了！"我一扭头看见女儿已经到井边，我想我怎么跑也抓不住孩子了。邻地里人乱叫："哎呀！"都想着没救了，那么深的井，井筒子又粗，谁能下去捞？就是下去也赶不上。

到井边，女儿也害怕，她趴在地上，扒住井口往下看，小手一软就会掉下去，但她手还没软，我跑去抱住了。

我见大孩子往前跑了几步，又很快跑过来了，我问他为什么跑回来，他说：“我想去拉她，我说：‘不敢去，不敢去。’她说：‘不，不。’我不敢去拉她，我要拉她，她一蹭就掉下去了。我不敢拉她，赶快跑回来。”三岁的孩子能有这样的心眼儿真不错。

这孩子三四岁，他爷爷就教他唱京戏，唱黄天霸，还教他认字。用红纸裁成小方块，一块上写一个字贴到墙上，爷爷那屋墙上贴了一大片红纸块。

这年冬天，我又给儿子做了一身草绿色棉衣，是他叔叔们穿旧的学生服改的。我去娘家找妈要了点棉花，回来加黑矾，煮了煮太难看，又去要点槐树花，回来加白矾煮。颜色可以了，做了一身棉衣给儿子穿上。还有铁生穿过的学生服棉袄，比较大，我给孩子改了件棉大衣，也是去向我妈要的槐树花、棉花回来染的。

我在院子里拾了一条皮子，是黄毛皮，正好给儿子大衣上安个领子。小军大衣皮领子，很像回事，穿上给奶奶看看，奶奶很喜欢，说：“你咋还给他弄个皮领子？”我说：“是在院地下拾的，也不知是做啥用的，安领子正好。”奶奶又看看说：“噢，这是从前用的皮幄头，老太太们往头上戴的。”

一九五一年春天，我去洛阳城里住了几个月。我们住的房子，是本家一个爷的，他的名字叫聚，我们都叫他聚爷。他家房子不少，有四五间，我们住的是进去大门临街的两间，上边有个楼棚，是明楼，从外边上去。有时晚上铁生不回来，那猫在夜里上到楼棚上打呀、叫呀，听着就像要掉在头上，两个孩子睡着什么也不知道，我特别害怕。

聚爷是在十字街卖麻绳的，就是包装捆东西那个细麻绳，他家有个儿媳妇比我还小两岁，我得叫她五婶儿。她也有个小女孩儿，才一岁，她整天抱着孩子在街上玩儿。有一天，我们两个到外边，出大门走百步远，是个小学校，那里晚上也有民办学校。五婶儿就跟我说："咱俩晚上来这里学习吧？"我说："好。"我巴不得能找个学习的地方。她说："那得跟你爷商量，看他叫不叫。"我想学习不是好事？还有什么不叫？我恨不得当天晚上就去报名学习。

到晚上吃了饭，我们两个坐在院里，跟聚爷商量，谁知说了一黄昏他也没答应。聚爷说："学习什么呀，有啥可学？过去学习那武艺，叫把式。那不叫把式，叫八失，就是把他八辈子都失落了。这叫丢人。"五叔那时不在洛阳，他在西边很远地方，不经常回来。聚爷大约有点不放心。

有一次，我拿了一本书，我说："爷，我这一本书你给我讲讲吧。"他说："你不知道，不读哪家书，不识哪家字。我过去读的是私塾，你现在拿这洋书，我没有读过，我不会讲。"

我那时身体不好，女儿两岁，她白天跟哥哥玩。儿子四岁多了，他带着妹妹玩，他不知道“挨”和“打”这两个字的意思和用法。他弄点什么玩意儿，不叫妹妹摸，嘴里说着：“你可不敢摸。”走了还吆喝着，“你可别摸，你要摸了，我就挨你。”

二姐那时还在城里住，她住的是南大街。到二姐家去，要走一条长街。有时我带着孩子们到二姐家玩。那时三姐也到城里银行工作了，有时她也到我们家玩。

过了一段时间，铁生他母亲也来城里看我们。她看我烧的是个铁煤火，不好烧，就说：“咱俩去抬点土，我给你垒个煤火，会好烧得多。”城里边没有土，那天，我们俩跑了很远的地方，才抬了一箩筐土。在聚爷家那后院里找了几块土坯，我们两个忙活了一天，垒好了个煤火，那炉子就是比那铁炉子好多了。母亲很满意，住了几天，她就回去了。

麦子快熟时，我也回去了，收罢麦，种上秋，我又去城里住了几个月。这个夏天，我大病了一场，是痢疾。那一天病很重，五婶儿说：“我领着孩子去叫他爸爸回来吧。”她还抱着她的女儿，领着我的大孩子跑到银行门口，她等在门外，叫孩子进去叫。

“爸，我妈病了，叫你赶快回去。”

“你先走吧，我马上就回去。”他直接跑到二姐处，把二姐叫来，因为他不知道该怎么办，他不会做饭，还有两个孩子要吃饭。

秋快熟了，他七弟来接我们。这次是坐火车回去的，车站是刚修好的洛阳西站。这也是我们第一次坐火车，看着火车的来势那么凶，坐在里面还安静。下了火车，还有十来里路到家，得走回去。

谁不买我的针，回家跟你妈离婚

收了秋，种上麦子，我又添了第三个孩子，是个男孩儿。这个月子我没生病，家里正在出红薯，我也躺不住，去不了地里，家里的活也很多。白天忙一天也不能做针线活。天渐渐冷了，要穿棉衣，到后半月我就搭黄昏做活。晚上把两个孩子哄睡以后，我再起来做活，小孩子棉衣的里子、面子要缀缀补补，再套棉花引线。小孩子的该缝带子的缝带子，大孩子的该钉扣子的钉扣子，都做好，孩子明天早上起来能穿上，我才睡觉。一晚上都要做成一件衣服。

我这个三孩子的脾气更怪。女儿小时候夜里哭了三个月，这三孩一下哭了六个月。等我把活做完，孩子睡醒了开始哭，他哭呀、闹呀，蹬着我也睡不成。

就这样，我还想腾出工夫学习。李準教我读的那些书，几年没有看，书还放着。一九四九年，我想着现在不认字是不行的，还是要学习。

我把那本书又找出来，拼音也忘得差不多了；但是字忘了，曲子还没忘，就那音拼字，字拼音，有的音忘了，还认识这个字，一看就是它。

哪有时间看书？只有两个时间：一是坐下来纺棉花时，把书放在腿上。也不能老看书，抽线的时候，眼要不看着线就抽不出来，不是老断线，就是拧成绳了。只有抽出来往定子上上的时候，眼可以看一下书。再一个时间就是抱着孩子喂奶的时候，孩子吃着奶，我赶快拿住书看看。有的字苦不认识，有时候问三姐，有时候问问七弟。三姐那些年常在我们家里住，也给我帮了不少忙。我把那一大厚本书读完了。我娘家小妹妹上小学三年级，她读过的语文书，我拿回来看看。那上边没有拼音，生字就多了，我就去找祖父给我讲。他是教书的，很喜欢别人学习，谁要想学习，他都是很支持。每天中午吃了饭，有点空儿，孩子睡了，去找爷爷给我讲书。我只要去，爷爷都是先哈哈一笑，说："又来了，来，我给你讲。"他戴上眼镜，屋里光线暗，站到门口给我讲。每天讲一课，讲完我拿回家，还是不能看书，只有那两个时间：抱孩子喂奶、纺花。农村里事情多得很，忙起来就顾不上纺花了。

有时把紧活赶完了，晚上把孩子都哄睡，我就看点书，写点字。自己在家里找个墨盒，找点墨；自己钉两本书，一本三年级语文，一本四年级语文。

父亲看到我下劲学习，一天他问我：“你现在看的是啥书？”

“四年级语文。”我回答。

“你赶快学吧，你现在是见一个字认识一个，你就好好学吧。”

一九五一年夏天，有一天，麻屯街上赶大会，大孩子还不到五岁，跟着他奶奶去会上了。停了一会儿，他奶奶回来说：“克勤回来了没有？”

“没有啊！”

“哎呀，这孩子丢了！”

“他不是跟着你去赶会了？”

“到街上，一个卖针的在唱，他站着看，我走了，转一圈回来不见他了，就是回来，他也能摸着家。他会跑到哪里？”母亲把买的东西放到家，又跑到会上找孩子，一连三趟都没找到，母亲急了，大家都着急了。二姐也跑去找，七弟在麻屯上中学，叫他跑去广播，也没影子。一会儿来了个客人，是个表姐，一听说孩子丢了，她就没坐，也跑到会上去找，可是谁都找不到孩子。中午，我做了一锅饭，孩子找不到，谁也没心思吃饭。

我从来没有去过麻屯街，我不敢去。这时我也坐不住了，跑到麻屯街上，从东门跑到西门，从北寨墙跑到南寨墙。南墙外有个大水沟，我去那沟边看了半天也没人影。大家都知道孩子是不会在街上了，只好回家吃饭。

吃了饭，董村我大侄儿来了，我一见他先问："你见克勤没有？"

"他去董村了。"

"他咋去的？"

"他跟我去的。"这我才放心了。

二姐说："你没去过麻屯街，今天你可去街上看看。要不是孩子丢了，你还不会去。"

过了几天，我去董村，我妈全家还以为是孩子自己去的。

因为孩子总是想去舅家跟两个表哥玩，两个表哥也特别喜欢他去，所以那天在会上，他在听人家卖针的唱曲儿，遇到大表哥，两人很开心，他大表哥就领着他走了，可又不敢领回家，怕大人吵他。到路上，大表哥给他想了一个办法。到家门口，叫他在场上边等一会儿，大表哥先回去跟家里人说："克勤来了，你们知道不知道？"

家里人都说："不知道。"

"他跟谁来的？"我妈问。

"我也不知道，我回来看见他在场边蹲着。"

这一说，二表哥赶快跑到场上去看，见真是小表弟，领他到家，都问他："你跟谁来了？"

"我跟半坡村一个人一路来的。"

大家都信以为真。我妈又问他："你妈知道你来不知道？"

"不知道。"

我妈说："卿，赶快吃了饭，去跟你六姑说说，孩子来了，叫她放心。"大侄儿到这里，就跟我说了实话。

这孩子那天听了卖针唱的曲儿："咱这钢针也不大，打火只一下。"人家唱的是："谁不买我的针，回家跟你老婆离婚。"他不知道老婆是谁，他唱的是："谁不买我的针，回家跟你妈离婚。"大家都笑起来。

一九五一年冬天，大约是阴历十一月，我又去洛阳城里，仍住在聚爷家里，这次去把三个孩子都带上了。

我是先到董村我娘家，父亲叫我大姐的大儿子赶个车把我们送到城里。这次去可热闹了，二孩子是哭，三孩子也是哭。李凖回家看了看，只摸摸大孩子的头："就这娃子好。"

小三儿在家时，爷爷就叫他"红巴豆"，一睡醒就猛哭，爷爷都说："红巴豆醒了，哎呀，红巴豆醒了。"

这一次，五口人住了几个月，生活有点紧张了。记得有一天没钱了，吃早饭时我说："克勤，你今天去你二姑家借三块钱吧。"

那时克勤刚五岁，吃了饭他领妹妹在大门外玩。做好中午饭，我才想起来，好长时间不听孩子吵闹了，跑到哪儿去了？赶快到大门口看看。刚站到大门口，看到克勤拐过对面学校那个墙角，一只手在前边伸着，一只手在后边拉着走着哭着的妹妹。他老远看见我就喊："妈，给！"我还没看见他手上端的东西，就问："啥呀？"他说："三块钱。"哎呀，孩子跑去借来了钱！他在外边玩着，不知啥时候想起来了，拉着妹妹就去了。妹妹才两岁多，那路也好远的，一来一回跑累了她就哭。

亲戚都来交木

大约是我们去洛阳城里住时，铁生就有工资了。才开始不多，以后不少，一个月五十块钱。那时候五口人一个月五十块就觉得钱不少了。我只是听他父亲说过："铁生一个月挣五十块钱，可是不少，五十块就半百了，过去哪能挣来这么多钱？"

这个春节我没有回家，就在城里过了年。六弟来把大孩子接走了，爷爷说："该上学了，接回家上学。"

大约过了正月十五，我父亲病了，病得不轻，董村一个人来告诉我叫我回去。我正准备着要走，七弟来了，我说："我正要走哩，你来了。"他说："一块儿走吧，我给你背着孩子。"我让七弟去银行跟李凖说了，中午不叫他回家吃饭，我们走了。走到街上下雪了，在街上又碰到董村一个人，他说："这么大雪怎么能走？"

他给我找了一辆架子车，我带着孩子坐上，送到麻屯，大约是两三块钱。一路上雪下大了，孩子的帽子都淋湿了几次干了几次。到了董村，家里已经是很忙乱了。请了几个木工，忙着给父亲做棺材。

农村有个风俗，给老年人做棺材，近亲戚都要来交木。也是冲喜的吧？买点肉来看，这也是礼节。

我到家的第二天，我的大孩子跟他奶奶来了。雪下得很大，还下了流冰。孩子一路上太高兴，走路不注意摔了好几跤，棉袄襟上又是冰凌又是泥。他高兴的是到外婆家走亲戚，而且妈也回来了，这是他最高兴的时刻。

到那里赶快拿柴火点个火，给他们烤烤衣服。衣服没烤干，嫂子急着叫我去切肉。五姐在擀面条，嫂子烧火，嫂子说我切的肉薄，所以要等我去切。中午吃的肉浇面。吃了饭，下午孩子又跟他奶奶回去了。

我回来以后才知道父亲是怎么得的病。冬天里，整天喝点红薯汤，老早父亲都说，过年时买点羊肉包点羊肉饺子吃吃。馋了一冬，等到年三十晚上，真的包羊肉饺子了，我母亲跟我嫂子吵架哩。父亲不爱说话，光生闷气。吵够了，母亲也气得没吃饭就去睡了，父亲不吭声也去睡了。我妈说："你不等着吃饺子？你睡啥哩？"

父亲说："不吃。"就这样睡了。多少天来，父亲不说话，不高兴。过了正月十五，有一天，父亲去喂牛摔倒了，这一下父亲就糊涂了。他不能动，喂饭也得抬起来，一人扛住，一个人喂饭。大姐年纪大了，又是小脚，抬不动也扛不动，小妹才十六岁还小，就我和五姐、哥三个壮劳力，白天夜里抬父亲。

我实在记不得伺候父亲多长时间，不知什么时候我又回到城里了。

13

先承认，后推翻

能卖一千斤麦子 /

白布撕六条孝 /

百家胡同 /

先买一瓶墨水 /

离别了故乡 /

李準、董冰，1996 年 7 月摄于澳大利亚悉尼市

能卖一千斤麦子

李準参加工作以后，穿上一身灰干部服，心里很激动。听到成立中华人民共和国的广播消息，他更是热泪盈眶。他想着从今以后，就可以痛痛快快地实现自己的理想和在文学创作上的抱负了。

一九五二年春天，银行里搞“三反”运动，开始是互相提意见。他参加工作时间短，没有搞运动的经验。有人说他有贪污嫌疑，他觉得受了莫大的污辱，就站起来说：“我没有贪污，查出来贪污一分钱，你们枪毙我。”

这一句话可闯了祸，人家说他态度恶劣，对抗运动。他当时怎么也想不通，也没有经过这种场面，委屈地说：“你们冤枉我，我不干了。”没想到这句话又说错了，人家质问他：“你不干是什么意思？”“你不干革命你想干什么？”

散会以后，不让回家。大会批，小会斗，说是不管贪污不贪污，先端正他的态度。

那时候，运动搞得很凶，又是推，又是打，最后让他脸贴着墙站着，不让睡觉。夜里实在瞌睡，打个盹儿头碰到墙上，碰醒了再站好。就这样一直站了四天四夜，态度还是没有端正过来。

当时，被斗的人差不多都承认了，有的说贪污三百，有的说贪污二百。有人劝他说，实在受不了就先承认，等风头过去以后再说，搞运动就是这样子，先承认后推翻。

他不听这些劝告。当时我理解他，他太爱惜自己的名誉了。他最崇拜李白、苏轼这些名士，一身正气，两袖清风。现在要他往自己身上泼脏水，这是件多么痛苦的事呀！

三姐跟他在一个银行工作，有些人想加重他的罪名，要把他的年龄说大些，硬说三姐是他的妹妹，他是三姐的哥哥，气得三姐哭了几场。

我也没有经过这么大的事情，整天愁得吃不下饭，心里更是七上八下。我想着无论如何得见他一面。我找着三姐，她说他就在银行后院上房屋里关着。女厕所也在后院，她每次上厕所都要从那窗户底下过。靠着窗户放了一张床，他就在床上坐着。“你想看看就去吧。只要走近窗户，就能看见他。”

第二天我抱着孩子，拉着女儿，还给他带了一件衣服，去银行里看他。看见银行大门我心里怦怦直跳，不敢进去。进了大门没人吭声，我绕过柜台进到里边，还是没人管我。我来到后院，看见那扇窗户离我只有十几步远，我正要过去，屋门口有个年轻人走过来问："你是干什么的？"

"来送件衣服。"

"谁让你来的？"

"我自己来的。"

"谁让你进来的？"

"我走到门口，没有人吭声，我就进来了。"

"把衣服给我吧，你在这儿等着。"那人拿着衣服进屋里去了。我听见了他的说话声，听不清楚说的是什么。眼看着就那几步远，我也不敢往前走。一会儿那人从屋里出来，拿了几块钱递给我说："这几块钱他说让你拿回去，先把这个月的房租交了，剩下放着慢慢花。"

回到家我后悔了几天，埋怨自己太老实。一天晚上房东聚爷跟我说，他在十字街卖麻绳，看见克勤他爸了。银行的人从南街去东街开会，去的时候见了，回来时也见了。他的头发、胡子长多长，人也瘦了。

我说想见见他，聚爷说："他什么时候再去东街开会，我回来跟你说。你去十字街等着，他们开完会，回来从那儿过你就看见他了。"

有一天，大约下午两点多钟，聚爷回来跟我说："他们又去开批斗会了。”我抱起来孩子就走。到了十字街，商店门口不敢去，我只好站在路边等着。

那天特别热，太阳晒得人像要着火，孩子晒得抱着都烫人。等了两个多钟头，不见他回来。我不敢再等了，怕把孩子晒病，只好又回去了。晚上，聚爷回来说：“你等了半天没看见，我又看见他了。你刚走一会儿，他们就过来了。”

我跑了几趟也没有见着他，他还被关着。该收麦时我回到家。收罢麦，我也没有再到城里去。这年麦子收成不好，父亲发愁，害了一场大病，在床上躺了一个多月。

母亲很发愁，李準也不能出来，父亲有重病，收成又不好。母亲抱起我那小三孩儿就说：“把这个孩子卖了吧，能卖一千斤麦子。”那孩子八个月了，吃得又白又胖。母亲嘴里这么说，其实心里也是舍不得。

收过麦，我又去城里看了两次，还是没有见着他。大约是农历六月份，该锄晚秋的时候，他才被放出来了，却没有回家，托人带了个口信儿，说人家不叫在银行干了，叫我去城里看看。父亲说只敢去三天，赶快回来锄秋。他也没有工作了，麦子又不好，秋庄稼再不好好收，咱这一家人可怎么过！

第二天天不亮我就上路了。我两只手扣住把孩子端在胳膊上，走了十几里地没有动，胳膊又僵又硬。好不容易走到住处，见他一个人在屋里。他说：“没有工作了，被开除了，虽然我没有贪污，可是对抗运动。”他准备去西关拉大粪、卖大粪，还劝我说：“刚拉的时候可能有点臭，时间长习惯了，就闻不见臭味了。”

我没有吭声，他看看孩子又说：“这孩子还挺胖呢！”

“咱妈说要把这孩子卖了，能卖一千斤麦子。”

他说：“不卖，不卖，我拉大粪也要把这孩子养活大。”

他说：“我回到屋里先抽开抽屉看，看看你的学习本。打开本子一看，只写了这月房租交过。这半年你就没有学习，我很失望。不管在什么情况下，也不能间断学习。”我告诉他，父亲只叫我来三天，后天就得回去。实际上只能待一天，来到这儿都中午了，后天一早就得走。他一个人在这里也不会做饭，煤火都烧不着，是很困难的。他没有办法了，自己抽个签，用两张纸写了条，一张写的“拉大粪”；一张写的“再去找领导”。写好自己揉揉扔在桌上，拿起一个看，是“找领导”，他就继续去找领导。

第三天早上，我要趁着凉快回家，他抱着孩子送了我一段路。他不想回家，不想见村里人。他又回城找他姐夫去了。他姐夫那时不做生意了，在城北烧砖。姐夫看见他就说：“我看你别干那银行了，来跟我一块儿烧砖吧！”他在姐夫那里住了两天又走了，成了无家可归的流浪汉。

他在城里还是经常往市委跑，要求重新调查他的问题，他没有任何贪污受贿。领导根据他的情况，安排他去干部学校教语文，九月份开课。开学以前，他回到家跟父亲说又找到工作了，父亲说干部学校不好教，干部们都会提意见，叫他千万小心。

干部学校在洛阳东车站，趁人家小学校的教室。为了不耽误小学生们学习，干部们早上五点半到七点半上课。工作不算太忙，一个月三十多块钱工资。他又学会了吸烟，但不管怎么说，总算是又找到了工作。

白布撕六条孝

这一年，大孩子春天上了一期学，夏天不叫上了，叫他在家抱孩子。他还不到六岁，把孩子交给他跟舍孩子一样，整天把孩子摔无数次。有一次我听二嫂说，克勤抱着孩子往外跑，被什么东西绊倒，把孩子扔了好远，也不知道他自己摔疼没有，慌得爬起来抱起孩子就跑。我知道他是怕我听见孩子哭。因为是刚下过雨的湿土地，孩子也没有摔伤。弟弟也胖，他就是抱不住，有时想把孩子往上抱，劲用得猛了，下边两条腿他抓不住，就从肩膀上把孩子头朝下摔到后边。

夏天，太阳刚过去，地上晒得烫人，他把孩子放在地上坐着自己就跑了。我去把孩子抱起来，孩子的屁股热得直烫手。

那一天，刚下过雨，地上很湿，他把弟弟放到地上又跑了，我出去看，孩子在大门外湿泥窝里坐着，就抱回家了。他一晌没有回来，晚上回来我问他干什么去了，他说去给人家抱麦茬了。我说："你一晌都不回来，不怕弟弟丢了？"他说："我回来看看没有了，想着是你抱回来了，我又去了。"

这年冬天，我没有到洛阳城里去，天刚冷，该穿棉衣了，我给大孩子做了件缝裆棉裤，他不会束裤带，整天掉着裤子。穿了两天，我看不行，只好把他棉裤脱下来，孩子盖到被窝里，我给他缝上两条背带。

吃了中午饭，碗都没刷，刚拿起裤子，奶奶要套磨。我赶紧去牵牲口，磨还没套好，董村我侄儿来叫我，说我父亲病重叫我赶快回去。奶奶说："你要走，先把后院那一堆玉米秆抱回来。"这一来，我心里像猫抓一样。孩子在被窝里盖着，棉裤还没有收拾，厨房里碗也没有刷，还有三亩地的玉米秆要抱回来。

我叫侄子帮我先抱着玉米秆，我给孩子收拾棉裤。他在床上急得直喊叫，脸贴着床边往院里看着。我把棉裤缝好，让孩子下了床，再去刷刷碗，赶快去地里抱玉米秆。阴历十月份天也短，收拾完天都快黑了，母亲还没有卸磨，我们只好先走了。

慌慌张张赶到家里，父亲已经不会说话了。大姐喂他喝汤，开始父亲还知道咽，喝了几口就不会喝了。父亲咽了气，我们大声喊，他也不答应。大姐先哭了，我和妹妹跟着也痛哭起来。

父亲真是个苦命人。养活了那么多子女，到老没有几个了。一九四九年冬天，二姐也去世了。那年冬天，我在娘家住，二姐有病，我跟嫂子去看她，二姐也是肺病。肺病夺去我们家五口人的生命，三姐在外边不知道哪一年也是害肺病去世了。

我们那里有个风俗习惯，父母去世，先死去的子女，同样要给父母戴孝。用白布撕六条孝，在大门外烧烧，二姐、三姐、四姐、大哥、二哥还有嫂子，据说这六个孝子，都在大门外等着给父亲戴孝。

父亲去世以后，没有马上埋，在屋里放了一个多月。父亲棺材在屋里放着，总觉着他人还在屋里，看看棺材心里也好受些。父亲埋了以后，我难受了好多天，想着家里再也没有父亲的影子了，以后永远也见不到他老人家了。

百家胡同

快过春节时，李準叫我去城里过年。我带着三个孩子去洛阳。过罢十五，他大弟把大孩子接回去上学。一位同志帮我们在北平街找了一间房子，在那里住了一春天。

三孩子学会爬了，扒住东西能站起来。他最爱站在床前，床上铺了条破单子，有许多小洞。他看见床单上的小洞，就用小指头钩住拉，越拉洞越大。我看见就把他抱过去。天长日久，我又是个忙人，不能老看着他。一眼看不到，他就又去了。后来，床单上撕的洞小孩儿头都能钻过去。那时候没有钱买床单，李準三十多块钱工资养活四口人，他还吸烟。我们去住几个月要欠些账，回家几个月，他把账还还攒点钱我们再去住。

有一天，他的一个朋友去家里坐了坐，问他："你在这里顾不住吧？"

"能顾住。"他一辈子总是乐观。

那人走了以后，他说："人家可能是看咱的床单太破了，说咱顾不住。"我说："顾不住就是顾不住，你非说能顾住，那能哄住人家？"

"你说顾不住，人家能给你点钱？"

"不是叫人家给点，是啥就是啥嘛！"我知道他爱面子，生怕人家说他顾不住。

一九五三年春天，女儿四岁，还不会领着弟弟出去玩。小孩子在屋里，我一针活也做不成。把他送到院里，叫女儿看着他玩玩，可他会自己爬着回家。这个破院子很大，出院门，靠路边有个大窑院。听人家说，窑院下边有七八个窑洞，日本人在那里打仗时，死人把窑洞都填满了。

我们在那里住的时候，土已经把窑洞埋住了。院子还是那么大，窑上边长了很多树。那一天，几个孩子在外边玩，我把小三抱出来，叫女儿看着，我想在屋里做点活。

没多大一会儿，我在屋里听见外边小孩们乱嚷嚷，又听见一个女人喊："哎呀，那是谁家的孩子？"我赶紧往外跑，刚出屋门，一个小孩跑来叫我，说我的小三儿摔到窑底下了。

我跑到窑边，看见孩子在窑底下哭，脸上都是血。我拉着树枝跳下去，抱起了孩子，上来的时候，却找不着路。当时，我都吓迷了，抱着孩子呆呆地站着。有人在窑上喊："往西边走，那边有个坡能上来！"

在这个地方住，吃水很困难，打水得跑好远，还得借人家的桶。我们借房东一个小水缸，只能装一挑水。有时铁生下班回来，他去担一挑。他不回来，我得自己去担。我倒不怕担水，就是怕借人家的桶。担一挑水能吃两天，水缸得用盖子盖住。小三爬过去扒住缸站起来，个子正好跟缸一般高。

有一天，女儿的鞋丢了一只，怎么也找不到。两天以后，一缸水吃完了，鞋在缸底下。原来她脱鞋上床，弟弟在地上爬着，把她的鞋拿去扔在缸里，谁也没有看见。

收罢麦，他们学校搬到百家胡同，这所房有三节院子，他们四个男教师住在这里。有人告诉他们，这所院子是凶宅，很吓人。中间院有个地下室，两扇门板在上边盖着。人要从那里过，下边的凉气直扑腿，据说日本人侵占洛阳时，这里是个医院，很多死人都填到地下室里了。

董冰（左）与长女李小品，2003 年春摄于河南郑州

他们才来时很害怕，晚上两个人都不敢回家，必须四个人一起回去。有一次一个人出去办事，回来不敢进门，他在外边往院里扔石头。那三个人不知道什么东西响，都吓得跑出来了。四个人凑在一起，才壮着胆子回去了。

我去以后，没有人跟我说那么多，我也不知道害怕。有时晚上吃罢饭，李準要去开会，他把孩子捎到街上，两个孩子在那儿玩，我吃过饭刷完碗去接他们。

那时候，学校里没有电灯，回去的时候，天黑得伸手不见五指。我带着两个孩子走进那深宅大院，觉得阴森森的，特别是走到过厅，我抱着小三儿，女儿走在头里。我看不见她，走走喊喊："小品！"

"嗯。"

"你在哪儿？"

"我在这儿。"

女儿胆大，不知道害怕。她特别爱吃烧鸡，街上到处都有卖的，两毛钱一块。我们钱不宽余，不敢买零嘴吃。有一次，三姐来看我们，她走时天都黑了。她说："小品，你跟我上街，我给你买烧鸡吃。"女儿就跟着去了。停了一会儿，她自己摸着回来，一进门就说："给，妈，这块你吃。"

"我不吃。"我觉得孩子可怜，天那么黑，自己摸着回来，为了那两块烧鸡，也真不容易。三姐很喜欢小孩，平时经常来我们家，有时给孩子们买点吃的，有时买点穿的。

先买一瓶墨水

这年夏天，李凖开始写作。我们住的是东屋，西屋里，他和一个姓王的老师在那里办公。除了备课、上课、批改作业，有空他就写作。我在屋里常听见，他哪个字不会写，问王老师的说话声。

他教的是语文课，为了提高学生的写作能力，他想了个办法，叫速成写作法。学生们听说写文章都说不会写，他说："不写别的，我写我，自己写自己。比如说你今天吃了几碗饭，在家干的什么活。"

这一说大伙觉得写文章也没有什么。根据自己的亲身经历，有人写了一篇《割毛豆》，还有人写了一篇《一把钥匙》。他修改修改，寄到《河南日报》，都发表了。到后来，每当说起这件事，他还称赞《一把钥匙》写得好。

有一天晚饭前，我们两个在烙馍，小孩子闹着要吃，先烙一个叫姐姐哄住弟弟，不知怎么又把弟弟逗哭了。孩子一哭，大人就发急，李準吵女儿说："孩子也不会哄，你走吧！"女儿噘着嘴真的出去走了。

我们烙完馍，天都黑了，还下着小雨，不知道女儿跑到哪里了。我跑到隔壁五号院问一个女的，人家说没有见。我们两个分头找了半天，也没有找到。我只好抱着孩子坐在胡同门口等着。李準把一条街找遍了，还是没有，只好先回家看看。走到过厅底下，她爸喊了一声："小品！"

"嗯。"原来她已经回来了。

回到屋里，我有点可怜孩子，不知道她一个人回到家，心里是什么滋味。吃完饭我问她："你回来多长时间了？"

"好大一会儿了。"

李準教董冰认字

“家里没有人，你怕不怕？”

“不怕！我想着你们去找我了，我到案板跟前看了看馍烙完了。我在椅子上坐了一会儿，又趴到床上等了一会儿。”

这个地方离东关很近，那里有个收购站。秋天新花生下来了，卖花生的很多。那一天，他爸爸抱着三孩儿，领着女儿买了两毛钱花生，用手巾包着拿回来。我吃了几个，又焦又香。可惜家里钱太少，不敢多买。

这年秋天，我没有回家。父母捎信不让我收秋了。这时候，街道上趁我们院里的教室，办了个夜校班。我也想上，出了屋门就是教室，上课太方便了。我报了名，心里很高兴。上了不到一个月，两个小孩照顾不好，又是哭，又是叫，影响大家学习，我只好退了学。

我脑子里时刻还老想着学习，可是学习机会是很少的。每搬到一个新地方，都是先买一瓶墨水，想着在这里住几个月，能把这一瓶墨水写完，我就能学到点东西了；可是愿望总是实现不了。到再搬家的时候，墨水还是一瓶。

这年初冬，我们又搬到太平街住。他们上课还在原来的地方。太平街离百家胡同不远，这个地方是两节院子，我们住的是后院，前院是个大屋，李準在那里办公。

搬去以后，孩子们都穿上了棉衣，我的棉袄还没有做好。那时女儿四岁多，小三儿还不到两岁。

那天上午，我给女儿几分钱，叫她领着弟弟去街上买酸枣，哄着弟弟在外边玩一会儿，让我在家做点活。

孩子们出去了，我赶紧抢着做活，棉袄快做好了，又慌着做饭。做好饭才想起来，孩子们一晌没有回来。

我赶快出去找孩子，刚跑到院里，见院门口有个人，抱着小三儿，女儿跟着。李準赶忙出来接住孩子，回来一问，才知道两个孩子丢了一晌。

原来他俩买了酸枣，回来却忘了路，越走越远。女儿一只手拉着弟弟，走着哭着。弟弟歪着头看看姐姐问：“姐，你哭啥哩？”

“咱丢了，找不到咱家了。”

小三儿不知道啥是丢，什么是找不着家，他也不哭，只管跟着姐姐走。小孩子走得慢，走了一晌才走到东大街。有一位同志认识这两个孩子，也认识孩子爸爸，就把孩子送回了家。

离别了故乡

一九五三年冬天，李準才想起来说他长二十多岁没有穿过绒衣绒裤。他去街上买了一块白色带蓝条的绒布，让我给他做了一条绒裤。裤口开个叉，缝两根细带子，穿上以后绑住很暖和。

就在这一年，李準开始构思小说《不能走那条路》。有一天，他母亲来城里看我们，说了一个笑话：我们村有个村干部借钱给一户贫农，帮助这户人家渡过难关，不让他爹卖地。这个村干部的母亲不愿意，跟儿子大吵了一场，说：“你咋不把你爹借给人家？咋不把我借给人家？”李準的母亲很会说，语言生动形象，每次来都要跟我们拉几天家常，把农村里这段时间的新闻趣事跟我们说一遍。

我听了这件事，没有在意，李準却想了很多很多。他想到分到土地以后农民的出路，想到因买卖土地农村出现的两极分化。在这个笑话引发下，加上他自己的生活积累，写成了短篇小说《不能走那条路》。小说在《河南日报》发表以后，几十家报刊一齐转载，轰动全国。

《不能走那条路》发表以前，李準写过几篇小东西，稿费都是三块、五块，同事们让他请客，都买了烟、糖。

《不能走那条路》发表以后，有个姓董的老师来看他，见他穿的棉裤破得不像样子，就说："这一回你的稿费来了，先做一条棉裤吧。"他那条棉裤确实不行了，蓝洋布面子上边烂了很多小洞，小三儿到他跟前，就用小指头去抠，小洞越撕越大，许多地方露着棉花。我每天做好饭，到大门口看他回来没有，老远就看见他那蓝棉裤上露着白花花的棉花套。

我这个小三儿很淘气，看见啥摸啥，看见啥学啥。我们家隔壁是杀猪的，他看得多了也"学会"了，每天把个枕头放在小板凳上，用小刀子杀"猪"。

没过几天，《不能走那条路》的稿费寄来了，一共三十元。还没顾上做棉裤，我又生了第四个孩子，还是个男孩，就是李克威。原来说这个孩子给三姐，可是见了孩子的面，心里总有些舍不得。我的奶养人，孩子吃得很胖，三姐找个奶妈把孩子饿瘦怎么办？每当想起来这件事，心里总是沉甸甸的。

考虑了几天，我决定等孩子断了奶再给她。那时三姐在新安工作，回到洛阳就跑来看，她见是男孩，高兴地说：“这个给我不给？”

“给你。”

“那我抱走吧？”

“我先照顾着，断了奶你再抱走。”

过罢春节，三姐与爱人离了婚。后来三姐又结了婚，新三姐夫带来三个男孩，三姐再也不说要孩子的事了。

克威这孩子生下来三天，家里连着收到几次稿费。我妈说：“这孩子有福，不能给人家。你看看，孩子生下来三天，人家一直给你送钱。”

过罢春节，省里通知李準去开会。他那一身穿戴出不去门，赶紧买了一身棉衣服，还买了一双反毛皮鞋穿上去了。开完会以后不叫他回来，让他把《不能走那条路》改成话剧。

他写信让我跟孩子们照一张照片给他寄去。正好他六弟来接大孩子回家上学，我们一起去照相馆照了张相。照完相大孩子回家上学，我带着三个小孩子在城里住着。

两个月以后，他回来跟我说他要调到省里工作。几天以后，他就走了。快到收麦的时候，四弟和六弟赶了辆牛车，到城里把我们接回家，这一次我把东西全带走，知道就要跟洛阳告别了。

回到家收了麦子，种上秋庄稼。接着就是锄地，玉米锄过以后还要上粪。两个弟弟把粪挑到地里，我在每一棵玉米根上铲一锨粪，然后扒过来土，把粪盖住。

一九五四年八月，李準来信说他已经到荥阳农村（东司马村）安家落户，叫我把家搬去。他在省城给我买了一身衣服托人带回来。下午，四弟和六弟赶着牛车，把我送到火车站附近一个亲戚家里，准备第二天清早搭火车。

这一次没有带大孩子，他跟着奶奶在家上学。要走的那天下午，大孩子说："妈，我去送送你，送到车站我就回来。""行。""你等着我，我去学校请个假。""你去吧，我等着你。"

等了半天，他也没有回来，爷爷说："你们走吧，不用等了，也许老师没有准假。"

我走到路上，心里很不安，我怕孩子回来见不着我，心里会是什么滋味。直到晚上，我的心里还是沉甸甸的。

在亲戚家住了一夜，第二天，天不亮，几个人把我们送到火车站。在黎明的薄雾里，我坐上火车离别了故乡。

李準在写了《不能走那条路》小说后，又接连写了《白杨树》《陈桥渡口》等短篇小说。这时文学界已开始承认他，知道他不是"偶然"冒出来的。其实我并不是很意外。他一九四四年在麻屯邮局时，就整天没有离开过书本。他每次去城里办货，总是要租几本书带回来。因为买不起那么多书，就到西大街一家租书店租书读。当时租的多是外国小说。中国的小说他们家里不少，像《三国演义》《东周列国志》《封神演义》《说岳全传》等他早已读过了。租来这些翻译小说，因为每星期要还，所以就拼命读。每天夜里我已经睡醒一觉，还看他倚在床围板上，就着一盏小煤油灯在看书。

另外，他家的商店是个邮政代办所，每天他能看到几十份报纸刊物，他虽然是一个乡下孩子，但世界大事、国内外新闻都知道不少。他这个人记忆力又极强，也有口才，这对他以后写作小说是有很大帮助的。

14

会写信了

荥阳东司马村 /

苹果没掰开 /

三个孩子出麻疹 /

去郑州看看 /

连夜搬家 /

1982年春，李準、董冰（右下）在云南和战士们野餐

荥阳东司马村

我和大弟带着一个铺盖卷、一个旧帆布箱和三个孩子在荥阳车站下了火车，一打听，离东司马村还有十几里路。

当时不通汽车，我们雇了三头毛驴，我抱着小孩子骑一头，大弟带着两个孩子骑一头，还有一头驴驮着行李。

小孩子一直拉肚子，走一路拉一路，收拾不住。走到村里又拉到人家驴鞍子上。我赶紧用屎布擦了擦，赶驴的还是不愿意，又多给几毛钱，他才走了。

李準在乡政府开会，村里人把他叫出来，他领着我们走进村西头的一所大院子。东边三间是村里的公房，白天木工在这里边干活，晚上在这里开会。西边三间房，本来是前边宋家的，现在让我们住。

院子里堆放着许多木料。我们住的三间房，隔了个里外间，里间放着一张大床，外间垒个煤火，屋子两头两个窗户，窗户下各有一张桌子。他虽然给我安排了学习的地方，但是我没有时间，有桌子也坐不下来。

我每天把小孩子送到东边院里，让孩子脸朝东坐在洗衣板上，看木工们干活。这孩子不会爬，放啥样是啥样，一动不动地坐着看。

我在这边院里忙，过一会儿看看孩子，我能看见他，他看不见我。看见我他一哭，我就干不成活了。家务事很多，两个大点的孩子也要人照顾，特别是三孩，爬高上梯非常淘气。

孩子该吃奶时，我抱住喂喂。孩子睡着了，放在床上睡一觉，孩子能休息休息。有时候，孩子在树荫下坐着，太阳转过来晒到孩子，我去给他换换地方，可是一抱起来他就不肯坐了，非得抱一会儿不可。

阴历九月份，我要准备做棉衣服。家里寄来两大包袱衣服片子和棉花套。天凉了，孩子不能往院里放，做活时，我得抱一个拉一个。

有一天，村里给我们送点红薯，三孩闹着要吃。我抱着孩子洗了几块，放到砂锅里蒸。三孩等不及红薯蒸熟，揪住我闹着。忽然“啪”的一声砂锅炸了，水流到火里冒出一股白气，煤火灭了，他也吓愣了。

小孩子长一天能一天，他知道坐着没有抱着舒服，就不愿坐了，这样我一针活都做不成。眼看天就冷了，穿不上棉衣怎么办！那天我急了，打了孩子一顿。李準不赞成打孩子，他说："小孩子不懂事，你打他干什么？"我真佩服他脾气好，我们六个孩子长大，他从来没有打过一巴掌。

我搬到荥阳以后，一直没有回老家。秋天，玉米能吃了。大孩子跟奶奶在家，奶奶去地里掰点玉米穗，回家煮煮吃。她一走到地头，就想起了我。她想着我在家种、锄，该吃了我也不回去了。她说什么时候走到地头，甚至走到后院，看见那块玉米地，心里就难受。

我们婆媳两个感情很好，我在洛阳住时，农忙都回家。平时，母亲还要抽空去看我们，她冬天去一次，春天去一次。她是个急脾气，说去就得去，在家提了几天劲，起个大早拄一根拐杖自己就去了。走到那里就头疼有病了，我给她买点药吃吃，睡一天就好了。她想跟我说话，我也想跟她说话。不知道什么原因，平常我不爱说话，可是见了她，话总是说不完。

她说从前在娘家时，她妹妹是慢脾气，她是急脾气。每年收麦时，姐妹俩经常打架。她父母早上去场里打麦，她俩在家做饭。她妹妹早上起来梳头，要梳很长时间。她和好面，等着妹妹去烙馍，见妹妹的头再也梳不好了，她等急了，拿着擀面杖去敲妹妹的头，妹妹抓起一把扫帚，两个人就在院里打开了。场里有人看见，告诉她母亲说："你两个闺女在家打架哩！"她母亲到崖头边一吆喝，她俩就不打了。

苹果没掰开

一九五四年九月，我娘家妈来到荥阳。她一来我轻松多了。妈照看着孩子，我把棉花套拿出来晒晒，打听弹棉花的地方，人家说离这里七八里的高村街上有。我拿去弹了弹，回来给孩子们一人做了一身棉衣。

全家人都穿上棉衣，李凖接到通知，叫他到北京学习写电影。他走后的这一冬天，当地农民一天都是吃两顿饭，我们也吃两顿饭。第一是不脱离群众，大家都不吃，咱端着碗吃饭怕影响不好；第二是我还能腾出一点时间学文化。

学了一段时间，李凖从北京来信时，我会给他写信了。平时，我把妹妹、六弟和李凖的来信都放住。写信时拿出来一大堆信放在桌子上，哪个字不会写，就在那些信上翻着找。

吃过早饭，都安排好以后，我就开始写信，中间还要喂孩子吃吃奶，一封信写好，正赶上下午做饭。当时怕脱离群众，做的饭也跟农民一样。人家吃菜糊涂，我也吃菜糊涂。做好饭先给小三盛到木碗里，他也不吭声，端着去院里坐在小树桩上喝。

屋门很不好出，上边挂着帘子，下边还有门槛儿。孩子出门时一只手端着碗，一只手扶住门框，好不容易才迈过门槛儿。大人看他出门真难，可是不知道为什么他非要出去。后来我问他，他说去院里吃叫风刮刮。我才明白孩子是饿了急着喝又嫌烫，再困难也要端到院里叫风刮刮。有时候天很冷，院里没有一个人，他自己还是坐在院里喝稀饭。

这年冬天特别冷，我穿的棉衣太薄，买了一套绒衣绒裤穿在里边，还是觉得冷。后来，李凖在北京给我买了一块花布，寄回来叫我做件厚棉袄。快过年时，我真的做了一件厚棉袄，穿上真暖和。后来我又嫌太厚了，整天忙着干活，只嫌笨。

李凖在北京学习两个月，快过春节时回来。过罢春节，奶奶带着大孩子来了，在这里住了几天。我想叫孩子在这里上学，他爸爸带着去学校报了到。孩子去了一上午，回来哭着说他听不懂老师的话。我们都劝他："慢慢就听懂了。"两天以后他就答应在这里上学了。

奶奶又住了几天，托村里一个男同志，带着我们两个母亲去郑州看看。老太太都没有出过门，到郑州以后不愿多住，只住了两天。白天在街上转转看看，看见卖水果的不知道是什么，问人家才知道是苹果。他母亲买了一个说："掰开咱俩一人吃半个，尝尝就行了。"老太太买了以后，拿在手里走着掰着，走了一路也没有把那个苹果掰开。后来两个老太太怎么处理那个苹果，我也记不清了。

晚上看了一场戏，是《梁山伯与祝英台》。两天以后，他母亲直接从郑州坐火车回洛阳，我妈又跟着村里那个人回到荥阳东司马村。

回到家我妈很高兴，她说一辈子不会看戏，一看戏就瞌睡。这一回看的戏真好，看完还不想走。

我妈说她没看过这么好的戏，那是真的。她在农村，赶会的时候才看一次戏，坐在寨墙上，离戏台八百丈远，看不清听不见，她怎么能不瞌睡？！

三个孩子出麻疹

一九五四年春天，农民们在村里办了个民校。中午吃过饭学习两个钟头，接着下地干活。我也跟着上了一春天，真正学到的东西却不多。

这年春天，村里买了一部拖拉机。买回来那一天，全村人列队欢迎，非常热闹。我也是第一次见到拖拉机，民校毕业时，叫写一篇作文，题目就是《我见到了拖拉机》，我写了自己的心情。没想到作文交上以后，老师说写得很好，还送到区上叫领导们看。

民校毕业以后，我没有再上学。晚上自己看点书。李準给我买一本故事书，其中有一段写猪八戒、孙悟空、唐僧取经。开始我看不懂，看着问着我妈。妈虽说不识字，我问什么她都知道，在妈的帮助下，我才看懂了那个故事。

董冰，摄于 1991 年

我一年到头都觉得很紧张，真想把活赶完，挤出些时间学习，但是活总赶不完。我妈来了帮忙不小，晚上三个孩子都跟外婆睡在一个大床上，白天妈还能看着孩子玩玩。

妈要领的孩子，都是不哭不闹的孩子。她一辈子不会哄小孩，孩子越哭越不叫到跟前，什么时候哭够了，再让你过来。

我妈最喜欢四孩儿克威。这孩子很乖，有时候玩一晌想睡觉，我忙着丢不开手给孩子喂奶，外婆抱着拍拍，孩子打两个哈欠就睡着了。

这年春天，李準去武汉开会。三个孩子都出麻疹。开始我也不知道，女儿先发烧，邻村有个医生，隔一天要来这个村看一次病。那天医生来给量量体温，说是四十摄氏度还多。我那时不懂多少摄氏度，只觉着孩子烧得不轻。医生说："你这孩子脸那么黄，可能肚里有虫，吃点打虫药吧。"我说："孩子烧得这么厉害，不先治烧，能先治虫？"他说："打一针退烧针，吃点退烧药吧。"结果针也打了，药也吃了，烧还是不退。开始孩子还跑到院里玩玩，后来就躺在床上睡。因为有两个小弟弟，大人把她当成大孩子，她也把自己当成大孩子。她不哭不闹，后来又拉肚子，就自己跳下床，跑到厕所，拉了还回来躺在床上。

我有点心疼女儿。她整天不吃饭，迷迷糊糊地睡着。有一天，我们吃完饭，她听见洗锅声赶忙说："我还没有吃饭。"我说："妈知道你没有吃饭，你想吃什么我给你做。"

那一天，村里卖甘蔗，我买了几根回来。她看见要吃，我说："你现在发烧不敢给你吃，给你留着，病好了再吃。"她说："我要好不了……"

听了孩子这句话，我心里很难受。我说："会好，过几天就好了。"孩子的病一天比一天重。那天夜里，我发愁了，一夜没有睡着。第二天天刚亮，我请来一个中医大夫看看，他说："这孩子是出麻疹，煮点芫荽根水，放点红糖喝喝。"第二天疹子都出来了。到下午小三发烧，第二天四孩儿也发烧，里间床上躺一个，外间床上躺一个，孩子都烧得在床上打滚。

家里不管有什么事，我从来不打扰李凖，让他专心在外边工作。三个孩子出麻疹，我也没有写信告诉他。我到处跑着给孩子们找点芫荽根，煮点水喂。李凖到麦口回来时，孩子们的病全好了。

去郑州看看

收罢麦子，四孩也会走路了，这孩子身体不大好，经常发烧拉肚子。村里有个中医老先生，他看了看说："这孩子不用看，两眼忽灵灵的有什么病？"我说："没有病怎么经常发烧？"他说："发烧是孩子长见识。"我也相信大夫的话，想着拉肚子是消化不好，不敢让他吃软馍，蒸熟馍总是把孩子哄出去，不让他看见大人吃饭。越不叫孩子吃馍，孩子越想吃馍。

有一天下午，馍快蒸熟了。我在院子里铺一条席，让我妈领着孩子去院里玩，我把馍端下来放在案板上，添上锅去院里凉快一会儿。谁知道大人坐着把小人忘了，他自己跑到屋里，在案板上抓一个馍就吃。女儿上屋里看见弟弟吃馍，她喊了一声，把我吓了一跳。一家人为了怕他吃馍，都跑出去坐在院里，为了哄他，结果没有哄住他，他把大人哄了。那时农村连点饼干也没有。

我们村里还住着一个姓赵的女大学生。她是农学院毕业，专门研究玉米的。她只知道埋头干活，整天不说一句话。她提着篮子去地里选玉米穗，然后送到场里晒晒捶捶。秋后选劳动模范，叫群众投票，大伙一致选她当了劳模。

李凖又上郑州开会去了，有一天晚上，老赵来到我家，我看见她很稀罕，她整天没说过话，不知道来干什么。她说："我明天回郑州，上次李凖跟我说，叫我回去时领着你，你去不去？"我没去过郑州，也想去看看，就答应跟她去。两个孩子跟我妈在家，我抱着四孩去，孩子一直发烧拉肚子，到郑州可以顺便看看病。

第二天，天快黑时才到郑州，下了火车，她找了两辆三轮车，拉着我们走到一个单位，在门口的小屋里，她端着一盆水让我洗洗脸，过了一会儿，她把李凖找来了。这个老赵，虽然没见她说过话，办起事来还挺认真，这么大的城市，下了火车不知道东南西北，要不是她我真不敢来。

第二天下午，去省直机关第一门诊部给孩子看病，挂个号我等了一晌，看看拿了点药。我很相信省城的医院，医生说没有大病，我也就放心了。

下午，李凖和省文联的栾重同志带我去人民公园玩了玩，还划了船。我怕水不敢上船，他们说："上吧，不要紧，我们两个给你保驾。”他们两个也不会划，船老是转圈不往前走。李準说这条船不大听指挥。栾重同志笑他不会划。

从公园出来，我们坐着三轮车回家。我看着那么宽的马路，干干净净，没有土，没有泥。这么热的天，还能吃冰糕，把嘴都冰木了，真觉得稀罕。在郑州住的是省文联资料室，里边有很多书，那几天我看了一本小画书叫《东郭先生》。

在郑州住了三天，孩子吃了三天药，一点病都没治好，照样发烧拉肚子。大城市的医院也治不好病，我把药扔了，抱着孩子回乡下去了。

连夜搬家

收罢麦子，孩子他奶奶又来了。住了几天，她看我身体不好，四个孩子照看不过来，就说：“我还把大孩子带走吧，叫他跟我回洛阳上学。”

孩子要走，我得给他做一双鞋，纳鞋底、做鞋帮都是躺在床上做的。那些年我身体不好，坐久了支持不住。

我赶着做好鞋，让孩子穿上。临走那天村里专门派个人去送，牵了头牲口叫孩子跟他奶奶骑上。他奶奶不会骑牲口，看见大骡子心里就害怕。她叫孩子骑在后边，孩子也害怕。正好前两天刚下过大雨，路上到处都是水，牲口走到水里他们更害怕，孩子使劲抱住奶奶。他穿的新鞋有点大，干脆脱掉压在屁股底下，牲口一走一动，到车站才发现鞋丢了一只。包袱里还带了一双球鞋，孩子只好先穿上。

阴历九月底，孩子们都穿上了棉衣。有一天接到李凖来信说，再过两个月，省文联的房子就盖好了。他回来接我们，全家搬到郑州去住。我很高兴，心里做了个初步打算，怎么准备，怎么收拾。谁知道接到信的第三天，他突然回家来了，说："文联暂时借一批房子可以搬去住，我请了三天假回来接你们，后天就得走。"

"那不行，大小是个家，没有一点准备，明天一天时间怎么也来不及收拾！"

"你要不去，再过两个月我得出去开会，到时候你们自己去，我可不能接你们了。"

这一说可把我吓住了，我一个人铺盖卷也捆不动，还有锅碗瓢勺，怎么搬到郑州去？没有办法，只好答应后天跟他走。

第二天，他到村里告别。我把该洗的东西拿到水塘里洗洗，下午又抱着小四跑了五里地去找医生给他看病。那天天也冷，还刮着大风，跑了几个村子才找到医生，还是给他打退烧针，吃退烧药。

吃过晚饭，我们两个才收拾行李。村里人跑来告别，在这里住了一年多，关系都很好，大伙舍不得让我们走。人家好心来看我们，我们当然也得热情招待。一晚上屋里来来往往不断人，非常热闹。

一直到夜深人静，孩子们都睡了，我们才开始收拾行李。收拾到大半夜，只剩铺盖不能捆，厨具不能收起来，明天早上还得做一顿饭吃。

这一夜我只睡了一小会儿，又起来做饭，把孩子们叫起来穿上衣服，打发他们吃吃饭，我们把铺盖捆住，厨具收好，把碎东西又收拾了一番。天还没亮，村里派了一辆大车，把行李装上，人也坐上，送到荥阳火车站。在火车站坐了一天，到天黑时，才搭上了去郑州的火车。

李準在荥阳这一段，大约有两年，当时叫“到农村落户”，据说是丁玲提出来的建议。当然，全家到农村，生活条件要比城里苦，特别是医药卫生条件，孩子们不断害病。

但当时我也没有觉得苦，因为农民都是那样过的，另外，对李準的创作确实有好处。那几年几乎月月有他的文章发表。像《两匹瘦马》《农忙五月天》《冰化雪消》等都是那个时期写的。同时，他开始写电影，《老兵新传》《小康人家》《耕云播雨》等都是那些年写的。那些年他也读了不少书，因为他不是读大学出来的作家，深感要补充知识，因此系统地学习一些世界各国的名著。有时候，他也给我介绍几本读，像《好兵帅克》

《外祖母》《卓娅和舒拉的故事》，高尔基的《母亲》《我的大学》等。《外祖母》这本书对我影响很大，一个老太太和一群外孙、外孙女的日常生活，写得非常生动，都是些家长里短，却非常吸引人，每一段都有意思。

微信扫码

想知道李準是如何评价他的夫人吗?

15

人不管多大都是喜欢妈

还是不让吃馍 /

没有打针 /

老头的麦子还没有拾起来 /

绑住裤腿去洛阳 /

二哥都不走快 /

1959 年冬摄于河南郑州

后：（左起）四子李克坚，长子李克勤

前：（左起）次子李克都，三子李克威

还是不让吃馍

晚上七点多钟，我们在郑州下了火车。到车站饭馆里吃了顿面条，赶紧雇车拉行李。晚上九点多才到地方，是在郑州第一工人新村。房子刚盖成，打开房门，湿漉漉的潮气迎面扑来。房子是一间半，外边一间，里边半间，屋子里空荡荡的，只有里边屋里靠墙放着一张床。小三儿不到四岁，他跑了一天找到这么个家，忍不住“哇”的一声哭起来，哭得谁也哄不住，没办法赶紧给他铺床，叫外婆哄他睡了。

这一夜我又没睡，我看着小四的病一天不如一天，在荥阳火车站，孩子还下来走了几步，在火车上我抱着，觉得孩子的一条腿直抽。我越想越发愁，孩子病成这样，就是大医院能治好，孩子也要受罪。

到了郑州，人家跟我说的医院，还是那个门诊部。我也不知道挂急诊，排了一上午队，孩子烧得直哭。好不容易轮到我，大夫看了看说："先打一针退烧针，再吃点药，看看怎么样。"我说："孩子病成这样，再等两天就耽误了。"他说："要不你到大医院小儿科看看，我们这里没有小儿科。"

从医院回来，我回去跟李準说了，他赶紧去机关打听，人家跟他说黄河医院小儿科不错。吃罢午饭，他请了半天假，陪我去给孩子看病。那时正搞五反运动，在路上走着，各楼上都是吵吵嚷嚷在斗争人。李準说："你听听，这都是在打老虎。"我听了心里直颤。到医院，大夫看了看孩子的病说："你们怎么现在才来！孩子是肺结核加肠胃病，赶快住院治疗，两天内能治住就有希望，治不住就完了。"

我一听懵了，刚到郑州，家没有安住，煤火还没有生着，就得一头扎到医院里，家里可怎么办！还有三个孩子呢！

李準看了看我说："你只管住下吧，孩子的病尽可能治，要不会后悔的。家里你不用管，我回去照顾。"

晚上开始给孩子打针，又打了两针盐水，打到孩子大腿上，起了两个鸡蛋大的包。孩子哭着要走，要回家，哭得我也掉眼泪。孩子虽说受罪，病情有好转，当天晚上肠炎就治住了。

又吃药又打针，孩子的病总算治住了。夜里我看孩子身上、脸上都有了水分。孩子就是怕打针，一看见穿白衣服的人，他就哭。

李準那天晚上回去，在伙房买了点饭他们吃了。第二天他上街买了个煤火，又买了块案板和一个蒸馍的竹笼。

下午，他去医院告诉我家已经安排好了，叫我安心给孩子治病。看孩子病情有好转，他也很高兴，跑到食堂买了饭票，放到桌子上就走了。

孩子有肠胃病，医生不叫他吃馍。我也不敢买饭吃，怕孩子看见。我每天吃一顿饭，都是等孩子睡着，我去买回来偷偷吃点。有一次买饭回来，孩子正好醒了，我不敢吃，装在包里，压到床头的被子底下。孩子在床上玩，他爬到这头，掀开被子拉出来包，很高兴地说："馍！"我真是哭笑不得，只得掰一块给他吃。

李準来医院，看我瘦了许多，他说："你不吃饭不行呀，住几天医院孩子病治好了，你饿坏了怎么办！"大约住了十几天医院，孩子的病基本上好了。大夫叫出院回家，每天还要去门诊部打两次针。但还是不让孩子吃馍。

没有打针

女儿在乡下刚上小学，搬到郑州，我陪孩子住院，也顾不上她上学的事。因为孩子多，照看不过来，我把女儿送到育英学校，每星期回家一天，平时在学校吃住。

女儿去了几天回来说："人家都有小被子，还都是花的，咱家的被子又旧又大，我也不会叠，穿的衣服也跟人家不一样，是绿条子布，大襟棉袄，紫红布带白花的棉裤，还是打折的大裤腰。"

她年龄小，穿得也土气，同学们都欺负她。我当天上街买了一块花布，回来赶着做了条被子。又做了条棉裤，她爸爸在武汉给孩子们买了两件紫红呢子背心，穿上不像农村孩子了。

在荥阳时，李準的工资每月 50 元。不知什么时候，又加上多子女补助 25 元。到郑州以后，多子女补助得写申请到市里批，他觉得挺麻烦就说："算了吧，咱不要了。"我说："不要就不要吧，花钱多点少点都能过。"那时候，东西也便宜，我也不会花钱，所以从来没有觉得钱不够花。

小四的病渐渐好转，一天还要去医院打两次针。把女儿送到学校，我也放心不下。她才六岁，又是乡下来的，从来没有离开过家，每天晚上她都跑到学校门口，等着我去接她，左等右等不见我去，她想着自己回家，出大门走了好远，回头看看学校门也很远。她不敢往前走了，又哭着回到学校。

吃饭时候，稀饭里放些萝卜，学生们都不爱吃，都往她碗里放，她流着眼泪也不敢说不吃。

后来孩子回家，要求我星期三下午去看她一次，星期六下午去接她。我可怜孩子，就答应她的要求。每星期三下午，让我妈看着两个孩子，我跑到学校去看看女儿。

有一个星期三下午，我走到学校，她正在上课。我往窗户里看了一眼，赶快坐到墙边，怕她看见影响上课。谁知她已经看见我了。她跟老师说要上厕所，出教室门没看见我，以为我走了，便哭起来，走着用袖子擦着眼泪，往厕所走去。我喊她一声，她扭头见我没走，也不哭了，也不上厕所了，笑着跑过来坐在我身边。

我就这样跑了一个多月。有一天半夜，学校打电话来说孩子发烧了，已经送到人民医院住院，叫我赶快去。我跑到医院，女儿是重感冒。这所医院跟学校一样远，我还是星期三去看一次，星期六去看一次。

家里克威这个小病号，也经常发烧，一发烧赶快去医院打针。孩子见打针就哭，我妈也心疼孩子，我推孩子上医院，妈在家里就难受。有一次从医院回来，我还没进屋孩子先进屋，孩子高兴地说："没有打针！"她听到孩子响亮而愉快的说话声，高兴地抱住孩子。

女儿住院以后，又在家里住了一段。直到过罢春节，人家学校不收了，说是耽误时间太长了，孩子赶不上功课，到暑假再上吧。人家的孩子都是从小上幼儿园，大了转到学校也习惯了。我的孩子从小没有离开过我，孩子胆子也小，在那里太受委屈。

老头的麦子还没有拾起来

一九五五年底，学校放了寒假，大孩子李克勤又从老家来了。这一次来了再也没有回去。刚来的那天晚上，我给小病号做了一碗白面条，叫大孩子喂弟弟吃。喂了一阵子，弟弟不吃跑到院里。他跑出去追着喂，小病号也不吃。他喊着说："妈，弟弟不喝了。"

"不喝算了。"

"他不喝，我喝了吧。"

我原来想着他不会吃弟弟的剩饭，谁知道他想喝。孩子在农村长这么大，吃顿白面条也不容易！

就要过年了，克勤从老家来穿了一身黑粗布棉衣，又破又旧，我实在没有时间给他做衣服，只好去街上给他买一身衣服。他爸爸领着孩子到街上，买了一身蓝平布单衣，套在棉衣外边。这也是孩子长这么大，第一次买衣服穿。

过罢春节，要开学了。克勤刚过九周岁，我领他到学校去报名。城市的学校跟乡下不一样，老师收一个新学生，特别是农村来的学生，要先考试一下，看成绩怎么样，不行的还要退级。考试卷子老师看看笑了，表示很满意就收下了。

这孩子学习我没有操过心。刚到学校，有的学生欺负他是乡下人；时间长了，他跟同学们相处得很好。这孩子在家不爱多说话，到学校可是个活跃分子，当干部，演节目，各方面表现都很好，老师们非常喜欢他。

阴历二月份，我妈想回老家看看。女儿上不成学，也跟着外婆回去了。到家以后，爷爷奶奶想让她在家上学。农村的学好上，六叔领着到学校一说就行了。

爷爷想着功课耽误了两个多月，怕她赶不上，给她出几道算术题，她一下子都算出来了。爷爷说："这孩子不笨，脑子反应快。"每天该放学时，爷爷都去后院路边等着接她。

这年春天，李準去北大荒采访三个月，准备写个电影《老兵新传》。他走时跟我说："我从东北回到北京，给你打个电报，你也去北京看看。"

我妈回老家二十多天，我们屋里墙上挂了一张画，是一个老头，要拾一穗麦子。我妈回来一进门就说："二十多天没见，孩子们都长高了，吃胖了，就是那个老头，一穗麦子还没有拾起来。"

这年春天，我们附近小学校里，街道上办了个夜校，我和邻居的一个保姆去报了名，每天晚上学习两个小时。

五月份，李準从东北回到北京，打电报叫我去。一个叫王惠敏的女同志拿来了电报，她人很好，很帮忙。我本来不想去，舍不得耽误学习。老王同志说："你去吧，到北京看看皇帝住过的地方。有好衣服穿上，没有好衣服，到北京买现成的。"她给我鼓了不少劲，我才下决心去了。把两个大孩子留在家里，我只抱了一个小的去了。拿着他电报的地址。在火车上就问了一个人，下车时那人找了一辆三轮车，把我送到东总布胡同22号，找到李準。

那一次我们住在和平里作家协会一个招待所，看故宫时累得腰酸腿疼，才看了一半。到动物园，李準指着一动物跟我说："你看那大象。"我看见好大一堆灰的，以为大象在房上站着，走近一看，大象就是那么高。一位女同志喂大象吃草，它不听话，那女同志拿个两齿耙子，扒住象的耳朵，把它拉过来。

我的主要心思还是忙着照顾孩子。只要孩子们都好好的，饿不着，冻不着，我再挤点时间看看书，就是我最大的愿望。对于跑跑玩玩，我的兴趣不大。

我去北京以前，夜校还没有放假。回来没几天，要考试完才放假，出了个作文题是"两年来我的学习"。我一看傻眼了。别人上了两年，我只上了两个月，又跑出去耽误这么多天，实在没有什么可写，只写了几行。

后来，夜校给我发了个毕业证。老师跟我说："我们看你平时爱学习，才给你发个毕业证。要是根据你那作文，实在不能毕业。"

绑住裤腿去洛阳

夏天，孩子们放暑假。六弟来郑州说，父亲想叫李準回去看看。六弟住了几天，回去时要把大孩子和老三带走。他说："我把孩子带走，过几天叫三哥回去接孩子，要不他总是忙，很难回去，父亲想跟他说说话。"

六弟走了以后，李準请假要回去。走的时候，我专门交代他，一定把女儿也带回来。虽然我很忙，孩子们哪个不在身边，我心里总是惦念。他走以后，我怕女儿带不回来，心里整天念叨着。

李準他们那天夜里回来了。听见叫门声，我没有开开门就问："小品回来没有？"他在门外说："没有。"原来是爷爷奶奶不想叫他们都回来。女儿也想回郑州，他们爷仨回来时，六叔哄着她去二姑家，没让她见。

大孩子在学校，干什么都很积极，我整天很忙，只管他吃饱去上学，学习我也管不了。那时候，政府号召灭四害，他和几个同学一放学就去金水河里捞孑孓。后来，学校通知他去市里开劳模会，我才知道这些事。他在会上吃饭，在家住。白天开会，晚上看电影，快到半夜他才回家。他跟外婆在外屋住，有时我两天都见不到他。我真担心他丢了。过了几天，孩子拿着奖品回来了，有毛巾、肥皂，还有一张市长发的奖状。

快冬天时，奶奶带着女儿来了。她在家给孙女做了条大裤腰棉裤，女儿不愿穿，怕人家笑话。做棉裤还剩下一块布，她叫奶奶带上，到郑州叫我把她的棉裤改改。

这年我又添了第五个孩子，是个女孩，起名叫笋子。妈看我太忙，让我给她买副眼镜戴上能帮我做点活。我领着妈到眼镜店里买了副眼镜，倒真是能给我帮点忙。

那时候，我主要忙在做针线活上，衣服、鞋全是做的。买的线袜子，穿几天就破了，天一冷我就要挨着补袜子，这一遍补过来，先补的又穿烂了。

我妈跟着我两年多，跟孩子们有了感情。特别是三孩儿、四孩儿从小就跟她睡，妈舍不得走，离不开孩子们，孩子们也不愿离开她。

农历七月份，我妹妹在洛阳要生头一个孩子。我妈得上她那里，我也不好强留。妈走时说："孩子们在院里玩，咱偷偷走吧，让他们看见又该哭着撵了。"

我妈是小脚，平时都束着腿带，除非夏天太热才不束腿。出门时，老人还是按着她的习惯，把腿束得整整齐齐的。

我们刚一出门，两个小的都看见了。他们跑过来问外婆上哪儿去，我说外婆要回洛阳。四孩儿看见外婆束着腿，他说："妈，你给我找点布绑住腿，我也去洛阳。"他大概想着去洛阳就必须绑住腿，不绑腿就不能去。

我没有办法，我妈也不忍心叫孩子们哭，只好带着他们去火车站。到车站，我给妈买了两个月饼，她掰开一个，给两个孩子一人一半，叫我带着他们先回去。孩子们没出过门，看见什么都稀罕，又看汽车又看火车，高兴得把去洛阳也忘了。

二哥都不走快

妈回去以后，妹妹害乳腺炎，三个多月妈也没有回来。这年秋天，省文化局成立个幼儿园，房子就盖在我们隔壁。九月一号开始收孩子，人家照顾双职工，我们的孩子不让送。过了两个月，说让我们送一个。我想算了吧，送一个孩子，也没有做伴的。

到十二月才同意我送两个，准备工作也不简单，每个孩子一套铺盖、几套衣服，还都要缝上名字。十二月三号早上把两个孩子送去，晚上幼儿园的阿姨又把四孩儿送回来，孩子进屋半天没吭一声。我在里屋躺着，听说孩子回来赶忙问："哭了没有？"阿姨说没有哭。阿姨走了以后，好半天孩子说了一句话，我听着他的喉咙都哑了。

幼儿园跟我们院紧挨着，中间是不到一人高的木栏杆。我每天都要偷偷看看孩子，有时也能看见孩子在院里，但是不能让他们看见我。

三孩子到底大几岁，能从栏杆上翻过来。每天吃过晚饭，他就翻墙跑回家。我虽然忙，不想让他回来，看着孩子怪可怜，也不忍心赶他走。早上吃过饭送他回去，交代不让回来，他也答应，可是到了天黑，他还要翻墙回来。

有一天晚上，天下着雨，很晚了也不见他跑回来，我想他可能不回来了。我到门口看看，只见一个小人一闪就跑了进来。我说："天下着雨，你就别回来了，在那儿住有什么不好？"他说："越下雨我越着急，还是得回家。"

有一次，弟兄两个都跑来了。我送他们回去，两人都走得很慢。三孩儿走着跟我说："我回家听话，给你们倒尿盆儿。"我说："快走吧，家里没有人，妈要不回去，人家就把小妹妹抱走了。"四孩儿听了紧走两步，又扭头看看哥哥说："俺二哥都不走快。"我看到四孩儿的举动，可怜得几乎掉下眼泪。他听了我的话，以为是真的，赶快走两步，可又怕上幼儿园，不如在路上多磨一会儿。

家里实在忙不过来。几个孩子都尿床，我整夜像打更一样，拉拉这个，叫叫那个，有时晚叫一会儿，他就尿过了。打孩子吧，他睡着不知道，只好自己生气。

我整天盼着妈回来。十二月下旬接到妹妹来信说妈得了半身不遂病，看到这里我几乎晕倒，热泪夺眶而出。

这年冬天，李準去上海改电影剧本《老兵新传》，在那里住了一个冬天，又写了个电影剧本《小康人家》。他腊月二十八才回到郑州，这次回来可热闹了，我妈不能来，保姆过年回家，幼儿园也放假。

年三十晚上，孩子们都睡了。我们俩忙了半夜，把第二天要吃的东西做熟。又给孩子们每人装一包吃的东西：花生、核桃、糖，还有几毛钱压岁钱。装好以后放到小方桌上，然后把孩子们的新衣服拿去放到床上。

初一五更，都起得很早，孩子们急着看送给他们些什么礼物，越是急越穿不上衣服。几个孩子穿好以后，换下来的旧衣服扔了满满一床。

小克威胖乎乎的很好玩。李準很喜欢，晚上叫克威睡到他脚头。睡了一夜，早上说一夜没睡好，又怕压着孩子，又怕孩子尿他床上。

一九五八年，到处都“大跃进”，机关不让用保姆。有人说我不工作还请个人伺候着；领导也说我没有工作，再占个劳动力不好。没有办法，只好让保姆走了，繁重的家务活我一个人承担起来。

那时候，衣服都是自己做。我觉得买来现成的布，不用纺花织布就省事多了，自己再不做就太不像话了。有时真做不出来，天热急着要穿，只好上街买两件。我总觉得买衣服太浪费了。

那一年夏天很热。有一天夜里，我们都睡了，听见妹妹在门外边喊："姐，咱妈来了。"我赶紧起来，人不管多大都是喜欢妈，听见"妈"那个字就觉得亲切；可是这一次妈却跟从前不一样，看见人不会说话一直憨笑。老三、老四听说外婆来了，高高兴兴地跑过来，他们看见外婆，谁也不敢近前，远远站着看看就走了。

一大群孩子再加个病人，真够我忙了。晚上孩子们睡在屋里，妈嫌屋里热，要睡在院里。我怕孩子们从床上滚下来，又怕妈在院里出危险，院里屋里来回跑，一晚上睡不了多少觉。

我领着妈去医院看病，医生说时刻都有危险。我思前想后，左右为难。跟妈说实话吧，怕她伤心；不说吧，万一出事怎么办？最后我哄着妈说，这里天太热，叫哥哥把她接回家，老家凉快。妈同意了。我给哥哥写了封信，他来把妈接走了。

16

白鞋成了黄泥巴

孩子们都跟他学 /

有人说街上有卖的 /

想让你梳梳头 /

好像得了荆州 /

再住三天 /

大姐赶不上了 /

1998 年摄于北京家中

（左起）四子李克坚，董冰，三子李克威

孩子们都跟他学

李準那些年，一直在外边写东西，他嫌家里乱影响写作。他越是不常在家，孩子们越怕他，不怕我。他们不听话时我说："你爸爸可是快回来了。"孩子们听了都有些紧张，特别是大孩子，他扳着指头算算说："行，还有改正的机会。"其实他回来也没吵过孩子们一句。他经常不在家，回来看见孩子们高兴得嘴都合不住，哪还有心思问他们的缺点错误。李準一辈子不会伸手打人。六个孩子从小到大，他没打过一巴掌。他热爱生活，开朗乐观。他只要回到家里，孩子们高兴得跟过年一样，早上起来，都慌着翻他带回来的箱子。他总要给孩子们带些玩具和吃的东西。有一次他从上海回来带了一根拐棍糖，就是糖做的半截文明棍。孩子们很高兴，这个拿着敲一块吃，那个拿住敲一块吃，几天才吃完。

李準给孩子们买玩具都是一、二元以下的。我给孩子们买玩具都是五角钱以下的。记得有一次，三孩儿跟我上街，看见卖的小手枪，他非要不可，我看看价钱七角五一把，不想给他买，他闹着不走，没办法只得买了一把。走在路上，我生气地说："这么贵的东西，你要它干什么，回家几天就弄坏了。"我走一路吵一路，快到家时他说："那我不要了，给人家送回去吧。"

孩子们跟我上街以前，都得先下保证，不能要东西，他们一般都能说到做到。跟着我出去跑一晌，什么都不要，连个冰糕也想不起来吃。我这几个孩子都养成了不花零钱的习惯。有一天，孩子们在屋门口玩，栏杆外面就是路，一个卖冰糕的老太太看见这一群孩子，使劲吆喝起来，喊了半天孩子们都不理她。

孩子们都不会花钱，特别是大孩子，他爱看电影，买电影票剩的钱，有整有零的都交给我。要说那时候孩子们也算听话，可孩子总是孩子，他不出去花钱，在家里也不会闲着。大孩子会玩，两个弟弟跟着帮忙拿东西。有一天他非要做个弓，我不让他做，他不听，我在厨房忙着做饭，他的弓可做成了，用一根竹筷子当箭，筷子上戴个铜笔帽当箭头，都做好以后，先射一箭试试。一箭射到四孩儿的额头上，他一看闯了祸，拔腿就跑，我听见孩子哭，跑出来就没有找着他，只好给四孩儿抹点药，包包伤口。他跑出去一晌，天黑才回家，回来时低着头，弓也扔了，我到底没有见到他做的弓是什么样子。

大孩子总是闯祸。有一天，他跟三孩儿拿着竹竿在院里打仗，我要他们别玩这个，可怎么说他们也不听。我刚走到邻居屋门口，想坐下来说说话，只见大孩子“哎呀”一声躺倒在地上，说是扎住眼了，吓得我赶快跑去，看见他眼里流了一股血，幸亏没伤住黑眼珠，真是谢天谢地。

李準在上海写电影剧本，我给他写信，说孩子们在家不听话，他来信说孩子们不听话，我回去狠狠打他们一顿。等他回来，他也不吵他们，可是孩子们特别听他的话，都爱向他学习，因他不干家务活，孩子们也特别不爱干活。他回家爱吃点小菜，豆腐乳、糖蒜放在小桌上，吃饭时孩子们跟他抢着吃。因为他生性乐观，吃起东西特别香，孩子们看他吃得香甜都抢着吃。他要是吃不完又走了，剩下的东西放坏了也没人吃。

李準热爱生活，看见什么东西都是好的。不管过年过节他都很认真。在洛阳时，我们住那破房子没法收拾，过年时他还要在窗台上铺一张红纸，门上贴副对联，像个过年的气氛。就在那破房子里过年，他也很有兴趣。他总是对生活充满热情。

我是个悲观主义者，整天皱着眉头，发愁孩子们什么时候能长大。李準一回来好像气候都变了。跟他上一次街，就有些开心，他说这也好那也好，我觉得也许就是不错。跟他在一起，我也好像看到了生活的亮光。

有人说街上有卖的

生了第六个孩子克坚后，我把小五送到托儿所。小女儿胆子特别小，害怕生人，光想找两个哥哥玩玩，特别是四孩儿。四孩儿看见妹妹就拉住她的手，只要能拉住哥哥的手她就不害怕了。

我也可怜小五太小，每次上厕所，都要在栏杆外偷着看小五。她每次都是拉着三哥的手，才敢在院里玩。她自己不敢在院里走。有一天下午我看见她往这边走，我不敢跟她照面，叫大女儿过去。小五看见姐姐哭着说："姐姐，我想回家。"姐姐说："咱妈不在家，妈去洛阳了，等妈回来了接你回来。妈不在家，我们去上学，家里没人，谁看你？"小五哭得更痛了："姐姐你接我回家吧，我想回家。"小五哭着说着，我抱着小六在墙这边听得清清楚楚，心里难受极了。小五的每一句话都好像揪着我的心。姐姐劝不住妹妹，偷偷跑过来问我，这时四孩儿跑过来找妹妹，我说："哄着她跟哥哥拉着手走吧，要不阿姨该吵了。"姐姐去这样一说，小五无可奈何，只好拉着哥哥的手，哭着走了，越哭越痛，走过一排房子，人都看不见了，还听到她的哭声。

那一天我看见小五一个人在院里走，我很吃惊，想着这孩子怎么敢一个人在院里。又一看她抬起小胳膊擦擦泪，是在哭哩，也不敢哭出声，原来她找不到哥哥，哥哥在大班，上公园去了。

三孩儿该上小学了，我想偷偷把他叫回来，不让小五知道，正好几个小孩儿都在院里玩，我喊了一声，三孩儿听见赶快跑过来，四孩儿一看见是我也跑过来。小五不知道怎么回事，只见两个哥哥都跑了，她赶紧去追，她见哥哥跑远了，张开嘴一声没有哭出来，看见了我，她悲痛得嘴也合不住，气也换不过来，拼命往这边跑，跑到跟前隔着栏杆抓住我。这一次我任凭自己忙得吃不上饭，也要把小五接回来住几天。

接回来以后，一冬没有再送小五上幼儿园。我下不了那个决心。家里有三个学生要吃应时饭，两个小孩闹着，针线活难做，小五没有棉鞋穿，真做不成，有人告诉我街上有卖的，叫我给小五买一双。

那天吃了早饭，学生都打发走了，我把两个小孩放在车里推着，去给小五买了一双棉鞋。

想让你梳梳头

这年冬天，李準下乡到登封县马寺庄村住了一冬天。他的《李双双小传》《两代人》都是写的登封的生活。

三孩儿上学以后，不知道用功，放学回来我得问他，上的什么课，拿出书来让我看看。这一看可难住我了，学的是新拼音，我一点儿也不懂。他学了多天拼音，我也没法管他。

一九五九年春天，我带着两个小孩子回老家看我妈。在洛阳下车，先到我妹妹家，妹妹把我那个大侄叫去让他送我回家。吃过午饭，我们就上路了，我抱着小六，他用自行车推着小五，我们一路走一路说话，想着走走歇歇天黑以前就能走到家。走到工地碰上我五姐的爱人，他说这样走不行，他借了辆架子车送我们。

那时候农村吃食堂饭，我们走到村边时，食堂都开饭了。大侄骑着车子先到家，他在村边等着，叫我们先吃了饭再回家。

在家只住了两天，因为郑州留了三个小学生。李準过罢春节又下乡了，还是去登封县马寺庄，他的工作很忙，我也不能拖累他。

妈知道我忙，我说要走，她也不强留我。我走那一天，妈很早就起来了，我问她起这么早干什么，她哭着说："我想让你给我梳梳头。"我搬一把椅子，让妈坐在院里阳光下，我给她梳了梳头。

春天李準从马寺庄回来一次，他在那里住熟了，那里人都说让我带着孩子们去玩玩。我知道出动一次不容易，没有去。他回到那里写来一封信，说大家都盼着我去，我没去他们都很遗憾。过了几天李準回来了，他说："现在都提倡大集体，反对小自由了。”我说：“我早就反对小自由了，你让我也出去找个工作吧。”说到这里他就不答应了。他怕我出去工作，这一大家子没人管是不行的。

我们隔壁一个女同志跟我说：“你急着出去找工作，把你小六送幼儿园，孩子哭你不可怜？”我嘴是那样说，心是那样想，可孩子总是在身上抱着放不下来。这时候我还是很难做针线活，天热了要做单衣很困难，没办法又上街给大孩子买了件白府绸衬衣。他在学校经常演节目，穿的衣服太破了不行。大孩子不爱说话，有一年放暑假，他得了不少奖品，我看见他抱了一大堆，有笔记本、书和铅笔。究竟得的什么奖，他还是一句也不说。大女儿跟哥哥一个学校，那天学校不知开什么会，女儿先回来，走到院里就跟我说：“妈妈，俺哥上台讲话了。”他回来还是一声不吭。

大孩子各门功课都很好，就是不会做手工劳动，每次手工劳动，他都拿回来叫我帮他做。一个孩子总要叫大人操心，不是操这方面心，就是操那方面心。农忙时候学校要去农村割麦，学校让带一顿饭，我烙个油馍让他带着，他非要先去学校看看，到学校一看该出发了，他跟着人家走了，一去一天，天黑了还不见回来。那天中午吃饭时候我吃不下去，想着孩子没带饭，饿着肚子还要干活，我知道他不会干不动不干，他是拼着命也要干。

寨墙那边有个湖，水很深，到冬天他非要去湖里滑冰，我整天吵着不叫去，他总是偷着去，一放学他们就跑去了，看到天黑他不回来，我心里就着急。有一天晚上九点多钟他还没回来，我跑到学校去找，他正在教室烤火呢！原来他去滑冰，一条腿掉在水里，棉鞋湿了，棉裤湿了半截，他不敢回家又跑回学校去烤衣服，我去时已经快烤干了。

好像得了荆州

麦子快熟的时候，登封马寺庄有个人来郑州，李凖让他带来一封信，叫我带几个孩子，跟那个人一路去登封玩几天。我带着三个小的去了，三个学生留在家。我跟机关食堂的司务长说了说，让三个孩子在食堂吃几天饭。

我们坐的是大卡车，山路很难走，上大坡下大坡，天快黑时才走到，下汽车离村里还有好远，还要过一条小河。我们走着，老远就看见李凖穿着白衬衣、蓝裤子从河那边蹚着水过来接我们。到家后小五有病发烧，小六也很闹人，吃饭都吃不成，只好他先吃完把孩子抱出去，我才能吃。

我们在那里住的时候，北京一个女编辑去找李凖约稿。她去郑州那一天，我们知道路上的苦处，就送给她一顶草帽、五个煮鸡蛋。当时她也不在意，带着走了。回到郑州她给我们写了一封信，说："谢谢你们的鸡蛋和草帽，真是太有用了。"

又住了几天，李準跟我一起回来了。我一个人带不了三个孩子。那一路真难受，大太阳晒着，车上挤得满满的，大人都喊受不了。

这年春天，李準他母亲来了，街道上组织人去挖河，我们单位的家属也得去两个人，趁着母亲在这里，叫我去干一天活吧。还有谁家的阿姨，年纪稍大点，我们两个天不亮就弄点饭吃吃，拿点馍赶快走。走到院里听见小六醒了，奶奶去给他穿衣服，他认生，哭着不叫穿。听见孩子哭，我不敢回去哄他，怕他缠住不让走，只管狠狠心走了，他看不见我也就不闹了。

找到集合地点，人家早走了，我们两个走着问着，自己找到地方。到了工地我高兴极了，俗话说的好像"得了荆州"。总算能为国家出点力了。我专拣重活干，先是抬泥，一条麻袋绑住两个角，装一兜泥，两个人用大杠子抬上大坡。直抬到中午休息，吃罢午饭还抬，到下午三四点钟时才觉得有点累了，还是坚持抬到下工。第二天才觉得浑身疼得很。

从登封回来以后，我也没管孩子们的学习。到暑假期末考时，三孩儿的语文不及格。这孩子跟大孩子相反，他在家爱说爱笑很活跃，到学校他特别老实，不爱说话。这次语文没有考好，对他打击很大，他心里很难受，觉得自己输了理，回到家不敢吭声。我跟他爸爸没有吵过他一句，他爸爸说："这时候不要吵他，他已经知道错了。”

那几天都知道他没考及格，他好像也不想见人，回到家不说话，吃了饭背住书包就走。那天他走到大门口碰到他大哥的同学说他：“克都，你是怎么搞的呀？”这一说他哭了，但没敢哭出声，走着擦着眼泪。这件事是别人告诉我的，我没有看见他哭。我很可怜孩子作难，听到以后我也掉了眼泪。

暑假得给孩子补习语文。我给他补课得抱着小六，我们拿什么，小六就抓什么。三孩儿拿铅笔写字他夺笔，拿书他夺书，看见什么抓什么，乱抓乱撕。很艰难地度过了暑假，功课还是补上了，开学前又去补考一次，考及格了。

原来我不知道，我们院还有个小孩儿，上幼儿园他两个就是一班，上小学又在一班，因为拼音不好学，他们对语文没有兴趣，一上课他俩就跑到寨墙边玩。

学校开学了，大孩今年升了中学。慢慢天凉了，我才发现他的三件衣服都丢了：两件蓝外套一件白衬衣。这件白府绸衬衣买回来我就没见他穿过，我去登封那几天，他穿上去学校没穿回来。到学校换上军衣去演节目，节目演完光着脊梁回来了，再也没见那件衬衣。没有衬衣他穿蓝外套，一件一件往学校扔。天凉了，没有衣服怎么办？我跑到学校去问老师，老师说那屋里还有一件蓝外套。这孩子就是看不住门，到中学一星期丢了两支钢笔。去了三天回来说钢笔丢了，我给他买了一支，不到三天又丢了，他不敢跟我说，自己买一支蘸笔先用着。

他上初中学了化学，回来就领着弟弟做实验。找着一块松香，用火点着，松香化了往下滴。小四看着说：“哎呀，滴了滴了。”赶快伸手去接，把手烫了个大泡。

再住三天

初冬我就怕变天，哪一天寒流来了，孩子们都要加衣服。又得忙着做饭，又得给孩子们找衣服。忙得头不是头，脚不是脚。有一次把锅烧了个大窟窿，真是紧张得不能提。

李準经常不在家，在家他也帮不上忙，我也不愿意打搅他。没干惯的活他也不会干。有时我叫女儿抱抱孩子，他说：“叫大孩儿也抱抱弟弟，你不要重男轻女，光女儿能抱孩子，儿子就不能抱孩子了？”他这么一说，好了，儿子不抱，女儿也不抱。我要吵女儿她还挺有理：“俺爸爸说叫俺哥也抱孩子，你不叫俺哥抱，光叫我抱。”

女儿在家多少能帮点忙，可是男孩们好惹气，三孩儿最活跃，好闹事，跟姐姐吵嘴。大孩儿是不出头露面，暗地支持弟弟。三孩儿幕后有人支持，他就能说能吵，欺负姐姐。女儿斗不过他们，一生气就跑出去，找她的小伙伴玩，跑得远远的，我也找不到她。

一九六〇年夏天，李準母亲又来了，我想趁母亲在这里，再回老家看看我妈。我跟母亲说："我一个人去三天就回来了。"我说得太少了。回到家我妈头一天摔了一跤，浑身疼得不能动。我妈这一次是苦苦要留我照顾她几天。我知道李準母亲是个急脾气，我说哪天回去，就必须哪天回去，不回去她就要急，一急就要害病。李準也不在家，她要病倒了，几个孩子怎么办？想来想去我也不敢留下。可是妈一辈子没有要求过让我照顾她，我嫂子也说："你要能在家多住几天，咱俩把妈的送老衣做做，三天就做成了。"可我还是不敢答应留下，郑州那一头怎么办？

我问妈："你不让我走，叫我在家住几天？"她说："三天。"听了妈的话，我心里难受极了。老人的要求真不高啊。她说三天以后她会好点，就让我走了。我还是不能留，我哄着妈给她包点饺子吃，妈说："我吃不吃饺子都是小事，主要叫你照顾我几天。"我说："我去麻屯给你买点西瓜。"妈怕我走，她说："我不吃西瓜。"最后没办法还是偷着走吧，不跟妈说了。妈躺在床上不能动，我偷偷走，心里跟刀割一样。走走站住扭回头再看看家门，我实在不忍心走，可不走又不行，一路上走走停停，只觉得心一直往下沉。

天快黑到了郑州，走到家母亲说："我想着你该回来了，吃罢晌午饭我就去大门口看，看看不回来，看看不回来，急得我出一头汗。”

秋天，机关里动员下乡，全家搬下去，无条件搬家。我提了一个要求：把幼儿园那两个孩子留下。我下去是劳动，带一群孩子怎么劳动？秘书整天领着开会动员，他说：“董冰，李凖不在家，你就当家吧，现在李凖就是你的家属，早做准备早走。”他又表扬别人表现好，行动快，白天拆洗晚上做。

李凖在北京开会，过了几天他也回来了。正忙着搬家的时候，我妹妹从洛阳来叫我，说我妈病重了，叫我回去看看。上一次我偷偷走了，对不起我妈，这一次我要赶快回去再见她一面。我准备带着小六跟妹妹回去。李凖说：“咱还急着搬家，你走了怎么办？老人的病轻轻重重，你能在家等几天？”我说：“回去看看，病轻点我就回来。”

我和妹妹下了火车赶紧往家走。半路上碰上我嫂子，她说：“你俩回来得正好，我去城里叫你哥。咱妈都病成那样子了，还没有棺材。托人家买了一棵树，还在山底下没有拉回来。”

我们到家都半下午了，我妈脸朝墙躺着。喊了几声她扭过头来看看，可能还知道是我们回来了。她不会说话，张了张嘴想哭也不会哭了。

天黑了嫂子才把哥叫回来，第二天早上安排人去拉树，烙点馍带着。一天回不来，得两天，还得去两个人，上大坡一个人拉不动，叫我五姐的爱人和我那个二侄儿去了。

大姐赶不上了

那时候正吃食堂饭，按人头一人一份，多了不给。我嫂子跟小妹说："郑州你姐离家远，叫她在这里住几天，你先回城里吧，妈有什么不好再去叫你。"小妹看着妈病不轻，她抱着孩子跑二十多里路也不容易，就跑到食堂，跟那管伙的人说："我妈病重，我们不能马上走，我们先借点饭吃，回去寄粮票来。"管伙的满口答应说："可以，可以，一顿多发两个人的饭就行了，老人有病，你们回来能不叫吃饭？"

在家住了一天，我又着急了，家里要往农村搬，东西一点也没收拾，最后决定第二天就走。

第二天早上一看我的裤子，走不成了，小六拉肚子，晚上拉到我裤子上了。我赶紧洗洗，晾到枣树上。裤子还没干，五姐她婆婆来了，五姐赶快把她叫到屋里说："你看我妈这病怎么样？妹妹还要走，你看敢走不敢？"她婆婆说："不敢走，你妈这病顶不了两天了。"五姐对我说："你还是不走吧。"我说："要是不走，得去集上给孩子看看病，再给郑州打个电报。"

我到集上先打电报，又给孩子看看病，回来到家都晌午了，食堂领回来饭还没吃，听见屋里不对劲。五姐先跑去一看说："你们都来吧，快来。"我们跑过去妈就不行了，就这样永别了。

大姐回家吃饭还没有回来，嫂子赶快找人叫大姐。我和五姐、小妹给妈收拾，在当屋搭个草铺，给妈洗洗穿上衣服放到草铺上，五姐给妈梳着头哭着，我们三个人痛哭了半天。可怜妈太苦了，后悔我总是忙，没有伺候过妈一天。

我哥看妈咽了气，木头还没有拉回来，他哭了一场，就要去接下山拉树的人。临出门时他说："还有吃的没有？给他们带点，去时带的那点馍恐怕早就吃完了。"嫂子说："屋里还有几块蒸红薯给他们带去吧。"哥用手巾包住红薯拿着走了。

大姐吃饭回来刚进大门，五姐说："大姐，你跟不上了。"大姐跑到屋里就哭。我们赶紧裱鞋，自己裱一双穿上，我哥一群孩子，每人都得裱一双。

天黑了木料才拉回来，哥赶紧找本村的木工连夜做，一人封几块钱。过白事，人家都去帮忙，做了大半夜，第二天又做了大半天，到半下午棺材才做好。把我妈成殓住，第二天就要埋。老年人不能抬白棺材出去，一般都是油漆好的。因这事太急了，只好去集上买瓶墨汁回来刷刷。

把我妈送到地里，我回来走到场上，接到郑州的电报催我赶快回去。电报是我哥昨天收到的，他昨天没有给我，今天才给我。我一说要走，我嫂子说她屋里还有点面，擀点面条吃了再走。我急着赶火车，洛阳西站下午四点钟有一趟车，能赶上这趟车到郑州还不晚。紧赶慢赶还是没有赶上，只好坐七点多钟的车。到郑州都快半夜了，天还下着雨，没有办法，只好把我外边穿的一条白裤子脱下来，给孩子盖住。半夜里汽车也没有了，三轮车也很少，趁人家的三轮车到百货大楼下来，抱着孩子走回家，浑身淋得透湿，白鞋也成了黄泥巴。

17

改编了一本连环画

给我带个白馍 /

两千块稿费 /

第一次看见海 /

从小不爱吃菜 /

擤鼻涕也不怕你 /

李準、董冰，1993 年秋天摄于重庆船上

给我带个白馍

我回到家赶紧收拾东西准备下乡。我们家人多，事情也多。大孩子上中学留到学校，小四和小五在幼儿园，剩下的孩子棉衣、棉鞋以及过冬的东西都要准备好。我记得光补袜子整整补了三天。紧赶慢赶，还是赶不出来，只得给大孩子买了一双棉鞋。

下去那一天，生产队来了一辆大马车，把东西全装上，人也坐上，拉着走了。我们下到郑州东郊一个公社，李準担任那里的副社长。下去以后吃食堂，都不许做饭吃。安住家以后，先把两个孩子送到农村学校。李準很忙，整天跑着开会，安排群众生活。

第三天晚上很黑了，两个学生不回来，我想是跑丢了。领着小六到学校一问，原来他们去地里帮助农民出红萝卜。生产队给学校分了点红萝卜，叫学生们抬回学校，放到大锅里正煮呢！

这年冬天群众生活很苦，食堂一天两顿饭，吃的都不是粮食，什么毛毛根、淀粉菜。他们开会的人两顿饭也赶不上吃，半后晌吃饭，他们开不完会，天黑散会没有饭，李準一个冬天饿瘦了四十斤。那时候城里人也是吃不饱，不过城里人还能吃点白面。我很挂念郑州那几个孩子，想回城里去看看。二十多里路走着可不容易，起个五更走出村天还不明。那天正好是个星期天，我去幼儿园看孩子，阿姨说："他哥哥把他们接走了。"我好不容易回来了，见不着孩子怎么办？我又不能多等，天黑走不到家心里害怕。我心里很急。回屋里收拾点东西，见不着孩子我也得走。两个小孩子回到大门口，不知听谁说我回来了，两个人很快跑到屋里，说他大哥看电影去了。

我看小女儿的棉鞋都湿透了。冬天这么冷，孩子穿着湿鞋，脚能不冷？当时也没办法，只得把他俩送到幼儿园。

大孩子没有见到我，他很后悔，在学校没有钱了，自己去家里要吧，又不知道路。实在没有办法他只好走着问着，一直找到公社。正好他爸爸在公社开会，人家把他爸爸叫出来，领着他回家。我在屋里听见他爸爸的说话声，我想他整天开会怎么回来了，我出来看看，他高兴地说："克勤来了。"我也觉得稀罕："昨天我回去没见你，今天你怎么摸来了？自行车没学会怎么能骑？"他说："下午还得赶回去，不骑车来不及。反正是大马路，我把车子推到大路上，猛一上去，刚上去车子往两边歪，骑一会儿就不歪了。"

他姊妹三个在城里，星期天他把弟弟妹妹接出来玩玩，有时带他们看看电影。四孩儿也爱看电影，小女儿太小看不懂。有一次大哥带他们去看电影，跑的地方很远，电影正演着，大哥发现小妹不见了，他赶快出去找了一圈没有找到。四孩儿正看得起劲，大哥拍拍他说："快走吧，小妹丢了。"说着拉住他就跑。走到街口，看见大门口有个小红点。小妹穿一件红条绒上衣，因为离得太远，人看不清楚，只看见一点红。他俩赶快跑去，一看真是小妹，大哥问她："你怎么回来了？"她说："我不想看电影。"电影院离家那么远，谁也不知道她是怎么回去的。

那年冬天，李凖又去上海改电影剧本《李双双》。我说："你给我买一辆自行车吧，我学会骑车子，回去看看孩子也方便些。"他到上海给我买了一辆二六车，寄到河南文联。我把车子推回来，看着挺高兴，就是不会骑。学骑车可不容易，没有地方学，也没有时间学。村子外边有个打麦场，可是白天不敢去学，农民白天在地里干活，我去学骑车，人家看见影响不好，天快黑时才能去学一会儿。我不敢推车子，恐怕人看见，让孩子们把车子推去。两个孩子扶住我骑上去，孩子小，扶不住，我一上去就歪下来，学了一个多月没学会。

有一天大孩子来了，教我骑车，他说："你先学滑，练习扶把，把扶稳了上去就不会歪了。"我说："站不上去怎么学滑？"他说："车往哪边歪，把往那边扭，车子顺着就走了。"他说的就是灵，我练了几天学会骑了，就是不会上下车。

有一次大孩子带来几个白馒头，第二天他回学校时问小弟："小六，我下次来给你带点什么？"小六说："给我带个白馍。"

这年夏天，幼儿园里办了小学班，我的四孩儿也上了学。我去看他的时候跟老师说："俺克威看着迷迷糊糊的能上学？"老师说："克威可不迷糊。"这孩子小时候胖乎乎的，说话也是慢慢的，看着好像迷迷糊糊，其实他心里有数。

不到过年，小学先放假，捎信儿叫我去接孩子。我还得走着去，车子我不会下也不敢骑。四孩见我去接他，又要回家过年，特别兴奋，路上他要给我背书，一课挨着一课背。我心里直发愁：这二十多里路孩子走不动怎么办？走到燕庄，碰上一辆大马车，正好路过我们公社。我说带着孩子趁趁车，赶车的让我们坐上。走不远又碰上个女同志也想趁车，她大概是南方人，嘴很能说，到飞机场她下车，给了赶车的五毛钱。车上还坐了一个小伙子，大概是青年团的干部，他说不能要钱，赶车的老头接住了。到公社门口我下了车，摸摸兜里只有一张两块钱的钞票，我递给他们，小伙子开始说不要，最后还是接住了。

这年冬天，孩子奶奶也来了。老太太真有办法，自己摸到农村里。我们都很稀罕，不知道她怎么来的。她说在街上碰见一辆胶皮轱辘大车，她趁车到公社门口，说了李準的名字，人家就把她领到家了。

快过年时，幼儿园也放假了，捎信儿叫我去接小女儿，这时候大孩子也放假在家。我说：“这次咱俩去，回来你带着小妹。”他比我骑得稍好一点，回来时也摔了一跤，小妹说腿砸得可疼。

过了飞机场，都是土路，前边又来了一辆大车。我赶紧下来，孩子骑着车走了。我下来就上不去了，我想这样推回去，还有几里路，天也快黑了，还是自己上吧，只要能上去就能骑到家。谁知心里害怕，腿一软没上去，把脚摔坏了，第二天肿得不能下地。

过罢年，李準去郑州继续写电影剧本《李双双》，幼儿园又开学了。我把两个孩子送到城里，顺便上医院看看脚。让小六和姐姐在家，叫他跟姐姐出去玩，不让他看见我们走。在街上找到一辆三轮车，我还没走到车子跟前，小六就跑过来，他扒着上了车子，嘴里说着：“我去郑州，我去郑州。”我说：“你去干什么？”他说：“我去郑州吃白馍。”

没办法只好让大女儿和三孩儿在家。大女儿上六年级，因农村太困难，过罢春节高年级不开课，只低年级开课。三孩儿上学，姐姐做饭，晚上他俩在家看门。

两个孩子在农村度日如年，特别是晚上，他们害怕。我们住的是三间草房，分里外间，里间门口挂了棉门帘。里外间各有一盏电灯。晚上女儿把外屋收拾好，让三孩儿掀开门帘，她把外屋灯关了，赶快跑到屋里，再也不敢出来了。

两个孩子在家提心吊胆地过了十来天。一个星期天，他俩商量着来城里找我。他们吃了早饭刷了锅碗，把屋门锁上就走了。

女儿走在路上，心里有些犹豫，想着妈在城里看病，家里不能没有人。快晌午时，他俩跑到了郑州，在栏杆外边喊我。我看到孩子也很高兴，知道他们作了不少难。

星期天，全家在郑州团圆了。中午吃饭时候，他爸爸说叫大孩子晚上回去看门，因为那时很乱，家里没有人不行。他吃着饭哄着孩子说："你是大的，你骑上车子去睡一晚上，明天你回来上学，下午你妈就回去了。"他说着把碗里的肉都拣给孩子，孩子看爸爸的态度，不好意思说不回去，只好鼓起勇气骑上车子去了。

到家天已黑了，他把门上住，掂一根擀面杖放在床头，自己给自己壮胆。睡了一夜，第二天早上回来了。

下午我该收拾着走了，就跟两个上幼儿园的孩子说："快回去吧，等再放假了我来接你们。"光说他们就是不走，老跟着我转，我走到哪里，他们跟到哪里。我说："你们快走吧，我该走了，你们老跟着我怎么办？"四孩儿说："等你走了俺再走。"

我的脚没有全好，叫了一辆三轮车，看见两个孩子还没有走。车子正要走，四孩儿扳住栏杆翻了过来，小妹看见哥哥跑了，"哇"的一声哭起来。我叫大女儿下车把妹妹接过来，都放在车上，路过紫荆山宾馆门口停住，把两个孩子送给他爸爸，叫他们在那里玩一会儿再回幼儿园。

两千块稿费

回去以后过了一段，因他爸爸还在城里写剧本，大女儿也不上学，她又回城里住了几天。星期天，她把弟弟妹妹接出来，大哥领着弟弟去看电影，她领着小妹跟几个小女孩上公园玩。走到路上被一群男孩扔石头，把小妹的头打破了，她追着那群男孩叫他们赔，也没追上，只好领着小妹到街上医务所包了包。

李凖（三排站立者）、董冰（二排左二）与中国作家协会丁玲夫妇、舒群夫妇、曾克夫妇、罗烽夫妇合影，大约摄于 20 世纪 80 年代中期

四孩儿在幼儿园里爱看戏，豫剧院里有几个孩子，跟他是同班。星期六人家都回家睡觉了，他一个人摸着回幼儿园。路很远，天也冷，他回去不敢叫门，怕老师批评，就站在大门外等，瞌睡了靠住墙，脚冻得没有办法。等到有大人来了叫开门，他才偷偷溜进去。

我听说以后心里很不安，如果没有大人叫门，孩子靠住墙睡着了，不把孩子冻坏了？！每到星期六夜里我总睡不安稳，睡醒一觉还想着孩子是不是在大门外站着。

这年冬天李凖整天在村里跑。农民生活很苦，什么吃的都缺。他没吭声，把一千块钱定期存款条交给队里的会计，他说："你把这取出来分给社员吧。"会计到银行取不出钱，那天晚上会计来要图章，我跟李凖在里屋，会计想着我不知道，也不想让我知道，想说又不敢说，最后他慢慢走到里屋，支支吾吾地说："人家说叫……你盖个章。"李凖叫我盖了个章，他拿走了。《李双双》电影剧本给了两千块钱稿费，他交党费交了一千，剩一千分给了群众。

李凖为了安排群众生活，工作很忙，再加上整天吃不饱，得了肝炎病，我也得了浮肿。四月份的一天，大孩子来说领导批准我们把家搬回城里。听说搬家都有了精神，叫大女儿先去办户口，我在家收拾东西。生产队的人很好，都跑去帮我收拾。四月二十八号那天，队里套了一辆大马车送我们回城里。

我记得过五一节供应的东西，没有我们家的，因为户口还没有办好。

第一次看见海

一九六一年夏天，李準去北戴河养病，还得给北影改电影剧本《龙马精神》。他写信叫我带几个孩子去北戴河玩玩，他说那里有大海很好玩。叫我到北京转车，买好去北戴河的票打个电报，他去接我。我不敢带三个孩子，怕路上照顾不了。

孩子们放假都在家里，小五听话答应留在家里，我带着小四和小六去了。上了火车没有座位，一直站着。后来小六要瞌睡，我把扇子放在地上坐上抱住小六睡着了。一会儿小四也要睡，先是坐在地上，枕着我的腿睡着了，后来他钻到凳子底下，可他比凳子长，头露在外边，我怕谁看不见踩住，就一手抱着小六,一手护住他的头。

第二天八点多到北京，我赶快排队买去北戴河的票。白天没有车，晚上八点多钟有趟车。买好票去给李準打电报。小六还发烧，在车站里等了一天，到下午小六要喝水，我说："小四，你会不会给弟弟找点水？"他说："会。"去了好半天不见来，我又怕孩子挤丢了，正要去找，见他端着水过来了。

火车到北戴河，车站上一片黑暗。下车的人也不多，我下了车正在发愁，听见李凖喊一声："克威！"

坐上汽车，走一路他指给我看，这风景那风景，黑乎乎我什么也看不清。游山逛景都是精神舒畅的人，我紧张得跟打仗一样，哪会有心思看风景？

到住的地方，他让我们先洗洗脸，然后拿出来一个像碗一样大的桃子说："你们看看，见过这么大的桃子没有。"第二天都去下海，在那里住的作家还有华山、闻捷、李纳、侯金镜等，作协老领导邵荃麟也在那里。他们都很好，很喜欢小孩，对我这个家庭妇女也很亲善。我第一次看见海，那海水真好，蓝得透明，清得见底，可惜我不会游泳。孩子们高兴极了，在水里又蹦又跳，每天中午都下海，他们还是玩不够。

过了几天，大孩子写来一封信说他们在家做饭吃，有一天吃过中午饭忘了收拾煤火，到半下午去看看火快灭了，经过抢救又救着了。他说尽量在家多坚持几天，让妈在那里多玩几天。

住了十几天我急着回去，孩子们知道我那天晚上到家，大女儿领着小妹坐在马路边等着接我。我坐着三轮车回家，路上看见两个孩子在路边坐着，小女儿已经靠着姐姐睡着了。

秋天，幼儿园又要收一批孩子，我想把小六也送到幼儿园，买菜做什么都方便了。送他去的那一天，我跟院长说：

“他刚来可能不太守规矩。”院长说：“不要求他守规矩，只要不哭就行。”

送去以后，小姐姐整天拉住他的手领着玩。小姐姐对他最好，有一天他想家哭起来，小姐姐哄不住他，也只好陪着他哭。两个孩子在院里哭的时间太长了，哭累了坐在地上，浑身没有一点劲，胳膊腿都软了，眼也不睁。阿姨叫他们吃饭叫不起来。院长隔着栏杆喊我去把两个孩子都领回来，在家吃吃饭玩了一下午，第二天上午又送他们去。

孩子们都大些了，他爸爸回来说给他们派点活，刷碗、扫地、叠被子，把活都分给他们，可不到三天活都不干了。过几天看这个办法不行，改成记工分，刷一次碗两分，洗一件衣服三分，两个大的先拣工分多的活干，两个小的整天刷碗，工分也没有他们多，记了一星期工分，又都不干了。

他们上学是上学，回到家里还想看点书，特别是大孩子爱看书。我见他手里拿着书，就不想打搅他。让他们干那点活，我捎带着都干了，跑得快一点就赶出来了，不如让他们集中精力多看点书。我知道没有时间学习是什么滋味。我也想看点书，可是没有条件，孩子们想学习，我全力支持他们。

李準常年写东西，家里一切我都不让他操心。六个孩子上学，他没开过一次家长会，哪个孩子上什么学、上几年级他都不知道。

从小不爱吃菜

一九六二年春天，李凖他母亲在这儿住着，他要去上海写东西，说："咱妈在这里照看着孩子们，你跟我去上海看看吧，这可是个好机会。"母亲也催着让我去，我就带着小六跟他去了。在火车上坐到半夜，他告诉我说："现在火车正装船呢！把火车一节一节卸开装在船上，运过长江。"火车咕咚咕咚地响，我听着怪吓人的。第二天早上他把我叫醒说："你快起来看看，到江南了，你看这里的气候跟咱们北方就不一样。"我看着就是新鲜，地里的麦苗都很绿，到处是青枝绿叶、河流湖泊，太阳刚刚露头，白茫茫的雾气笼罩着村镇，妇女们买菜、走亲戚都撑着小船。在上海没住几天，街上都跑着看了看。我们住在锦江饭店，那天我准备去烫烫头，叫小六跟他爸在家，他不愿意，我说："让你爸带你上街玩玩。"

他爸爸说："你等一会儿，我上厕所解个手。"他爸爸刚进厕所，他就站在门口靠住门吆喝着说："你是屙哩还是尿哩？"

他爸爸说："这是大饭店，让人家听见笑话。"

我说："不要紧，外国人听不懂咱这河南话。"

有一天正睡着，小六一下子尿到床上。我赶快起来把床单拿到卫生间冲冲洗洗。第二天去饭厅吃饭，他不吃，我哄着让他少吃点，他就大声说："你还想叫我尿到人家床上！"

吓得我也不敢劝他吃了，因为客人太多。

在上海玩了几天，我想回去，李準说：“你出来一次不容易，再去杭州玩玩吧。”到杭州跑着看了两天，灵隐寺太远，又不通车，真把人累坏了。小六走不动，我们两个换着背背抱抱。

我们住在杭州饭店，房钱一天八块，住了三天不敢再住了。我们赶紧交了房子叫辆三轮车，冒着雨上车站。看着那细密的雨丝，我心里很不是滋味，在家里下雨都是往家跑，现在下雨往外边跑，真有点寒心。

夏天，大女儿小学毕业，这又是我的一个大包袱。我害怕她考不上中学，要能考上中学，三年不用发愁。我什么活都不让她干，叫她好好学习，可是我总觉得她学习不够努力。早上把她叫起来，她瞌睡得睁不开眼；她坐在院里把书放到腿上，背靠住墙仰着脸又睡着了。

从春天我操着心，管住不让她玩，我能管住她的人，管不住她的心。她坐在家里拿住书看不进去，我干着急，她不出汗。

就这样整天说着吵着，到考试那一天，早上起来做点饭吃吃，叫她早点去，谁知道她一进考场就有病了，发烧呕吐。凑凑合合考完语文，下午还有算术。她的班主任骑着车子把她带回来，她也不吃饭，躺在床上睡了一觉。

下午老师又来带她去，两个同学扶着她上了楼，考完了算术。我想不管考得怎么样，听天由命吧，叫孩子好好休息休息，不让她看书了。

不知过了多久，通知书下来了，女儿考上了八中。我心里又高兴又感到意外，真没想到她带着病还能考上。

大孩子上学没让我费劲，可是这孩子从小不吃菜，面条里不让放菜。我总得想办法让他吃点菜汤，菜汤里还有点菜的营养，每天做饭都得考虑着让他吃点菜的办法。做面条把菜炒炒，下好面舀出来倒点菜汤，不让他看见菜。

特别是冬天的大白菜，他是苦不吃。一九六〇年冬天我们下乡，把他一个人留在学校，学校规定每人一天八两菜，星期天他回乡下去了，星期一回到学校，人家发给他一斤白菜，他饿得狠了用茶缸把菜煮煮吃。孩子这一年正是长个子的时候，因为生活苦得了肺病。我把他领到医院，大夫叫吃药打针，每天打两针链霉素，他在学校上完课就跑到医院去打针。

他不爱吃菜可是爱吃豆角。春天时候，我在门口种了三四棵，用小棍搭个架子，秋天豆角结了，每天中午拽几个炒炒打个鸡蛋，给他下点面条。我们再做大锅饭。

擤鼻涕也不怕你

小六在幼儿园每天上完课就往家里跑，我上午要去买菜，我刚回到家他就跑回来了，我总是想赶到他头里，怕他回来不见我，到处乱跑。

有一天，我回来半天不见他的面，我想今天是怎么回事，他回不回来？我一直不放心他，去院里看了几次，也不见他的踪影。等了好半天他回来了，热得满头大汗，脸上的汗直往下流。我问他去哪了，他说：“我回来你不在家，我想着你去买菜了，去接你没有找着，我坐树底下凉快了一会儿就回来了。”

家里孩子虽多，平常也不大闹气，就是小三不服气姐姐，总爱跟她吵架，有一次把她气哭了，一哭就要流鼻涕，姐姐擤擤鼻涕，他说：“擤鼻涕怎么着，擤鼻涕也不怕你。”

大孩子暗中支持弟弟，凡是他跟姐姐闹气，哥哥从来不说弟弟不对，这一次他也笑着说：“我真服气克都会气人！”

冬天，孩子奶奶在这里住着，有一次上厕所，不小心摔坏了脚，赶快送到医院照个片子，说是骨头没有伤。春节李準在广州帮人家写剧本没回来，母亲脚一直疼，我给李準写了一封信，说母亲的脚摔坏了。他正月初三坐飞机回来，初五医院才上班，我们两个叫一辆三轮车，下车他背着她，跑到骨科医院，大夫看了看说：“伤筋一条线，伤骨一大片，这整个脚肿着不是骨折是什么？”这一说我可吓坏了，我想这么多天就是骨折也长住了，要拽开重新接，老人怎么受得了！

医院的大夫还真不错，没有动老人的脚，只是用药轻轻揉揉，又开了几服汤药叫我回家给她熏熏洗洗。

看一次病给开三服药。李準又开会走了，我只好一个人带母亲看病。我背不动她，母亲比我个子大，只好搬个方凳子，叫母亲一条腿跪上，我给扶住，一步一步挪到门外坐上三轮车。我赶快锁上门，骑车先跑到医院挂上号，还得找个方凳出来接她。

就这样看了好长时间病。春天我还改了一本连环画，是根据电影剧本《龙马精神》改编的。四月份我累病了，神经衰弱，半个月没有睡着觉。李準说："家里五个学生，又有老人，你一个人忙不过来，找个保姆吧！"后来就找了个姓李的保姆。这个人嘴很会说，手脚也快，帮了我不少忙。

18

打成“黑帮”

又一分钱 / 春节还有任务 /

带你周游全国 / 我还能种地 /

户口在我兜里 / 队里的磨房 /

1982 年春天，李準董冰夫妇在云南和少数民族合影

又一分钱

五月份李準说是去日本，到了香港，日本政府不发签证，又坐飞机回到北京。《人民文学》编辑李季同志留住他写一篇小说《清明雨》，他住在西山叫我去玩玩，我想带着小六，幼儿园不同意，我只好一个人去西山住了几天。

这年夏天，三孩儿小学毕业。一九五八年小学“大跃进”，各个学校都把办公室腾出来多收一班学生；可是中学不跃进，这一年落榜的学生太多了。我们那个单位，四个毕业生三个没考上中学。

那时候我只知道考不上中学就得下农村，我越想越发愁，克都这孩子还不到十三岁，睡觉不知颠倒，吃饭不知饥饱，要把他弄到农村可怎么办！叫开家长会，到学校我直掉眼泪，我可怜这孩子。过了暑假老师通知我说，建筑文化宫办了个补习班，叫我去联系联系让孩子补习。我走着问着，找到建筑文化宫，办好了手续。

去那里上学要路过杜岭街。那里有一家养了一只狗，这只狗可把孩子们吓坏了，一群孩子走到那里，看见狗就跑。狗是越跑越追，狗比人跑得快，跑慢一步狗就追上了。我告诉孩子们，马路边的狗是不咬人的，你不理它，它就没劲了。

我这个孩子不要拿钱，兜里一分钱不装。有一次我叫他去买酱油，回来剩几分钱在兜里忘了。他在学校跟同学们玩，一掏兜掉出来一分钱，同学就说："哎呀，一分钱！"又掏了一下又掉出来一分钱，那个同学又说："又一分，还是人家克都有钱。"他气坏了，回来红着脸跟我吵着说："剩的钱你也不要，让人家笑话我！"他说着说着几乎哭了。

秋天，李準参加了第一批社教工作队，先学习整风，然后去信阳县搞社教。那个地方也很苦，天天喝点稀饭去担土挖塘。农民都喝习惯了，一顿能喝两三碗，他们干部们不会喝，喝不下那么多，担一会儿土就觉得饿，可是谁也不敢说。他们都被分到农民家吃饭，不能吃人家好的。说是一家小孩儿在河里捞了点虾米炒了炒，吃饭时候干部说这是好的，他不敢吃，工作队有纪律。

冬天，上海电影制片厂一个编辑来河南找作家约稿。她跑到信阳见了李準他们几个人，回来跟我说："老李在那里很冷，你给他做件棉背心，再给他打一双毛袜子。你也可以去看看，他们住那地方很有意思，小屋门很小，老李要进门得侧着身子。你给他稍带点吃的，那里生活很苦。”我说怕找不着地方。她说：“到长台关下火车是夜里，那是个小站，你到那票房里等到天亮，往西北方向走，有个叫余万庄的村子就是，也不太远。”

那时候谁也不敢说农村不好，说这是“右派”言论。她是偷偷告诉我的。我赶紧给他做了件棉背心，打了一双毛袜子，还带了几个烧饼和一点牛肉。东西也不敢多带，就背了一个小孩儿上学用的书包。

出了长台关火车站，往西北方向是一条土路，我顺着那条路走到一个村子边上，有几个人在吃早饭。我想问问余万庄怎么走。地上卧着一条狗，“呼”的一声要来咬我，它的主人赶忙叫住，告诉我上去这个坡再往东走。

我上去坡正走着，那只狗又追上来，快跑到我跟前才叫了一声，吓我一跳。我赶紧弯腰拾石头打它，它扭头就跑，不敢来追了。

我走到一个村子边上，有好多狗在乱咬架，我也不敢往前走。站了一会儿，从那小屋里出来一个人，我过去问他，他说就是这个村子，他把省文联的老苏叫出来。老苏就是苏金伞，是个老诗人。老苏正端着碗喝稀饭，他放下碗，把我领到李凖的屋里。那是个小磨屋，中间有一盘磨，两边挨着墙摆了两张小床，老苏和他就住在这里。他们记日记写信都在磨台上写。

我在那里停了一天就回来了，我想去看看他在那里到底怎么样，回来也不敢说那里生活苦。

过春节八天假，叫他们回来过年。人家都轻松愉快地歇八天，他回来还有任务，北京电影制片厂的两位同志等着他，《龙马精神》还得修改。结果年也没有过，剧本总算改出来了。那些年，他一年忙到头，不是开会，就是体验生活写东西。就在这时候，《李双双》电影得了“百花奖”“最佳编剧奖”，我们在家都想着他要回来去北京领奖了，因为这一次是周总理特别表扬了李凖，准备接见一下；可是李凖写信回来了，说因社教工作忙，不能去北京领奖，我们空欢喜了一场。

春节还有任务

一九六五年夏天，大女儿要升高中，三孩儿要考中学，我觉得压力很大。孩子们小时候想叫他们睡个午觉比上天还难，长大了瞌睡就多了。中午叫他们睡一会儿，我得看着表叫他们，有时去喊他们，到床前叫不醒。看看表还不晚，就让孩子再睡五分钟吧，我站在床前等五分钟再喊他们。

我既要管他们学习，又得让他们休息好，从春天起就操心升学的事。这一年还算不错，没有白费工，大女儿考上了七中，三孩儿考上了八中，都是好学校。

大女儿学校离家远，要住校。我做了一套铺盖，把她送到学校。那一天星期六，下午该回来了，天下起了雨，奶奶挂念孙女，催着叫我带一把伞去接她。我在学校门口等她，她出来看见我拿着伞等她，可高兴了。

深秋时节，我们单位的家属楼盖好了，都叫搬家。这一搬离七中、八中都近了，住的又是新楼房，孩子们都高兴了。看着成套的房子，有厕所，有厨房，跟宾馆一样，我也高兴。搬过家，我累病了，一直发烧。他爸爸说："给你们一个人两毛钱，中午在街上买点饭吃。家里没人做饭。"给三孩儿两毛钱叫他自己买饭吃，给四孩儿六毛钱，让他带着小五、小六去街上吃饭，因为他们姊妹仨在一个学校。中午，四孩儿领着小五和小六去街上吃了饭回来，三孩儿把钱装在兜里又跑回家。他爸爸问他吃饭没有，他说："没有。"爸爸说："你怎么不在街上买点吃？"他哭着说："我回来吃点馍、喝点水都行，就是不会去买饭吃。"

天冷了，我的棉袄拆洗以后，棉袄面子缩水没法穿，李準正好要去北京开会，他说："我到北京给你买一件棉袄寄回来。"他说一句话走了，我也没跟他说尺寸，再说买棉袄没有罩衫也不行。他到北京没几天，邮包就寄来了，拆开一看，一件棉袄还加一件深蓝人造棉罩衫，穿上试试正合适。这是我第一次穿现成的衣服。

一九六六年，大孩子高中毕业该考大学了。这孩子学习成绩一直很好，学校批准他们几个考一类大学。毕业考试、体检都结束了，只等进考场。就在这时候，“文化大革命”开始了，那时候孩子们的思想很单纯，毕业前学校开家长会，先做做家长的工作。回来我问他考不上大学怎么办，他说：“一颗红心两种准备，考上学上学，考不上下农村。”

带你周游全国

“文化大革命”，李凖被打成了“黑帮”。运动刚开始，省文联没有动静。李凖说这不正常，“文化大革命”就是革我们的命，怎么一点动静也没有！因为这时《人民日报》已点了周扬的名。李凖说：“周扬都揪出来了，我也跑不掉，不如自己揪自己。”

那天下午，领导叫他去省委机关看大字报。省委机关写的大字报很多。有的说他去上海光给小孩儿买玩具就花了三千块钱；有的说他在荥阳县给自己盖了一座宫殿；还有的说《李双双》稿费给五千，他不愿意，非要七千。

他看大字报回来，气得吃不下饭，因为大字报上写的没有一条是真的。从省委回来斗争的矛头都指向了他。他出身不好，名气大，还参加了大连“黑会”。河南最早揪出来的是常香玉、谢瑞阶和他。

机关的大字报铺天盖地，说他是周扬的黑干将、黑标兵、反动学术权威，说他写的东西越多罪越大。开始人家斗他，他觉得自己真有错误，写的英雄人物不够高大；大连会议上说合作化搞得太快，走直路一步登天，留下了严重的后遗症，这些错误都是严重的；可是有时候在家里，他越想越觉得委屈，也偷偷地哭。

那些天，他的情绪很不稳定，有时很乐观，觉得自己是党培养的，作品写的都是工农兵，可能问题不大；有时又很悲观，觉得大连会议上说的话太厉害了，非打倒不可。早上天刚亮，他躺在床上，看见窗外的电线杆就像是看到了十字架。

有一天晚上，省委机关干部来文联宿舍贴大字报，一些家属们等着看热闹。李凖说：“我下去了。”我说：“你急着下去干什么？”他说：“人家来贴大字报，还得斗我们，不如趁早下去。”

大孩子开始搞革命也很积极，他是学校第一批红卫兵。那天晚上，他拿回来六个剪好的红卫兵袖章，叫我给他做。我说："天晚了，明天再做吧！"他说："明天早上就得要。"我连夜做好，第二天他戴着一个上学去了。过了几天，我们机关的人往学校送了一张大字报，说他爸爸是周扬"黑帮"分子，坚决不同意他当红卫兵。学校的红卫兵组织收到大字报，把他开除了。

那一段大孩子很忙，只中午回来吃一顿饭，整天见不着他。那一天半下午他就回来了。我不知道是怎么回事，只见他低着头很不高兴。一会儿他说："人家不让我干了，要不会回来这么早？"他那时候是学生干部，每天晚上都要商量第二天的工作，他被开除以后，人家再也不找他商量了。我说："不让干咱不干，回来歇歇。"有的同学说只要他揭发自己父亲，跟父亲划清界限，还可以当红卫兵。他没有说话，把袖章摘下来，放到桌子上了。

后来省文联又来了一群人，他们一来就叫李凖支持。李凖说："我的问题严重，支持你们只能连累你们。"这一下可得罪了这些人，几乎天天开他的斗争会。那天他拿着提包去机关，文联的人叫他游街，他把提包放在桌子上，胳膊被绳子绑住，脖子上挂着黑牌，站在车上游遍全郑州市。回到机关提包不见了，包里的碎东西倒在桌子上，钢笔也没有了。他把碎东西用手绢包住回来了。

李凖因为经常下乡，他不怕干活，再重再脏的活都能干，就是害怕开会挨斗。河南省话剧团把李凖写的《龙马精神》电影剧本改成话剧，演出以后轰动全国，到北京演了两个月，名利双收，赚的钱盖了不少房子。“文化大革命”中他们说中了李凖的毒，受了李凖的害。把李凖揪到他们团里批斗了好多天。整天吆喝着“你敢不老实修理你”，逼他承认戏里的那匹瘦马是影射人民公社。他最害怕到话剧团去，听说话剧团叫他，他的腿都直颤。

有时他也生气，气得一夜睡不着觉。那些年他不知有多少个不眠之夜。我是陪同者，我最了解他，比他自己还要了解他。他是个容易动感情的人，嘴特别爱说，看见什么说什么，说过去就忘了。他的内心是善良的，我不相信他会做什么不好的事。

有一天夜里，他睡不着觉又起来了。我问他：“你干什么？”他说：“我闷得难受，得下去跟谁说说话。”我听着楼下有人说话，就让他下去了。他下去以后，我得等着他，怕他自杀。我得照顾好他。

有一天夜里，一群学生把李凖叫走了，他们说是调查一件事情，具体到哪里不跟我们说。他们出了门，我追出去问：“今晚上回不回来？”一个学生说：“不一定，事情问完就回来，问不完就不回来。”

他们走以后我想着不对劲，半夜里把人叫走，不说地方，也不知道是哪个地方的人。大孩子说学生们戴的红袖章是十一中造反总部的。根据这个线索，我跑到部队的支左办公室，请他们帮我找找人。

支左办公室几个人开着一辆吉普车，走到十一中门口，李準他们在公共汽车站等汽车，几个学生押着他，看见支左办公室的解放军，他们把李準往人堆里推，不让支左办公室的人看见。他们下了汽车上火车，在火车上把他藏到洗脸间、厕所，不敢让他坐座位，东躲西藏地拉到新乡市。

原来是新乡的一个造反派组织，市委不承认他们，他们把李準偷偷抢到新乡，游街开斗争会，扩大社会影响，让市委承认他们。

李準一夜没有回来，第二天早上我又跑到支左办公室，他们说新乡的革命群众要求批斗他，人已经有了下落，叫我们放心。我回到家想着还是不放心，批斗是正大光明的，为什么半夜三更偷偷把人抢走？我又到省委说李準丢了。省委马上给十一中打了电话。这天下午快下班时候，我们单位有人听见文联的人给新乡打长途电话，叫学生把李準押回来。电话打了半天，找不着人，文联又派人去新乡处理这件事。

李準到新乡住了一天，他不知道是怎么回事，问清楚以后他跟那几个学生说："这不是正派组织，要不为什么市委不支持他们？"那几个学生说："咱们回去吧，我们把你领来，还把你领回去。”一天多的接触，学生们对他挺有兴趣，他们都看过他写的电影，觉得他也不像个坏人。他们开玩笑说：“老李，你的名气大，我们带你周游全国吧，走到哪里都有人管饭。”

我还能种地

一九六六年十月，机关去通许县参加抗旱劳动。那天刚回来，中午我包了饺子。吃过饭，李準讲他们在农村帮助农民抗旱，还写了个剧本叫《三打钟》，农民们自己唱自己演，可有意思了。我们都听得很有趣。他说：“这个剧本里没有毒，你没看见，多远的群众都跑着去看，比过年还热闹。”

我们正在屋里说话，九中的学生上来抄家。他们开着汽车，除了我们身上穿的衣服、床上盖的被子、厨房里的炊具，别的什么东西都拉走了。一九六七年三月份，九中的学生又来抄了一次，这一次更彻底，把家里仅有的生活费、三个孩子准备下乡的粮票、床单和窗帘都拿走了。这以后又来抄了多少次我也记不清了，反正叫开门就拿东西，最后实在没什么可拿了，灯泡、火柴都拿走。

抄过家后，我们没法吃饭，只好先借一点，然后写信叫我妹妹寄来四十斤粮票、李準的姐姐寄来三十块钱，我们一家八口人省吃俭用，好不容易对付到月底。

那年夏天，形势很紧张，到处都在武斗，扛红缨枪、背大刀的人四处抓人。李準晚上不敢在家住，他跑到火车站候车室，早上才敢回来。那天晚上他刚走，我女儿下楼碰上机关里一个女同志，她说：“你爸爸出去可要注意，有人盯梢。”就这样他还是不敢住在家里，我怕晚上把他堵在家里可怎么办！

第二天早上他回来，见我们家有人，他先去隔壁华山屋里。就在这时候，楼梯上一阵杂乱的脚步声，冲上来一群人，他们拿着红缨枪，提着大刀，戴着柳条帽，高喊着进门：“人哩？人在哪？”

他们踩开屋门，几个房间都找了找，没有找到人。他们没有问我，我也没有说话。他们气冲冲地走出门，又“嗵”的一声把华山的门踩开了。我吓得手脚冰凉，浑身的血好像不流了。他们冲到华山屋里问道：“李準在哪里？”华山说：“在隔壁。”他们在客厅转了一圈走了，其实李準就在华山的里屋坐着。

我看他们人走远了，叫三孩儿下去，把他爸爸的自行车锁打开，推到马路上，叫他爸下去骑上就跑。他骑上车子跑了好远，下个大坡，天又热又紧张，也没有吃饭，累得满头大汗。路边有个小卖部，他去买了一条手绢擦擦汗。人家给他拿出来手绢，他脸上的汗直流，不会给人家掏钱。他站了半天，最后清醒过来，给人家掏了钱，拿过手绢擦了擦汗又走了。

李準、董冰，1987 年摄于河南郑州

左起：孙女李桢青，外孙女尹棉，外孙杨天悦，孙子李榕青

这一次他总算逃了过去，也有逃不过去的时候。那一天夜里，十一中的学生把他抓去，用桌子腿、板凳腿打了一顿，他当时昏迷了，学生们把他拖出去扔到野地里。半夜里他醒过来，觉得头疼浑身疼，他看看四周，不知道是什么地方。他挣扎着爬起来，分不清东南西北，只好坐着等到天明。第二天中午，他才摇摇晃晃回到家里。

李準生性乐观，事情到头上，他也吓得不得了，事情过去后，他就忘了害怕。几天不开斗争会，他就觉得挺满意，有时在家里还轻轻地哼几句戏。他经常劝我说："你发什么愁，孩子们都长大了，咱就是回去种地也能活下去。我还能种地！"

户口在我兜里

一九六八年冬天，两个孩子先下放。那时候，我们家生活很紧张，每人每月十二块钱生活费，两个孩子要两套被褥可不容易。铺盖里要有蚊帐，南方的蚊子很多，不要蚊帐不行。李準写了申请，机关从扣的工资里发一百元给两个孩子准备行装。迁户口那天，女儿不敢去，她眼里含着泪说："户口一迁出去，就再也不是郑州市的人了，看这情况，以后也难回来。"她不想去，我让三孩儿去，我想三孩儿年纪小，想不了那么多，让他去迁吧。迁回来以后，女儿拿住一看，眼泪忍不住流了出来。

晚上，三孩儿跟我说：“迁户口的时候，我看见派出所的人拿着章往户口本上按，我的心都动了一下，我想着这一按就决定我是固始县的农民了。”听了他的话，我心里很难受，没想到孩子心里什么都清楚。

女儿拿着户口去学校一上午，没有舍得交出去，中午又拿回来，她说：“在我兜里装着还属于我的，一交给人家我这个人就不由我了。”到下午她还是交给了人家。

走的那一天终于来了，七中和八中都是下到信阳，两个孩子是一块走的。我早上起来给他们做好饭，两个人吃了一起下楼走了，我站在凉台上看看：一个往东，一个往西。

他们到信阳下火车，得等到第二天早上才能坐汽车到那个县。三孩儿下去之前，曾去郑州郊区割了半月稻子，他有胃病，不能吃大米，可信阳接待站都是大米饭。他一天没有吃饭，第二天坐上汽车在大别山里转了一天，才到他们住的地方。

那里全是米没有面，孩子还是不能吃饭，去了二十天瘦了十二斤。快过春节回来了，到郑州一下火车，孩子说光想哭，看着又回到郑州了，心里难受。回到家里，我问他那里的情况，他说：“刚到那里很不习惯，山太高，把半边天都遮住了，生活很苦，同学们心里难过，谁想哭就跑到山后边哭哭再回来。”

孩子是夜里回来叫门，我开开门吓了一跳，孩子又黑又瘦，一脸皱纹，我都快认不出来了。他在家住了一个月，又长了十二斤，过罢年又去了。

女儿那天早上到信阳，叫她看着东西，大家去吃饭，吃了饭来装车。我给她的铺盖卷儿用绿塑料布包住，她看着有好几个绿色行李卷儿装上了车，也不知道哪个是她的。下午到她们住的地方，一看没有她的行李。她们学校工宣队的王师傅去送他们，把她吵了一顿，说：“你干啥的，连自己的行李都看不住！”她扭头就走，又坐上汽车，回信阳找她的行李。到信阳那个招待所看看，行李还在那放着。夜里还有一班车，是专送学生的，她们坐上车回到住处已是深夜了。

王师傅还在等着她，天黑看不见，师傅听着车来了，就喊：“小品，找着没有？”

“找着了。”师傅一听很高兴，跑过去扛起来就走。师傅也担心她找不到，他回来不好交代。

我们家的孩子们，从小养成朴素的习惯。他爸爸把家里一个破竹箱钉了钉，叫谁拿谁也不愿拿。三孩儿叫我用布给他缝了个口袋，来来回回几件衣服装在口袋里背着就走了。

过春节女儿回来，说她们住的是三间大草房，一头隔了个小屋，小屋里打了地铺住着六个女同学。屋里边很黑，谁想哭了就坐在那小黑屋里哭哭。

李準这一年在西华县黄泛区农场盖房子，这是省文化局在那里盖的干校，新盖的房子装上电灯，住着跟郑州也不差啥。农场有牛奶，也有鸡蛋，生活还可以。房子盖好以后，说是让老弱病残住，我们得到农村插队劳动。

队里的磨房

一九六九年冬天，我们全家搬到西华县西夏公社陆城大队屈庄生产队。那天上午，天飘着雪花，三辆大卡车带着拖斗开到楼下，一共装了四家的行李。装完车又做了一顿饭，吃完饭收拾收拾，都下午四点钟了。一辆车上坐一个人押车，其他人都坐火车先到漯河。李準押着一辆车走了，我们一行二十多个人，有一个干部带队领着去坐火车。到火车站雪下得更大了，我的小女儿说："下这么大雪，今天晚上就得离开郑州。"大家都摇头苦笑，听着小孩子的话，大家都觉得心里很冷。

我们到漯河下了火车，雪下得能埋住脚，走了几步鞋就湿透了。在一家澡堂住了一夜，往农场打电话，说是三辆车只到了两辆，还有一辆车没到。我想着就是李準押那辆车没到，装车的时候，那辆车的司机带了个小孩，他还要拐路把孩子送回家。我心里很不安，天下着雪，不知道路上出事没有。

第二天早上又打电话，说那辆车还没有到。因为下雪，土路上很多泥，今天不能派车来接我们。这一下可麻烦了，天一亮澡堂把我们撵出来，我们得先找个住的地方。

黄泛区农场在漯河有个办事处，我们走了几条街，才找到那地方。屋里都是上下铺，光板床上铺一条席，别的什么也没有。脚冻得很疼，只好脱了鞋坐在床上用手抱住脚暖暖。到半晌拿来几条被子，还不够一个床上一条，我跟小女儿盖一条先暖暖脚，对付着在这里住了一夜。

第三天吃过早饭，汽车来了，中午到西夏公社，在街上看到了李準，没有说话，只叫两个孩子下去跟他等着装车，把其余的人都送到住处。这车要跑三个村子，我们在陆城村边下了车，我们机关一个干部领着跑到屈庄看看路，再回到陆城村边等着接车。他问："你们吃饭不吃？吃饭了给你们派饭。"我想着出了门省点事吧，中午就没有吃饭。

我们住的房子在屈庄西头，是队里的磨房。我们去看的时候，几个农民正在扒磨往外抬，他们把门收拾收拾，又扒了个窗户。我看着真不像个住人的房子，墙上黑漆漆的，地下全是牲口粪。我和三个孩子看了房子，又回到陆城村边等汽车。太阳都落了，汽车还没有来，真是急人！

李凖押着车离郑州那天，司机拐路送了孩子，出了郑州市，就下起了大雪。汽车上的雨刷坏了，雪下在汽车玻璃上，司机看不清路。没有办法，李凖只好一只手扒住汽车门，站在驾驶室外边，一只手用毛巾擦着玻璃上的雪。就这样擦着走着，汽车到了西夏街，司机说前边是土路，不往前走了。街上有个破礼堂，东西就先卸在礼堂里。礼堂四下透风，非常冷，李凖就在那里坐了两夜。

我们等到天黑，汽车终于来了，到村边停住，我们都上去。陆城离屈庄还有三四里地。全村的人听见汽车响都围到这牲口院里看热闹。看着满满一汽车东西，还有几根蚊帐杆儿，妇女们都说真是全家都搬来了，几根棍都拿来了。

司机看天黑了急着走，他说："老乡们帮帮忙卸卸车吧，我还要赶路。"农民们都很好，男女老少都上前帮忙，一会儿车就卸完了。汽车走后，他们帮忙把东西往屋里抬。我们隔壁都是饲养室，四个饲养员也来帮忙，天黑了没有灯，饲养员跑到村里小学校借了个煤油灯。屋中间还有半截墙，把灯放在墙上照着亮，赶紧往屋里抬东西。地上坑坑洼洼，深一脚浅一脚，冷不防一脚踏进个深坑，下一脚小心点，谁知道又踩住个高疙瘩。东西都抬到屋里，满满地放了一屋子，连下脚的地方都没有。先收拾几块地方放床，床放好，铺盖衣服放到床上，屋里就有眉目了。他们几个摆床，我找案板先擀点面条，两顿没吃饭了，又冷又饿。吃过饭，对付着睡了一夜。

第二天，队长派了几个人，把那半截墙拆掉，又把地上平了平，还用秫秸秆把屋子隔成里外间，就这样我们在西华县住下了。

19

本性难移

何时我有这一天 /

我有严重错误 /

从今不问招工事 /

李準董冰夫妇与次子李克都，1998 年 5 月摄于北京家中

何时我有这一天

李準下去以后，一天三晌下地劳动。他总怕人家说他劳动得不好，听到打钟他都是第一个跑去，扛着农具站在路边等着。特别是早上，天不亮就打钟，听到第一声钟响，他“呼”的一下就起来了，扛着锨跑到大路上，等了半天，还不见人。后来农民跟他说听见钟响再睡一觉起来也不耽误。他不敢那样，他是“戴着帽子”下来的，才来的时候，开群众会都不让他参加，他跟“四类分子”一块劳动。

我们吃水得去井里打，农民都习惯了，用挑水的扁担钩住桶下去，一摆就提上来一桶。我们不会，桶到井里摆不倒，弄不好桶就掉井里了。我只好用一根粗绳子栓个铁钩打水，桶虽然不会掉了，可是要把一大桶水拉上来，也不是件容易的事。李準有时候也挑一担水，但是他挑水不是很积极，没有去地里干活跑得快。有时候他说：“我去地里干一会儿活，休息时候回来给你挑水。”可是他到地里就不回来了。我知道他去地里干一天活，累得腰酸腿疼，回到家里就想歇歇，也不让他挑水。

我们下去的时候，四孩儿已经上中学，想着他再有一年就毕业下放，能留在郑州对付一年，到时候还算城市下放学生，将来安排工作也好办，就把孩子留在别人家了，我们给粮票、伙食费。

下去以后，我赶着给四孩儿做了一双棉鞋，鞋帮、鞋底都做好了，就是没有上。正好那一天有人上郑州，李準说：“捎去吧，到郑州叫他拿到街上让人家上上。”这孩子自己不会生活，拿去不知放了多久，也没上成，把孩子的脚都冻坏了。以后每年冬天，他的脚的冻伤都要复发。

把孩子留下，一方面也是想留住粮本，粮本不想交。过了两个月我回去看看，孩子不说不笑，整天头也不敢抬。跟我坐在一块吃饭，我看不见他的脸。孩子性格都变了。我看这不行，干脆跟我回去，当农民也饿不死，有什么可怕！跟着我一天喝三顿稀糊涂，孩子也有精神。我没有跟李準商量，就把粮本交了，捆了两个像牛腰那么粗的大行李卷。我扛一个、孩子扛一个去火车站，夜里两点坐上火车，到漯河天还不明。等到天明，赶快去汽车站排队。汽车开到农场，离家还有七八里地，行李扛不走，只好先放到人家家里，第二天再来拉回去。

黄泛区农场，我们每月要来两次，一次买粮食，一次拉煤。四孩儿来了以后，还接着上农村的中学。星期天，他爸爸也叫他下地劳动。收麦时农村学校都放假了，学生们都去地里干活。我们的孩子，还是比不上农村的孩子，人家从小都干惯了，城市的孩子没有干过那么重的活。干了几天，孩子累得吃不下饭。他爸爸要求很严，早上听见钟声响就叫：“克威，快起来！”天天起五更，搭黄昏，孩子累病了，发高烧拉肚子，就这样还得去地里拉麦子。他实在支持不住回家了，中午他爸爸回来还吵着说：“看那克威到场里眼都睁不开，一点精神也没有，看人家那些孩子们生龙活虎……”我说：“他有病了，发烧拉肚子能跟人家比？”

我们住这牲口院，套犁卸犁都要到这院来。那一天我听见外边有人说李凖太实在，听见钟响就往外跑。人家农民都有经验，早上听见钟响再睡一觉，中午听见钟响，再吸一袋烟，出来一点也不耽误。

李凖从地里回来，我把人家的话跟他说了。他笑了笑说：“打钟就是叫人的嘛！”我说：“你不瞌睡你跑得快，也叫孩子跟着你跑，孩子瞌睡，你就叫他多睡五分钟也好些。”他说：“哎呀！多睡五分钟有什么意思？”

我们那时候全成了农村人了。孩子们说咱家现在跟城市脱离了关系。通讯地址都是从这公社大队生产队到那公社大队生产队，没有一个城市地址。

三孩儿在固始县，他有胃病不能吃大米，有时回来我给他做点馍背去，因路太远这也不是办法。孩子们刚下去的时候，农民认为是响应毛主席号召，把他们照顾得还不错，后来时间一长，农民们也不管了。孩子们吃的没吃的，烧的没烧的，在那里住不下去，苦恼得几乎发疯。

我看着这日子难过，怕孩子着急，写信叫他回来，整天劝他，给他解释。有一天晚上我坐在桌前劝孩子，我说："从前的大诗人都是被贬到很远的地方，也是很苦的。苦都是暂时的，应该沉住气不怕苦。你看人家写这两句诗：'云横秦岭家何在？雪拥蓝关马不前。'也是在困难时写的，人这一辈子不可能一帆风顺。"他说："写诗谁不会写？我也会写。"他拿过一张纸，提住笔写起来，不一会儿写了三首打油诗。第一首是：

屋外明月静静寒，
肚空衣厚也不暖。
夜虽已深无睡意，
明日又断柴米盐。

第二首是：

门外北风呼呼响，
吹破窗纸透骨凉。
天寒无食只有睡，
一觉不知到何方。

第三首是：

日照群山似浪翻，
破柴来到豹子湾。
披荆斩棘不怕苦，
汗流浃背往家担。

女儿那个青年组一共十一个人，后来人家都走了，剩她们三个女同学，都是出身不好的，又和别的村子刚下放的学生合在一起。这孩子不想给家里添麻烦，她回来总说她们那里不错，不让大人为她操心。

三孩儿那里也是一批一批地走人，参军的参军，招工的招工，只剩他和一个男同学，都是家里有问题，招工的不要。这孩子想当兵都快想疯了，回来跟我说。我劝他说："没有门的事就不要去想它，咱们家这出身，人家会要你？"他说："我整天送人家，一批一批的都走了，就我走不了。"他把这些感受又写成了诗：

微风吹散晨雾烟，
送友步涉大别山。
你离此处上新路，
何时我有这一天？

我有严重错误

一九七一年年底，四孩儿初中毕业。农村也有高中，不让我们的孩子考，借口说他眼睛近视。孩子听说不让考学，非常苦闷。我们住的房子后边有一片杨树林，他天天站在树林里，背靠一棵树，仰着脸一站就是一两个小时。

正月十五那天晚上，各家都在包元宵，糊灯笼。李凖跟几个孩子们也在糊灯笼。灯笼没糊好，元宵也没吃，供销社一个人回来说："公社叫我给你们带个信儿，叫克威明天背着被子去县招待所报到。"我们全家都纳闷，我们住的就是农村，不叫上学，在农村劳动还不行，到县里报到干什么？

后来才知道，县知青办公室在东夏公社办了个农场，把县里原来吃商品粮的知青都弄到那里去劳动。

新办的农场什么也没有，孩子们的安家费买头牛、买点农具、盖盖房子就花得差不多了。孩子们吃的是玉米面掺红薯面的窝窝头，没有菜，蘸点盐水、辣椒水。收麦的时候，叫孩子们去给五二农场割麦。这是个劳改农场，人家这个场办的时间长，条件好，自己种了菜，麦子长得也高。孩子们割的麦子，拿到人家场里摔摔，麦籽是人家的，他们要麦茬，拿回农场盖房子。

中午吃饭的时候，孩子们拿出来的都是黑馍，看见劳改犯吃的白馍，还有黄瓜菜。看着人家吃饭，孩子们直流口水。

到夏天伏里天，农民们中午也休息一会儿，下午四点钟才下地干活。孩子们中午得去地里拔草，拔到下午四点，再下田里干活。

农场里分几个组，轮流放假。一个组七天假，轮到哪个组放假，都穿得整整齐齐回家了。我们家的孩子都不讲究穿。这孩子下放时，我给他改了一条旧灰布裤子，穿着还合适。他每次放假把那条裤子洗得干干净净穿上回来。孩子也不知道要衣服，夏天时候，三个男孩跟他爸爸都是光脊梁穿裤头，跟农民一样，外人根本看不出来他们是城里人。

麦罢下大雨不能去地里，我们全家人坐着拆旧衣服，撕破布，一晌撕了两大包袱。我打了一锅糨糊，好天了把门摘下来打两门袼褙做鞋底子，鞋底子做了一大摞。晚上全家人坐着说话时，都得纳鞋底，手不能闲着。李準带头纳了几天都不纳了。那时候，八口人从衣服到鞋都是我做着穿。我还学会了理发，孩子们参加工作以前谁也没进过理发店。

我们刚下去时，农民都知道李準犯了大错误。时间长了，他们看着李準不像坏人，都亲切地叫他老李哥。有些人年纪比他大得多，也叫他老李哥。他不好意思，说了几次还是改不过来。李準跟人见面，第一句话总是说："我有严重错误。"农民们听了哈哈一笑说："什么错误不错误，好人坏人我们一眼就看出来了。"他们背地里还为李準抱不平说："老李哥写过十几个电影，给国家挣的钱三间房子都盛不下，现在还批判人家，真是没良心！”

刚下去没几天，公社通知叫我们去沙河边一个村子里拉煤，那个村子离我们住的地方大约有二十多里远。我怕路远拉不回来，就去了四个人。刚到这里，人生地不熟，架子车也不知道哪里借。有个叫松岭的饲养员听说我们去拉煤，二话没说就拉来一辆架子车，又跑到村里借了个车圈子掂着来了。

吃过早饭，我和李準、大女儿还有小六，拉着车子走着问着，到地方都晌午了。分的煤一辆架子车装不下，又在那个村里借了一辆车，一辆多装点，一辆少装点。我和李準拉一辆，大女儿和小六拉一辆。土路不平拉着真费劲，上坡时几乎拉不上去，拉上去我累得摔了一跤。在城里没干过这么重的活，累得实在受不了。

走到半路我的脚打了泡，一瘸一拐地往前挪着。天已经黑了，离家还有三四里，实在是拉不动了。这时候，我隐隐约约看见一个人影往这边走过来，原来是松岭，他接我们来了。

那院里四个饲养员都很好，冬天冷了，绑个草帘子吊在我们家门上。看着我挑水老难，他们往牲口屋挑水时，给我们捎过来一担。我觉得农民不管男女老少都很朴实，可亲可近，离开那个村子后，直到现在，我还觉得屈庄的群众真好！

村里还有个人叫耪子，他认识字，也很会说，可能看过些书。冬天夜长吃了饭没有事，他就跑到牲口屋里讲故事。孩子们都爱听他讲故事，每天晚上都挤一屋子人。

当时农民生活很苦，妇女们却很乐观，她们走到哪里，老远就听到说笑声，互相开玩笑打打闹闹，热闹得很。我跟她们一块干活，也觉得很开心。

她们去地里都带着针线活，休息的时候就赶紧做，而且什么活都能带到地里做，给小孩儿做棉衣也能带着，包袱一包随身带，拉架子车时把包袱挂在车杆上。路上正走着，听说休息马上停住，包袱往地下一铺就套棉花，什么时候开始干活，包袱挂在车上拉着就走。她们的时间抓得很紧，因为每天都要去地里，做活的时间很少。走在路上听说休息，她们不是走到地方再休息，因为这个时间是属于自己的，舍不得浪费在路上，所以铺到土窝里也要做活。她们真是分秒必争，要不就难穿上衣服。

在屈庄住着，村东头有个人死了，他两个兄弟来找李準，叫给他哥写篇祭文。说他哥一辈子受苦，把两个弟弟带大，还给他俩娶了媳妇，他自己没有娶。后来他大弟弟被抓壮丁，从军队逃了回来又被人家抓住，当时逃兵是要枪毙的，他哥听说消息，愿意替弟弟去死，说他弟弟有家有口，老婆孩子一大群，他是光棍一人，没有负担。他带着钱走了门路，把弟弟换了回来，后来人家让他陪法场，没有打死他。

李準听了这件事很受感动，祭文写得很有感情，开追悼会念的时候，好多人都哭了。从此以后，不断有人来找他写祭文。

那天他跟我说："没想到我这笔杆子在这里又用上了。"

西华县农村有个风俗，谁家死了人都要叫响器，吹的时候全村人都去看。我也喜欢听响器，谁家请响器，妇女们都叫我一块儿去听。

一九七〇年春节是在屈庄过的，年初一那天，大孩子和小六合作，就在那牲口屋里变了几套魔术，叫饲养员们看着玩的。他们看了以后，回家把人都叫来，一会儿全村人都来看热闹了。

一九七一年夏天，大女儿回来住了一段，该走了，我把棉衣服做好让她带着。这时候，我们已经把家搬到前高大队第六生产队，这里离公路近，交通方便。李準送女儿去漯河，小五、小六都要跟着去。我送他们到街上，大队支书听说去漯河，他熟人多，就给我们截了一辆卡车，不用掏钱买票。看着他们走了，我回到家，天突然下起大雨。电闪雷鸣，雨下得跟瓢泼一样，我真为他们父子几个担心。后来才知道，半路上司机把车停下来，叫他们藏在车底下，怕打雷出危险。女儿带的棉袄也淋湿透了。那辆车刚刚拉过煤，泥水流了他们一身。他们几个都成了黑人，走到漯河，街上的人都站着看，不知道怎么回事。

下雨的时候，四孩儿正好回农场，走在路上，一片平川，一眼望不到头，连棵树都没有，真是无处躲藏。穿着鞋地上粘得不能走，脱了鞋蒺藜扎脚走不成，可把孩子难坏了。他只好穿着鞋慢慢走，随那暴风雨吹打。

我们搬到前高大队六队，邻居住着一个叫留建的人，他以前在业余剧团唱过戏，都是演女角，唱得不错，在这一带也是小有名气。当时只有几个样板戏，群众都不愿意看。他多年不演戏，也急着想唱。

有一天晚上，他跑到我们屋里说："老李哥，你写个戏吧，咱村里有演员，不出村就能把一台戏演起来。咱好好排排，到过年时也叫群众热闹热闹。"后来找李準的人越来越多，想演戏的人找他，想看戏的人也找他。李準见群众都想看戏也想写，后来考虑考虑不敢写，他的问题没有解决，叫他下来劳动改造，谁也没有批准他写东西。群众很热情，整天围着他，给他讲故事，帮他出主意。大队支部书记也支持他写戏，他说："老李哥，你写吧，出了问题我们负责。咱大队有的是演员，高中还有几个学生，一放假都是演员。"

李準想过来想过去拿不定主意，写吧，怕受批评；不写吧，他看着群众没有一点文化生活，又可怜又惭愧。大孩子看他为难就跟我说："妈，俺爸不敢写，我写吧！"李準觉得这个主意行，就帮助大孩子构思了个故事。戏名就叫《榆树记》，主角是个老太太，她孩子是生产队长，撂挑子不干，她忆苦思甜，教育儿子。故事大致就是这样。大孩子写了一遍，念给我听听，我听着还不错，叫他爸爸又改了一遍，后来省文联有人听说李準在下边又写戏，说他是"本性难改"。

剧本写好后，李準胆也大了，天天去大队领着排戏。这年冬天四孩儿也转到我们队里劳动，干农活在哪儿都一样。晚上两个孩子和爸爸都去大队排戏，天阴下雨白天也排。有一天，李準回家吃午饭时跟我说："今天的戏排得好，都动了感情，特别是留建，他的戏真出来了，他哭着跺了一脚，全屋的人都哭了。"大孩子说："打鼓、拉板胡的人也掉泪了。"李準进屋先去洗脸，我知道他的眼泪比谁都流得多。他是个最爱动感情的人。

戏终于排好了，大年初一正式演出，村里还搭了个台子。大孩子又写了一段数来宝，教小六和另一个男孩子说。全家人除了我都有事干：小女儿和另一个女孩报幕，四孩儿打锣，李準是后台监督，大孩子是前台监督，拿着剧本站在台子边上给演员提词。

初一那天，我也没有心做饭吃了，炒了一盘菜，一人吃一个馍走了。我走到村街上，见男女老少说着笑着都往大队门口跑。人越来越多，外村的人也听说了消息，有的老年人走不动路，坐着架子车也来看戏。这热闹的场面我从来没有见过。

敲过一阵锣鼓，小女儿她们上去报了幕，然后两个孩子先说一段数来宝，戏就开始演了。演出非常成功，台下鸦雀无声，唱到忆苦那一段，台下的人都哭了。

在前高大队演了以后，外大队挨着请，请去以后，管两顿饭，也不要钱，一直唱到正月十五以后。我们都觉得这个春节过得愉快。

1998 年李準 70 寿辰，摄于北京家中

前：(左起) 孙女李桢青，长女李小品

中：(左起) 长子李克勤，李準，董冰，长媳李宝琴

后：(左起) 四子李克坚，次女李笋子，二子李克都，三子李克威

过罢春节，大女儿那个组里的知青都走完了，她急得今天一封信，明天一封信，催我给她找门路。我也急得火星子乱蹦，可我一个家庭妇女，有什么办法！

三孩儿也是三天两头来信，今天来信说有招工的来了，不知有没有希望。过几天来信说招工的走了，招走了几个人，跟他一块儿干活的一个同学也走了。过一段又来信说有希望了，公社干部带他去找招工的，跟人家说，你把这孩子带走吧，他父亲虽然有点问题，这孩子很老实。招工的让他填了一张表，如果他走了，就给家里打个电报。这封信写得很高兴，我们也盼着他的消息。

那时候我们每月去农场拉一次煤，回来自己打成蜂窝煤，煤拉回来加点土，在院里和一大堆，全家人用小蜂窝煤机换着打，一打就是大半天，把人都累坏了。那天打到晌午，我去做了一锅面条，正准备吃，有个人回来说："集上邮局有你们家的电报。"大孩子跑着去拿电报。邮局离我们家有一里地，本来打了一上午煤都累得不想动，一听说有电报，大孩子三步并做二步跑到邮局，拿住电报拆开一看，电报是三孩儿打来的，上边只有三个字："没有我"。

电报拿回家，一家人气得面条也没吃。我真想给省委领导写封信问问，我们这些孩子是不是只能沤粪！后来才知道，招工的看孩子挺老实，想把他带走，因为他爸爸影响太大，经过再三考虑，还是不敢要他。

从今不问招工事

在乡下住的那几年，去一次郑州很不容易，特别是到漯河，遇上天阴下雨就要隔在那里。有一次三孩儿从固始县回来，到漯河遇到雪天，他没有带粮票，在那里吃了两天烧红薯，回到家一进门就发脾气，他有胃病光吃红薯肚子里难受。

有一次我从郑州回去，十点钟到漯河，看着天色不对要下雨，农场上午的班车已走过，听说西华县也有个班车站，就赶快去找。找到那里，上午的车也走过了，只有下午两点钟还有一趟车，我赶快排队买下午的车票。买到一张票我心里很高兴，可是光拿住票不等于走呀，还得等到下午两点。我真怕天下雨，盼着赶快到下午两点。看着表，人越急只嫌表走得慢。看着看着，天下起了雨，并且越下越大。汽车站的人吆喝说："去西华的车不发了，赶快退票。"我正在作难，有个人告诉我说："换张票去周口吧，去周口都是柏油路，到周口离西华就近了。"

我慌慌张张换了张票，跟着他们上了车。到了周口往西华去还是没有车。周口那个小站房又脏又乱，还不如漯河。这地方我没来过，连一个熟人也没有，怎么等到明天？天黑了有人拉来一架子车被子和席子，四毛钱可以租一条被子和席子。

我不敢睡，在凳子上坐了一夜。第二天坐车到西华县城，还是没车去西夏，又在西华县住了一夜，第三天才回到家。我说："出趟门这么难，以后再也不去郑州了。"大孩子说："应该说回郑州再也不来了。不回郑州，能在这里住一辈子！"那时候，我六个孩子，除了两个小的上着学，四个大的全部是知青，眼看孩子一天天长大，一个也出不去，他们急，我也急。孩子小的时候，我盼着他们长大，谁知道长大了事情更多。

一九七一年冬天，因小女儿暑假就要初中毕业，李準说："要不能上高中，赶紧把小五的户口转到三姐那里，离开咱这家还有可能上高中，不然都弄到农村怎么办？"

他写信联系，三姐也答应叫去。我心里不大愿意，想着孩子到人家家，人家的孩子媳妇回去了，这孩子连立站的地方都没有。我不愿让孩子受那委屈，我也不敢硬说不叫去，因为实在无别的路可走。李準说："咱寄生活费，只是在他们家住住。"我想就是寄双份生活费，孩子也受委屈。

李準让我去给孩子办户口，我跑到郑州问户口怎么办法，派出所的人说，洛阳先来证明同意接收，他就给办。我又跑到洛阳，见三姐不是很热心接收，她已是孙子孙女好几个，家里也很忙。我拿定主意决不叫孩子来。到一九七二年情况有所好转，公社没有再卡她，她很顺利地考上了高中。

有一次三孩儿回来住了几天，那天早上要走，我做了一锅红薯饭，他爸爸跑到集上去买馍，没有回来。孩子回来住几天总不想走，不走又觉得输理。三孩儿偷偷跑到厨房问我："妈，一会儿我走时候你去送我不去？”

“我去送你。”

“你把我送到哪儿？”

“我把你送到汽车站，你上汽车走了我再回来。”孩子走时总是恋恋不舍，实在没有办法，只好叫我送送他。

他爸爸买回来烧饼，赶快让孩子吃点，给他盛了一碗红薯汤，让他喝喝送他走了，我把他送到汽车站。孩子们的要求，我总是尽量满足，让他们的心灵尽量少受些刺激。

一九七二年，大孩子都二十多岁了，还找不着工作。他爸爸想让他在大队学校当代课教师，孩子不愿意干。那一年省里举行戏曲调演，地区叫各县都成立创作组，县文教局的人听说他写过《榆树记》，就把他叫去问了问，觉得还有水平，就把他安排在文教局创作组工作。后来他写的《渠水畅流》成为全省的优秀剧目之一，为西华县也争了光。孩子们长多大也不愿意离开家，去县里时他说：“五一节放假我就回来了，他们要让我下农村生活，我就回咱队里。”李準说：“还是老大先出去。”

大孩子参加工作以后，情况有些好转。紧接着三孩到平顶山标准件厂工作，九月份四孩儿到开封汽车配件厂当了工人。快到国庆节大女儿回来了，头天晚上到家，第二天上午知青组打来电报，说招工的已到公社，叫她赶快回去。当天下午就走了，让她妹妹陪着她去。大女儿被省电建四处招走，回郑州当了工人。

四个孩子都参加了工作，我的心里舒展多了。那几天喜鹊也在院里叫起来，多少年都没有听过喜鹊叫了，听着那欢快的叫声，我心里有种说不出来的滋味。

那一天，天下着小雨，小女儿把姐姐送到郑州后回来了。吃过晚饭，全家坐着聊天儿，李準说："你给我出个题，我能马上写一首诗。"我说："什么题？"

"什么题都行，你随便出。"

我说："就今天这事，女儿从郑州回来，你写吧！"

他说"好"，接着说了四句诗：

灯花怒放喜鹊催，
蒙蒙细雨女儿归。
从今不问招工事，
全家欢颜尽举杯。

三孩儿回来，看了他爸写的这首诗，说最后一句不如改成"忧愁牵挂一风吹"。

20

吃黑馍他还高兴

事大事小，到时候就了 /

游了几十里 /

一天写了七千字 /

大儿媳妇抱老盆 /

董冰和孙女李桢青，1994 年春天摄于郑州

事大事小，到时候就了

一九七三年元月份，我们家又搬回郑州。搬家那一天，我的心揪得很紧。行李装了满满一车，孩子们还在车顶上边坐着。那一天特别冷，孩子们的脸冻得跟西红柿一样，就那样还在车上唱歌。

我坐在驾驶室里，眼睛盯着前面的路。有的地方路不好，我心里就害怕，车上行李装得那么高，要是翻了就全完了。那个师傅开车很稳，一路上没出问题，天黑才到郑州。

这一年，李準打算写反映黄泛区生活的长篇小说。我们住在农学院老干部管理所。那一次李準去林县参观，碰上北影导演凌子风，凌子风回北影开了张介绍信，来河南借人，叫他先写成剧本，再写长篇小说。

一九七三年十月，大孩子要结婚。李準那时候在交际处住着，不知开什么会，他不能回来。我说："只剩三天了，你不回来我也不知道怎么办。”他说：“你先准备吧，到那天上午我请个假去看看。”我没有经过这种事情，吓得浑身发软，不知道该给人家做点什么吃的。俗话说：“事大事小，到时候就了。”尽管作难，喜事还是办了。

十月中旬，李凖去北影写电影剧本《大河奔流》，他春节前回河南。过罢节小女儿又要下放。这一次我特别害怕，因为那一段社会上很乱，学生像疯了一样到处打架伤人。

说走就得走，那一天天不亮我和她爸爸把孩子送到大街上，送她上了汽车。我心里很不安。

一九七四年四月份李凖又去北影，住到八月份，《大河奔流》上集的初稿写出来了。九月份他又去西华县采访，补充电影剧本的材料。

一九七五年三月，李凖又沿着黄河跑了一个多月，广泛收集材料，下集还是没法开头。采访的东西也不少，就是电影用不上。回来以后，他住在花园口写。他住的房子离河堤不远，可以听见黄河的浪涛声。八月份我和大孩儿、三孩儿去看他。他在那里住一个小屋，屋里就一张床一张桌子。

我们几个到黄河滩里看了看，黄水滔滔，浊浪滚滚，河边是一眼望不到头的沙滩，光着脚走上去柔软凉爽，三孩儿说这比舞台上的地毯还舒服。他在上边又蹦又跳，还躺在沙滩上睡觉。他爸爸说：“小六要是来了，在上边画点画才好呢。”

小六在家检查身体，部队要在他们学校招收飞行员。我们走时把门锁上，门上贴张纸条，说钥匙在谁家。我们下午回来，条子还在门上贴着，他一天没有回来。他们学校共去了六十个学生，一上午淘汰了五十多个，只剩下八个人。晚上小六回来说明天还要继续检查。

第二天是去坐转椅，他哥哥们说一个转椅就把你转下来了。第二天他吃了早饭就去了，等到十一点还不见回来。大孩子说：“小六到现在不回来有两个原因，一是过了关，继续往下检查；二是转晕了，在那里休息。”

小六十二点多才回来，大家都抢着问：“怎么样，小六？”

“没什么。”

“又过关了？”

“嗯。”

他爸爸从楼上下来，一看见就问：“怎么样小六，把你甩下来没有？”他说市里检查全部过关，检查表上写的是飞行合格，等候通知。可能还是出身问题，他一直也没有接到通知。

李凖每次从黄河沿回来，便高兴地跟孩子们说着他在那里的生活。他跟十来个工人一个伙，吃的是卷一多半红薯面的花卷馍。早饭一个花卷馍，一碗稀饭，五分钱咸菜；中午两个花卷儿，一碗炒白菜；晚上一个花卷儿，一碗豆面条。他说着很高兴，他说：“黑面虽然多，我还能吃。”说着他哈哈大笑。三孩儿跟我说：“看俺爸爸真是乐观主义，吃着黑馍他还高兴。”

游了几十里

一九七五年八月，小女儿刚回西华县她下放的地方，那里就遭受了水灾。这是全国有名的一次大水灾，水来得很猛，上游水库塌坝，几条河都决了口。大孩子那时也在西华县，两个孩子音信不通，真是叫人焦心。没有别的办法，我只好派四孩儿去找他们。他背点馍坐着邮车去了西华县，当时只有邮车还通。去了四天没有消息。小六又要下放，我心里很乱。没有心思给他准备东西。学校里逼着叫他走，真把我的心都搅碎了。

那一天下午，四孩儿带着妹妹回来了。大孩儿下去救灾，被困在水里没有消息。小女儿说她七号那天正在队里运麦子，当时沙河已经决堤了，水还没到他们那里，生产队都叫把麦子往地势高的地方运。后来形势紧张了，都叫大家赶快走，她跟几个老乡一起跑到街上，西华县来了几辆大卡车，到西夏街上就调头，人上满开着就跑。她到县里去找大哥，听说大哥头一天去颍河上防汛，一直没有消息。她就在县里当了难民，每天排队领点吃的，一直等到四孩儿找到她。后来才知道，大孩儿在叶桥护堤，水越来越大，后来颍河决堤，他们组织群众往河堤上转移，有一个妇女跑上河堤说她的两个孩子还在房上。大孩子他们四个人撑着筏去救人，他们刚把那两个孩子接下来，房子就塌了。

群众都跑到河堤上，那段河堤两头都决了口。四面都是水，人们被困在中间。大孩子也在上边，去时带的衣服、被单、手电筒都被水冲走了。他光着脊梁穿着裤头，幸亏有一件雨衣，冷的时候可以穿穿。夜里刚下过雨，他把雨衣铺在地上睡一会儿。白天没有吃的，农民们给他们抓一把生麦子嚼嚼。飞机投的烙饼，都让水冲跑了，只捞出来一包，已经泡成了糊糊，他们就用手挖着吃。

在河堤上住了七八天，他们决定回县里。他临下水前吃了两个飞机投下来的烙饼，在水里游着还推了一个筏，上边坐着不会游泳的同志。他们游了一会儿，抱住树歇一会儿，游了几十里才到逍遥镇。从水里出来，孩子都不会走路了，走几步摔一跤。好多天没吃饭，到逍遥镇一个人发两个馍，他吃不下去，只吃了半个。十几天后他才回到家，我看他又黑又瘦，孩子受点罪吧，总算回来了，我才算松了一口气。

李準 70 寿辰，1998 年摄于北京东方饭店

上：（左起）孙女李桢青，四子李克坚，次女李笋子，长媳李宝琴，长女李小品

下：（左起）李準，董冰

一九七七年十二月，我们家添了个小孙女。十几年家里没有小孩儿，一家人都很喜欢这个小人。家里人多都轮换着抱她。孩子长到一岁，他们都上班走了，我在家看着孩子还得做饭。下午我急着蒸馍，她哭着要我抱她，我只好一只胳膊抱她，一

只胳膊做饭。她就喜欢我抱她，哭得再痛，一抱起来她就笑了。有时谁回来早了帮我抱抱孩子。

孩子长到一岁半，我要上北京给她爷爷做饭去。《大河奔流》写成以后，崔嵬又叫他改《李自成》，李凖在西四借汪洋家两间房子，叫我去给他做饭。

儿媳抱着孩子去送我，孩子人不大嘴很会说，看见我要走了，她说奶奶走了，不要桢桢了。看着我上了汽车，她指指她妈妈，看看汽车，意思是让她妈赶快上车。车门关上车开走了，孩子“哇”的一声哭起来。到北京以后许多天，想起来这件事我就想掉泪。十一月份，李凖要回河南开会，我就先回去了。我恨不得一步跨进家门看看孩子。

我走到家门口一看，门上没有挂锁，我推开门，屋里很静，突然“咚咚咚咚”从里屋跑出来一个小人，她看见我身子一歪靠在墙上，不敢近前。

我抱起她问：“还认识奶奶不认识了？”

“认识。”

“想奶奶不想？”

“想。”

“奶奶回来没有？”

“没有。”

住了几天我又去北京了，快过春节时，有一天早上，我们还没起床，听到有人敲门，开开门叫了一声：“哎哟！桢桢，快叫爷爷抱抱。”四孩儿来北京过年，把她带来了。进到屋里，她伸着脚跟我说：“我穿了新鞋。”

我说：“快把孩子鞋脱了，放我被窝里暖暖。”

我抱住她，她说：“奶奶，我不走了，我就在北京。”

“好，不走。”那时我身体不好，神经衰弱休息不好，她跟着我睡，我整夜睡不着，叫她跟别人睡她不愿意。

那天叫她跟三叔睡，她躺到被窝里还喊我。我去看看煤火，看见孩子在床头上扒着喊：“奶奶！”我怎么也忍不住，就把孩子抱过来，任凭我睡不着觉，也得让孩子高兴。

那天让她跟三叔出去买酱油，她不去，怕领她回郑州。她三叔跟她说了半天，说是买酱油，不是回郑州。她说：“买了酱油还回北京。”

有一天早上，她三叔买回来五仁包子，我抱着她，掰开一个给她半个，我拿着半个。她把馅儿吃了不吃皮，又把我那半个要去。她吃了两口，仰起脸看着我说：“你吵我吧！”

“吵你干什么？”

“我吃你的，你不吵我？”

这孩子有幽默感，很会说，就是说话太快，还有点小结巴。爷爷问医院的大夫，人家说是智力发展太快，语言表达不出来，长大就好了。

孩子整天说不走，我们都有点担心，怕走的时候，孩子哭闹起来，我们可怎么办！

走那一天，我们都不敢说，偷偷地给她收拾东西。走的时候，她三叔抱着她，我拿着东西去送他们。走到街上，我怕她睡着受凉。我哄着她说："桢桢，可不敢瞌睡啊，咱去坐汽车。"她跟三叔说："到家再睡吧。"

"到哪个家？"

"郑州家。"

克威高兴地告诉我说："妈，可能不会哭，她什么都知道。"

到火车站，车误点一个多小时。孩子睡着了，三叔抱着没有座位，只好蹲在地上抱着孩子。他怕我赶不上末班车，叫我先回去，我怕上车时挤住孩子，就把他们送到车上。到火车上，她醒了，瞪着眼看看也不吭声，我也不敢跟她多说话，就匆匆忙忙下了火车。

一天写了七千字

一九七八年七月，李準开始写长篇小说《黄河东流去》。一天写四千字，感到很累。那时候经常开会，外事活动也多，他的创作经常被打断。由于隔的时间太长，写到后边，前边都忘了，有时候他自己也失去了兴趣，不想写了。

他真想一鼓作气写完，可就是杂事太多，老是被干扰。这次就集中写了四天，房产处来人说要修房，说这房子快塌了，不敢住人。

七月二十四日，早上我刚把东西收拾好，工人们就来了。有人上房，有人拆墙，屋子里灰尘弥漫，对面看不见人。我们赶快跑出来，天又下起了雨，只好先跑到邻居家。

上午九点多钟，一辆汽车把我们送到密云水库招待所。李準来到这里很高兴，住在三楼，窗外就是大山，青枝绿叶。我还是第一次住这样的房子。吃过午饭，我们去水库看看，水很清，李準还下去游了一会儿泳。我对玩没有兴趣，我的最大愿望是他能在这里把长篇写成。第二天他又写了四千字。他写东西很慢，一个字一个字地抠，我见他写东西就发愁，真是够费脑子的。

他写作时吸烟很多，我担心会把身体搞坏，劝他少吸一点。他也答应，可是一拿起笔就什么都忘了。

一天写四千字，他累得头直晕。吃过晚饭去散散步，到白河边看看，河水很浅，只有脚脖深。正走着天又下起了雨，我们跑到桥洞底下去避雨。想着小孙女儿要来该多好，孩子最喜欢玩水。

第九章写完以后，他很高兴，拿起稿子给我念了一段。他说："这本书要献给'四·五'事件天安门前的那些勇士们。他们是中国的希望，是中国的脊梁。"

住在这里，也有人找他。都是业余作者拿着剧本来让他看，人家多远跑来了，他得停下自己的创作，先看拿来的剧本，看过以后，还得帮助出主意，想办法修改。

那一天写了七千字，他累得直不起腰，我说："你躺在床上说吧，我替你写。"就这样又写了一千多字。

北京的房子修好以后，我们又搬了回来。回来以后，他忙着修理门窗。我说："借人家的房子，凑合着住吧。"他不听，请来木工换上玻璃窗，又跑到街上买来白灰，赁了一套工具要刷墙，就这样前前后后忙了好几天。

大儿媳妇抱老盆

一九七八年五月，接到老家一个电报，说他母亲病重叫我们回去。因为那时候家庭成分还没有解决，他回去怕影响不好，就叫我先回去。

我先到郑州带着大儿子、儿媳妇和孙女儿，回到老家，赶紧请医生给母亲输液。第二天她好像病轻些了，孩子和媳妇急着上班，就叫他们先回去了。走的时候，他们没有跟奶奶说，我想着她一会儿就忘了。其实她已经知道了，她问我：“克勤走了？”

“嗯！”

“唉，走了干什么？”

老人那时一会儿糊涂，一会儿清楚。我喂她吃饭时，她睁大眼睛看看我，没有说话。意思我很明白，老人知道我没走，要给她送终，她也放心了。

我们那里的规矩是大儿媳妇抱老盆。老盆不摔抱到坟上，放在墓里棺材上。这是老人的心愿，我一定满足老人家的愿望。

母亲的病情十六日突然恶化，十七日不幸去世。早知道这样也不叫大孩子走了。我想她可能知道自己的病情，所以不想叫大孙子走。我一个人代替他儿子和孙子为老人行孝。家里还有两个弟弟、两个姐姐。我们几个忙碌了几天，把母亲埋葬了。回来以后，腿都拉不动，像是做了一场噩梦。我越想越后悔，那几天没有跟老人多说几句话。

说到婆媳关系，我和李準的母亲是很不一般的，我们比亲母女还亲。几十年我们从没有生过气。老太太性格开朗、乐观，有时也偏一点农村的六弟，把小孩的衣服有时包住拿回老家给他，我都只当没看见。那些年，李準家里是地主成分，他又是有社会影响的人物，所以他的祖父、祖母、父亲、母亲从害病到生养死葬，都是我代替他回家办理。作为一个儿媳、孙媳，我可以说尽到了我的责任。我的孩子们也都知道这一点，我带他们回老家探病、殡人，他们很能尽心，他们都知道这是替爸爸尽孝的，所以都很听话。

回到北京的一天晚上，一个人来跟李凖说："赵丹去日本访问回来住在北京饭店，让我给你捎个信儿，请你明天上午九点钟给他打个电话。他说你要是没有时间，叫我打电话跟他说一声。"

李凖第二天上午去宾馆看赵丹，赵丹非常激动，他含着泪拉住李凖的手，说他粉碎"四人帮"以后一直没有上戏，眼看着一天天老了，请李凖无论如何为他写个电影剧本。李凖满口答应，两人商量着准备写齐白石。

过罢元旦，李凖把长篇小说《黄河东流去》停下来，到处跑着采访收集材料。他又跑到上海跟赵丹商量，决定写《荆轲传》。剧本写成以后，赵丹非常喜欢，可是有个领导说剧本是影射什么人，这件事就拖了下来。后来赵丹因病去世，李凖流着泪说："没有让赵丹再演一部电影是我的终生遗憾！"

一九八〇年李凖回郑州过春节，听说农村实行责任制的消息，他很激动。他在农村跑了几十年，从互助组到人民公社，什么办法都试过，农民的积极性就是调动不起来；现在搞了责任制，他要亲自下去看看，究竟怎么样。

正月初七，他到洛阳地区跑了四个县、几十个生产队，在伊川县他为了考察农民到底拥护不拥护责任制，随便找了五十个农民，叫他们投票，每人发一张红纸一张白纸，拥护的投红票，不拥护的投白票。屋里放一个铝锅，票就投在锅里，投完票他们进去一看，锅里全是红票。

回来以后，他写了两篇文章，叫《初春农话》和《一个魔影的出现》，发表在《人民日报》上，后来他又下去几次，写了几篇文章。李準说他这是撒传单，为责任制摇旗呐喊，写了一辈子文章，可能这几篇对老百姓才真有点好处。

为了集中时间把《黄河东流去》写出来，我们去上海住在上影招待所。那一天，他早上四点钟起来写，写的是海老清回家那一章，写到有趣的地方他自己笑，写到悲伤的地方他也哭，从早上到中午他哭了两场。吃罢午饭，他说给我念念，我不想让他念，我知道他念的时候还要哭。

写这部长篇可真不容易，人家写东西是有兴趣，他是怕写作，他写得很艰苦，把整个身心都投进去。他吃过饭转几圈，也不想往桌前坐，我总是催着，哄着给他鼓劲。他坐下来写一会儿，我偷偷跑去看看他写了多少页。真是写一页少一页，走一步近一步，艰苦得很。

一九八四年二月二十五日晚上，我在厨房做饭，听见他在书房高兴地“咳”了一声，我知道是长篇写完了。一会儿他哈哈大笑地走出来说："写完了，写完了。"他高兴得跑到街上买一瓶红果酒，想回来庆祝一下，结果买的是红果原汁，不是酒，只好加点白酒当甜酒喝。这部长篇前后拖了五年，终于写成了。

附录：李凖和他的“双双”*

袁漪

李凖早已是当代著名作家，至于他的“双双”，并非指电影里那位名盛一时，妇孺皆知的李双双，而是他的夫人董双。

董双和李双双同样生在农村，长在农村，同样勤劳善良；所不同的是，李双双爽朗泼辣，董双温文沉静。朋友们戏称，李凖把他精心塑造的典型人物名之为“双双”，是为了表达他对妻子的一片爱心。

第一次见面

那时候，婚姻全凭父母做主，儿女无权张口。娶妻子如同隔着布袋买猫，娶到家里拜过天地还不知道是红脸、白脸、黑脸。农村女孩都是从小找的婆家，等懂事了才知道婆家是哪个村的；从此，就不敢提起那个村子，更忌讳“女婿”二字。对

* 本文选自《李凖文集》第5卷，收入本书时有删节。

她们来说，结婚就是到一个陌生的地方去侍候一些陌生的人。

没有青梅竹马两小无猜的亲切回忆，没有花前月下情牵思萦的缠绵经历，他们第一次见面是在简陋的洞房里，时间是一九四四年农历十一月，两人都只有十六周岁。

至今，李準一谈到第一面的印象，特别强调他的复杂心绪：他虽只上过一年初中，在农村也算得上是一个有知识的人，十三岁时就花三天三夜读完整部《红楼梦》，还会演剧、编小戏，曾赢得一些少女的青睐。而眼前这位又瘦又小在窑洞里长大的姑娘，与他幻想中的佳人有相当距离，不免感到失望。但他又可怜她，姑娘是那么怯懦、无恃，在这兵荒马乱的年月，过早地离开自己的父母，来到了另一个家庭。

董双却是清晰地记着而且能详细地描述李準当年的模样："他个儿大，长得黑胖，像铁塔一样，一双大眼亮闪闪的。穿的是他父亲从旧货摊上买来的蓝绸袍子，短了半截，他母亲给改了一下，从腰上剪开，接一截子不同颜色的布，外边罩着他姐夫的一件大衫子，是青蓝色的斜纹布……"对这位新郎，董双还是很满意的。

他们是同乡又是同岁，而十六年间，两个人的经历却并不相同。

铁生——农村的小才子

李準，小名铁生。查一下家谱，他系蒙古族人，而且是成吉思汗麾下大将木华黎的后代。只是这个家族久居中原，早已汉化了。

他的家庭可以称得上书香门第。祖父李祖莲是个秀才，一生以教书为业，伯父和叔父也是教师，他们都善书法，家里有不少古书和碑帖。一门出三个文人，在农村还属罕见。只有他父亲李俊人没有上过学，十几岁时已成了种庄稼的好把式。所以他家一直以“耕读传家”自诩，过年时总要把这几个字贴在门楣上。

李凖五岁那年就被送进学校读新书，放学回家又跟着祖父念老书，从《三字经》《弟子规》《朱子家训》开始，稍大一些，又学《古文观止》《左传》《史记》《乐府诗选》……他的古典文学基础，得益于祖父的严格要求。

他自幼聪颖，读书过目不忘，五岁时和村里一个“神童”比赛背《弟子规》，对方一口气背了下来，他不但能顺着背，还能倒背如流，一字不错，于是一鸣惊人。他特别爱看“闲书”，刚认了一些字即开始看《三国演义》，在中学里别号“小说大王”，自称读过三百部旧小说，和三千名古人交了朋友。

十三岁时，他和几个小伙伴去西安考国立十中，没有考上，跟着黄泛区农民在那里转了一个多月，也算是到过大城市，见过了大世面。到了十五岁，父亲把他送到洛阳东站附近的恒源盐栈当学徒。成天扫地、称盐、担水、烧茶，劳动虽然艰苦，也使他有机会广泛地接触到社会的各个方面：了解了城市生活，熟悉了小车站，看过常香玉、崔兰田的戏，认识了不少底层人物。和他关系最密切的是一个聋子办的书店，他常去那里租书，一本接着一本，读了大量的中国新文学和外国文学作品，第一次知道鲁迅、沈从文、屠格涅夫、狄更斯等中外作家的名字。

这般见多识广又读了一肚子书的小青年，在麻屯一带农村，不说凤毛麟角，也是出类拔萃。

董双——农民的女儿

董双的家庭就简单多了。

她出生在一个多子女的农民家庭。父亲沉默寡言，只知埋头实干，一生奉守“种地钱，一万年”“干什么都不如种庄稼”的信条。是村里有名的庄稼筋。但家里一直贫寒，还得借人家的窑洞安身。

她母亲也是一个干活能手，从来不让自己闲着。白天下地、做饭，晚上纺花、织布，不分冬夏，天天劳累到深夜，靠纺线换花，织布卖钱，支撑这个穷家。这位母亲很会过日子，连梳头掉下的头发都舍不得扔掉，缠一缠塞在墙缝里，攒几年拿出来打牲口套绳。

受父母的影响，董双从小懂得：“人来世上就是要干活”。

她四岁就看场，七岁能纺花，九岁会磨面，十岁学针线……早早地成了家里重要的劳动成员，像她父母亲那样，死心眼儿地干着，不知什么叫苦，什么叫累。

她没有见世面的机会。麻屯集离董家村只有四里，她却从未去那里看过热闹。唯一的一次社交活动是十岁那年一个本家哥哥娶亲，父母破天荒地让她也去，和大人们一起坐桌喝喜酒。这一天成了她童年史上最美好的一页，反复回忆，久久难忘。

如讲学历，她只在农村的草棚里上过十天小学。那一年上面忽然强调女孩子也得上学，家里不得不接受硬性分派的任务，让她也走了一下过场。

大家庭里的小两口

李準的家是一个四世同堂的大家庭，有二十来口人。李準的母亲是个能干好强的人，看到大伯家的两个儿子娶上了媳妇，迫不及待地要给大儿子完婚。一当上婆婆，身份不同了，做饭等任务自然落到儿媳妇身上。

按照农村规矩，新媳妇进门后，每天都得天不明起来，扫地添锅。董双一进这个家，思想就紧张，一看到那口二十多人吃饭的大铁锅，心里就害怕。她生怕早晨添锅晚了，耽误全家吃饭，又没有钟表，半夜醒来再也不敢合眼。有次，一觉睡醒，屋里已经明了，吓得赶快起来，外面正在下雪，她马上跑到厨房里扎火添锅，又把院里的雪打扫干净，过了好长时间，锅里的水开了再添，添了又开，还听不到鸡叫，才知道是错把雪光当作了天亮。煤快烧乏了，又无法把大锅端下，急得她直想哭。回到娘家，只好埋怨母亲："为啥要叫我走这么早，你也知道他家人口多，我能端动那口大铁锅不能！"

她也怕邙山岭上十几丈深的水井。每次担两个大木桶去打水，绞到半中央人就没劲了，压住辘轳歇口气，再慢慢绞上。遇到天旱，要绞三四回才能刮出一桶泥浆水。

李準原在家里种地，后来上麻屯镇他父亲办的邮电代办所做事，主要是收送报刊，取寄邮包、信件。每次回家，看到妻子愁眉苦脸，忙忙碌碌的样子，十分同情这个只知干活不爱吭声的小媳妇，有时安慰她："别发愁，外国有'三八'妇女节，过几年中国也会有妇女的节日，到那时你们可以自由了。"董双对这些话毫不理解。

怎样帮助她呢？李準想出一个办法：教她识字。在他看来，认了字，能看点书，生活就有意思了。他找来一本带着拼音字母的小学一年级课本，先教她学会拼音，掌握识字的拐棍；又给她订了个本子，教她学着写字。新的追求吸引了董双，每次纺花，总要把课本放在腿上。等他们有了第一个孩子，她已经能念下小学四年级的课文。

第一次劫难和逆境中的崛起

当李準还是一个默默无闻的小人物时，就经历了一次劫难。

洛阳解放后，他由一家私营银号的店员转为国家银行的干部，成了令人羡慕的“公家人”。他干得很出色，受到省行表扬，当了计划股长。

一九五二年春天，“三反”运动一开始，有人怀疑他有经济问题。本来，“大胆怀疑”已成了运动中正常的现象，李準却大为恼火，在会上公开顶撞：“要查出我贪污一分钱，枪毙了我！”

叫他交代，他说：“这样冤枉人，我不干了！”

劝他承认了再说，免得吃眼前亏，他不听。

态度恶劣，对抗运动，凭这个罪名即有足够理由把他关押起来。对“老虎”的斗争是毫不留情的，禁闭室里，看守掀掉了他的铺盖，先是罚站，一站几天几夜；又罚他面壁而坐，一瞌睡头往墙上直撞。他开始学习吸烟，吸那种最便宜的金鸡烟，不准看书，只好用烟头在墙上画牛。

横祸飞来，董双首先想到的是见上丈夫一面，打听到关押的地方，拉着两个孩子，不顾一切地直奔银行后院，刚走到窗下，已经听到他的咳嗽声，被看守挡住了。他们没有见面，李準只能通过看守把身上仅有的几元钱转给了她。

那时，一个月只给六元生活费，家里穷得几乎要饭。他们的第三个儿子出世不久，奶奶向儿媳妇建议："把孩子卖了吧，还能换一千斤麦子。"

半年以后，结束审查，虽然没有材料，仍做出开除团籍、开除公职的决定。意想不到的打击使他麻木了，不知道自己是怎样走出了银行的大门。

何处是前程？他的一个姐夫建议："回老家也不是办法，还是留在洛阳好，跟着我担大粪，晒大粪干卖给农村，也能挣几个钱养家糊口。"

董双一得知丈夫放出来了，抱着八个月的幼儿，顶着大日头，步行二三十里赶来探望。看到白白胖胖活泼可爱的儿子，李凖下了决心："我们不能卖孩子，我担大粪也要把他养大！"

他没有去担大粪，而是一次次上市委找领导申诉。市委让他去文化干校当教员，这是一个清苦的差使，每天早晨上两小时课，一月工资三十元。家里别无长物，床上的单子早烂了，孩子能在窟窿眼里钻进钻出。幸亏，董双善于勤俭持家，一个小钱也能掰开来花。

穷且益坚，不堕青云之志。李凖早就爱上了写作，十八岁时，读了历史，认为杀害岳飞的头号刽子手不是秦桧，是南宋的高宗皇帝赵构，写了一篇题为《金牌》的小说，在洛阳报上分六次连载，笔名"竹溪"。还写过几篇小散文。挫折没有使他忘却宿志，相反，逆境在催他奋起。

读了当时一些著名作家的农村题材小说，李凖雄心勃发，对自己的“实力”作了认真估计：虽说没经过专门训练，由于长期以来坚持手不释卷，从古典文学、现代文学、民间文艺等各个方面也吸收了丰富的营养。若论生活基础，更有独特的优势，从小生活在农村，种过庄稼，当过学徒，尤其是在镇上邮电代办所干了三年多，结交了几百户农民家庭和各种职业的人物，不论是种地的、理发的、张箩的、补锅的、杀猪的、当吹鼓手的，从外地流落来的，常要请他代笔写信，把他当作能够倾心交谈的朋友，那一段的生活积累，足可以成为写小说的素材宝库。

天生我材必有用，他相信自己一定能写，有把握写得好。

一九五三年十一月二十日，《河南日报》以一个版的篇幅，用大字标题发表了一篇引人注目的小说——《不能走那条路》。作者以敏锐的眼光、带着泥土气息的生动文笔，反映了土改后农村中“两极分化”的新矛盾，摆在农民面前的两条不同的道路。正当全国上下大张旗鼓宣传党的总路线之际，这篇小说产生了前所未有的轰动效应，三十八家报刊相继转载，《人民日报》加了编者按语，认为这篇小说指出了现实生活中具有重大意义的主题。它的发表，如一石激起千层浪，在文艺界掀起一股巨澜。好奇的读者在纷纷打听：这个从没听说过的李凖，究竟是什么来头？有哪些重要背景？

只有董双不为所动，她一再劝丈夫去学打铁，说：“还是打铁安全，又能锻炼身体。”似乎，她已经看到了“仕途”的风险。

《不能走那条路》给他们带来的实惠是三十元稿费。董双首先用来给李凖添条新棉裤，他身上的那条，两腿早已磨出一个个小洞，孩子又把小洞抠成大洞，露出了棉花，老远就能看清腿上白花花的一块。

和农民一起挨饿

一篇小说改变了一个人的命运，一九五四年春天，李凖调到河南省文联，当专业作家，走上了一条向往已久的道路，被人目为脱颖而出、平步青云的骄子。

是偶然，也不偶然。

当了作家，李凖如鱼得水，新作频出。他确有天赋，第一次到北京上电影讲习班，有些专家、明星瞧不起这个农村来的土作家，一位著名演员和他握手时只伸出两个手指。有人问他：“一九四九年前看过啥电影？”他说：“一部也没看过。”顿时引起满堂大笑。谁知，他到东北转了一趟，就拿出第一部电影剧本《老兵新传》，居然出手不凡，被上海电影制片厂定为“上上剧本，作重点片拍”。上映后，又是一片叫好声。

正是春风得意时，“反右”开始了。

他很侥幸，发动鸣放时恰好没有在家，作品中也没查出可以充作大毒草的材料。但还是对他开了七次批判会，让他写了二十来次检查。可能上面的领导对这位有影响的新秀比较宽厚，没给戴帽子，只列为“中右”。运动过后，把他下放到郑州郊区的祭城公社，挂了一个副社长的头衔，作为惩罚，也作为爱护。

那是一九六〇年秋天，自然灾害加上“大跃进”中浮夸风留下的后遗症，使广大农村遭受双重困难，饥饿严重地威胁着几亿农民。

担任副社长，李凖成天跑着开会，安排群众生活。农村食堂一天只开两顿饭，吃的常是毛毛根、淀粉菜等代食品，他经常忙得连这样的饭也赶不上吃，一个冬天瘦了四十斤。在郑州上中学的大儿子常把自己的馍省下一点带给下乡的弟妹，不懂事的小儿子看到有车去郑州就往上扒，喊着：“去郑州，吃白馍……”小孩也尝到了饥饿的滋味。

董双跟着下乡劳动，全家的担子压在她的身上。他们有六个孩子，除了大儿子，小四、小五经过她的一再恳求，也留在原来的幼儿园。下乡前，她日赶夜赶，为留下的孩子准备好过冬衣物，光破袜子就补了三天。来到农村，她的心分成了两半，既要照顾身边的丈夫、孩子，又挂念着留在郑州的子女，每到星期天，总要设法回去看看，往返一次五六十里。为了学会骑车，不知摔了多少次，脚摔伤了，肿得不能着地。

任何时候，董双总是不声不响地包揽着家里的一切。小的病了，大儿子因营养不良得了肺结核，都由她来照看；家里老人去世，也是她去料理后事，从来不让李凖分心。有这样的妻子，李凖减轻了多少后顾之忧！

和农民一起挨饿，更能体会到他们的艰难。有一件事，李凖至今难忘：一天，有个老农民饿急了，到地里捋了两把麦子，被大队干部抓来，送到公社，狠狠地骂了一顿，还扣下了篮子。李凖看不过去，让老人回家。临走，老人默默地看了他一眼，又看了一眼。几天后，他让干部把篮子送回，才知道老人已经死了。他的心无法平静，一直觉得那个篮子像在张着饥饿的大嘴，老人充满忧伤的眼睛还在面前闪烁。

李凖讲良心，把《李双双》电影剧本的两千元稿费，一半交了党费，一半献给公社，给农民买点粮食，难作补天之石，也聊解燃眉之急。会计去银行取钱时，找李凖盖私章，看到他正患肝炎，董双也得了浮肿病，心里有点犹豫，生怕当家属的不愿意。章是董双给盖的，她的心和李凖一样。

以后，李凖回顾这段生活时，颇有感触地说："它教育了我，作家必须正确面对现实，心中要有人民群众，不能用'赞歌'来代替一切。"

黄泛区里的“劳改”生涯

在“文化大革命”中，李準的地位就不同了。既然是写得越多，名声越大，罪恶越重，他理所当然地在劫难逃，而且首当其冲。在河南，他和老画家谢瑞阶、豫剧表演艺术家常香玉第一批被“揪”了出来，头上扣了一串帽子：大“黑帮”、反动权威、周扬的黑干将……

他成了造反派争夺的猎物，把李準揪来打一通、斗一场，或去挂牌游街，就能显示自己最最革命，就算获得辉煌战果。

寒风萧瑟，繁花纷谢。他被发配到黄泛区农村监督劳动，妻子儿女自然也被撵到那里。迎着一九六九年冬天的大风大雪，董双带着孩子一路颠簸来到西华县西夏公社的屈庄生产队。

这就是新的家吗？村边一间磨房，几个农民刚刚把磨卸下抬出。墙上黑乎乎的，尽是窟窿眼，北风呼呼地吹进来，室内比室外还冷。地上坑坑洼洼，到处是牲口粪，进屋没看清，一脚踩进了粪坑里。隔壁饲养室里的几头牲口，成了他们的邻居。

李準有一种本事：在生活上容易满足，到了最没办法的时候，会向下比，哪怕脚下只有四指宽的路，也能走过去。他和孩子们拾来水泥袋裱糊墙壁，秸秆把磨房隔成里外两间，就安上了家。

董双是个不以盛喜不以衰悲的人。李準出名时，她淡然处之。有一年随着李準去上海，电影院正在争映《李双双》，霓虹灯下到处是大幅的广告。李準说："你看，有多厉害！"她却回答："这样的故事农村多的是，算啥！"多年来始终保持农村妇女勤劳朴素的作风，全家穿的衣服鞋子，都是她亲手缝制，舍不得花钱去买。李準遇到挫折，她患难与共，从无怨言。

艰难之中，更显示出董双善于持家的本领。她带着孩子夏天割青草，冬天扫树叶，喂了一头奶羊，养了十几只鸡子，全家也能喝上羊奶，吃上鸡蛋。每月两次，她和李準拉着架子车去买煤买粮，一个驾辕，一个拉套。有时遇到下大雨不能去地里，她把破衣服、旧布头撕了撕，打一锅浆糊，做一大摞鞋底，由李準带头，全家坐在一起纳鞋底。苦中有乐，她回到了自己所习惯的农村生活，特别是她的铁生又回到了身边。

那个年月，被标榜为最光荣的劳动又用作惩罚人的手段。李準并不怕劳动，无论挖河、割麦、扬场、搭垛，哪一项也难不住他。每天，一听到上工钟响，总是第一个扛着铁锨下地，晚上又是最后一个回家，干的农活和他文章一样出色。

难以承受的是精神上的寂寞、政治上的压力，他们家里很少有人上门，队里一开群众会，界限就格外鲜明，常常临时派点活，让李準和其他"四类分子"去干，他的妻子儿女只能待在家里，无权跻身革命群众的行列。他有四个孩是下乡知青，一次次的招工、参军，别的同学相继走了，却没有他们的份，孩子们都快急疯了。

当地群众原来只听说李準是个下来劳动改造的大“黑帮”，不敢和他说话。日子长了，他们发现这个写过《李双双》《龙马精神》等农民戏的作家，平易可亲，和农民能说到一起，不是坏人，都亲切地叫他“老李哥”。晚上没事，也上他家里坐坐，拉拉家常。

农村几乎没有文化生活，队里的干部群众一再要求李準给编个新戏演演，李準也是跃跃欲试，可是帽子还压在头上，不敢抛头露面。大儿子克勤看出父亲的难处，自告奋勇要代为执笔。一出由李準出主意、克勤编写的《榆树记》很快完稿。一九七二年春节，新戏第一天上演，全队男女老少早早来到会场，外村的人也扶老携幼地赶来。这出戏演的是农民熟悉的故事，剧情牵动着群众的心，演到忆苦思甜的一场，台下的观众热泪涟涟，一片唏嘘。李準别有感触，他的眼泪流得最多。

这是他们全家下乡后过得最愉快的一个春节。

“劳改”期间，李準重新执笔的第一个作品是一篇祭文。村里有个姓屈的老贫农死了，老人的几个弟弟身穿孝服来请李準写篇祭文，一进门跪在地上叩了个头，接着，眼泪汪汪地讲述了他们大哥的生平。他们的父母在逃难时被黄水淹死，当大哥的带着弟弟逃到陕西，靠扛长工、宰牛养活他们。他没舍得讨老婆，却省下钱来给三个弟弟成了家。一次，老二被国民党抓了壮丁，因为逃跑被抓了回去要执行枪决，他跪在地上哀求，愿代弟弟去死，说“我这兄弟有媳妇，我是光身汉，死了没有挂碍”。老三被人贩子卖了三次，每一次都是他费了千辛万苦找回来的……

这篇凝聚着农民血泪身世、高尚品德和作家深厚感情的祭文，在追悼会上宣读时，激起了满场哭声，连几个吹唢呐的也泣不成声。一村传一村，都知道老李会写祭文，谁家老人去世，就来请他代笔。西华县是黄泛区的腹心，黄水在这里流淌了八年，村村都有老人饿死家中、子女抛舍他乡的伤心事，家家都有妻离子散、家破人亡的血泪史。每次，对方流着眼泪讲，李凖流着眼泪听，写祭文使他摸透了黄泛区农民的家史。

一股黄河激流汹涌澎湃冲击着他的感情，冲开了他的思想闸门，眼前展现出一幅巨型的流民图，一部农民的苦难史。从黄泛区人民可歌可泣的斗争中，他找到了我们民族的灵魂。一个强烈的愿望雷电般地在脑间闪过：他要写出这一切，为中国的农民写出一部恢宏的长篇。

他发现了璞中之玉，
她成了他的责任编辑、顾问、知音

二十世纪五十年代进城后，李凖给董双改名董冰。他解释说：“董双不爱说话，经常和她无言相对，使人有冷若冰霜之感。”

李凖是个乐观开朗爱说爱笑的人，兴之所至，往往滔滔不绝。他不甘寂寞，自信只要有面壁十年的毅力，即使石不能言，也终有被说动的一天。不管对方能否理解，每当自己在创作中有所思、有所感时，都和妻子交谈。董双比李凖更熟悉农村生活，熟记农村中的故事人物，话题涉及这些方面，她也会口若悬河。两人逐渐有了共同语言。

有些人，怕让糟糠之妻在大雅之堂抛头露面。李凖则不然，看文艺演出，参加作品讨论会，应邀外出做学术报告，总不忘偕妻同行，也使她无形中学到不少文学知识。董双的领悟能力很强，天长日久，由外行变成了内行，常常在他们的“家庭文学讨论会”上发表意见，她对一些作品的审美见解、鉴赏能力，有时令李凖为之心折。

董双的进步，李凖固然有熏陶之功，主要还在于本人的勤奋。她全靠自学起家，有自己独创的学习方法：一是翻字典。遇到不认识的字，靠学到的拼音字母，到字典里去查，查一个，认一个，家里的字典被她翻烂了三本。二是抄写。李凖和赵树理的小说，写的是农村的事，容易读通、理解，就成了她的主要范本，通过抄写，熟记字形，学习了怎样用词、写话。

一九五四年秋天，李凖去北京学习，意外地接到妻子的亲笔回信。他没法想象，写这封信时，董双把平时保存的信件都摊在桌上，遇到不会写的字就从上面查找，一封信竟写了大半天。

使李準感到意外的事不断出现。一九六四年，上海美术出版社给李準来信，要求他尽快把电影剧本《龙马精神》改写成一部连环画脚本。当时李準正去外地开会，没想到回来时董双已经越俎代庖，替他写好了初稿，而且质量不错，被迅速采用。

这几年，李準常常谈到董双在创作上对他的帮助。他说："农村的事，老董记得很多，我常向她请教。在追求写作的真实性和大众化方面，她是我的顾问和第一个读者。我的作品主要是写农村，她完全可以作为农民读者的代表，写出后先读给她听听，经过她的检验，能在她手下通过，那就有了七八分把握。"

董双对艺术的真实性要求很严，最讨厌那种不符合生活真实的"浪漫"和虚夸。李準的有些作品也吸收了她的意见。

在长篇小说《黄河东流去》中，李準专门写了一章寡居的李麦与她表弟的恋爱故事，而且对这一章颇为欣赏。董双不赞成，认为这是多余的一笔，反而损害李麦的形象。她的意见有一定道理，最后，李準不得不忍痛割爱。

谢晋要求李準把李存葆的小说《高山下的花环》改编成电影，全家只有董双投赞成票。她认为：小说写得比较公平，大干部家的孩子是孩子，农民的孩子也不是柴火；梁大娘这个人物写得好，适合李準的口味。她也提出：原著把梁大娘写得太进步了，独生子牺牲了，她会有一些想法，这样年纪的农民头脑里还残留一些封建思想，千里迢迢赶到前线，起码也会有让儿子安葬故土的愿望，这也是合情合理的。李凖在改编中参考了她的意见。

李凖和他大儿子李澉（即李克勤）合写的《清凉寺的钟声》，上映后赢得好评。观众一定不会想到，有些精彩镜头、生动细节还是董双出的主意。如：羊角大娘的哑巴儿子反对收留日本孤儿，抱起孩子要把他扔走。羊角大娘拿起一根劈柴朝儿子屁股上揍了一下，哑巴没有反抗，搓搓屁股走了。这很符合农村中老人教训儿子的做法、儿辈对待长辈的态度。羊角大娘教小孩学打架的情节，是董双在亲家母家里看来的，稍作加工，用在电影里恰到好处。

导演谢晋也很重视董双的意见，和李凖研究剧本，常要“请老董参谋参谋”。

李凖终于发现，原来妻子并不是一块冷冰冰的石头，她是蕴藏在璞中的美玉，渐渐地透露出自身的光彩。

他登上文学创作的高峰

一九八四年春天，李凖的第一部长篇小说《黄河东流去》问世。评论界称它“最能全面地展示李凖的生活积累、思想水平和艺术追求”，“是他创作历程中的一个高峰”。在第二届茅盾文学奖的评选中，这部小说荣列榜首。

从黄泛区“劳改”时开始酝酿，到小说完稿，历时十年有余。“十年一觉扬州梦”，他的思想也经历了天翻地覆的变化。

粉碎了“四人帮”，人们从“左”的束缚下解放出来。李凖“像被关在一个阴暗地下室里的囚徒，突然看到了明媚的阳光，呼吸到带着露水和泥土味的空气”。九亿人民在“文革”过后都在思考，这位思想敏锐的作家想得很多，他严肃地回顾了走过的道路，反复思考了创作中的得失，大胆地否定了自己走惯的那条“领导出思想，农民出生活，作家出笔”的道路，否定了文艺屈从时尚、脱离生活真实的做法，还否定了自己在“左”的影响下产生的成名之作。他主张“作家必须独立思考，一定要写自己所见所信的真理”。

不管舆论如何评价，勇敢的否定使他进入了一个天广地宽的新境界。

对于黄泛区难民的经历，他早有接触。十三岁那年去西安考学，随着一群逃难的人“扒”上西去的火车，那时的陇海线是一条饥饿的走廊，成千上万的难民，推着小车，挑着破筐，缓缓地向西流动。在西安城下那些临时搭起的窝棚里，他看到一个年轻妇女为挽救快要饿死的丈夫，自卖自身，给丈夫换来一点粮食。一九四九年，他作为一个农村银行信贷员，到黄泛区发放粮食、农具。在倒塌的茅屋里，看到大水来时同归于尽的一家五口，骸骨拥抱着堆在一起。他也看到重返故土的农民，在草丛苇海间披荆斩棘，重建家园，新开垦的土地上彻夜燃烧着熊熊的篝火。黄泛区的“劳改”生涯，又给他增添了丰富积累。

不满足于已有的大量素材，李凖像一个地质队员向地层深处勘探，要发掘出更多的宝藏。花园口、黄泛区又一次印下他的足迹，沿着当年逃难者走过的路线，他重访了洛阳、灵宝、西安、咸阳……不是为逝去的岁月唱挽歌，是想在时代的天平上重新估量一下我们这个民族赖以生存和延续的生命力量。

《黄河东流去》从一九七八年动笔，第二年写完上卷。下卷从一九八三年开始，完稿时已进入一九八四年。先后历时五年。客观情况是，电影界的一些老朋友抓住他不放，邀他创作和改编了《双雄会》《荆轲传》《牧马人》《高山下的花环》等一批剧本。主观原因是他在继续思考，当挖掘到中国农民的家庭、伦理、道德、品质、智慧和创造力这个主题时，他看到了五千年文化的结晶，找到了我们祖国的生命活力和伟大民族的精神支柱。

每当李凖在书房里埋头写作，董双也投入了全部心力。她在隔壁房间里守护，不时悄悄地走到书房门口，隔着门缝暗暗观察动静。她盼望着这部书早日完成，又为李凖的健康担心。

医生早已提出警告：李凖有高血脂、糖尿病，生活必须正常，情绪不能老是处于高度的亢奋之中。但是，一个勤于笔耕，整日和作品中的人物同喜怒、共哀乐的作家，又很难接受这样的忠告。他胸中装着众多个农民，李麦、海老清、徐秋斋、陈柱子……都带着他熟识的人的影子，展开稿纸，思想随即与笔下人物融为一体，激动时两手抖得无法执笔，高兴时纵声大笑，写到伤心处痛哭流涕。写海老清饿死那一章，一个上午他哭了两次，写罢一定要念给董双听，董双不让念，知道他念的时候还会哭的。

李凖写得很艰苦。灵感来时，笔驰雷电，手不停挥，情难自制，一天六七千字下来，累得趴在桌上直不起腰来。一出现这种情况，董双就会推门而入，强制他躺下。然后，由李凖口述，她执笔记录，记下他必须立即写完的那部分内容。

一九八四年二月的一天晚上，董双正在做饭，忽然听到李凖在书房里"嗨"了一声，像松了一口大气。她立刻意识到，一定是稿子写完了，马上朝书房走去。果然，李凖也哈哈笑着从里面出来，连声高喊："写完了，写完了！快买瓶酒来！"一部长期孕育、为之呕心沥血的作品终于完成，他们都找不出语言来表达此时共同的感情。

她写出第一部作品

《黄河东流去》脱稿后，董双也提起笔来，写自己的第一部长篇。

董双的记忆力好，几十年前的往事，谈起来历历如在目前。李凖的许多经历，自己早忘了，她却一一记住，能说出具体日期和有关细节。使一向以脑子特别好用而自负的李凖，也自叹不如，把她称作自己的活日记。

儿女们从小爱听董双讲那些真实而生动的农村故事，长大后意识到这些都是内容精彩的好材料，一再鼓动她把过去的事儿整理出来，儿媳妇还主动提出要帮婆婆做饭，让她腾些时间搞写作。

多年来，董双对阅读文学著作达到入迷的程度，不但读《红楼梦》《三国演义》《水浒传》等一批中国古典名著，还读《简·爱》《复活》《呼啸山庄》等许多外国作品，也喜欢看人物传记，列宁、孙中山、林肯等名人的传记她都读过，说是为了增加见识。对于写作，她早就心向往之，长期与写农民的作家生活在一起，熟知农村的她也打破了对写作的神秘观念，儿女们一鼓劲，她毫不犹豫地掂起笔来。

没有任何框框的约束，不需要考虑主题思想、社会兴趣，写的是多年来常想着的事情，记的是自己的父母、公婆、丈夫、儿女、同胞手足等最亲近或最熟悉的人，说的又是心里想说的话，董双写得很顺手，利用一些零星时间，八九个月写了十几万字。

突然，李凖病了。一九八五年夏天，他正在深圳开会，被送回北京，住了三个月医院。董双和孩子们轮流去医院陪护，回到家里，就争分夺秒地赶写未竟的篇章，在李凖出院的前夕，她写完了一部共二十章二十多万字的《事大事小：李凖夫人自述》。

长期的紧张拼搏，使李凖得了直接妨碍写作的脑血栓，出院后仍然行动困难，无法握笔，视力和思维能力也受到影响。这场病对一位正在向新的高峰攀登的老作家是多么残酷的打击！怎能甘心隐退！给书斋起名“伏枥馆”，以示伏枥之骥，依然志在千里。在家养病的三年中，他读完了《二十四史》，学会了对过去和现实的安静思考；还钻研书法，每天坚持读帖练字，对珍藏的碑帖一一写出评注、心得。在征服疾病的过程中，从思想上、艺术上、知识上为今后的“东山再起”作了准备。

那几年，董双如影随形，不离左右地照料病人，给他做饭、熬药、理发、修脚，一天两次扶持他外出散步，而且学会量血压、化验糖尿……她累瘦了，但没有完全放下自己的作品，稍有空歇，继续修改整理。当李凖重挥生花之笔，写出《清凉寺的钟声》《长安一片月》等新作时，《事大事小：李凖夫人自述》也改完了第三稿。

《事大事小：李凖夫人自述》可称是一部纪实文学。作者从记事起，如实地写下自己从农村姑娘、农村妇女到家庭主妇、作家妻子的漫长经历，以女性特有的细腻感情和细致的观察力，生动地记述了父母之情、夫妻之情、手足之情、儿女之情，描绘出洛阳农村的风土人情、家长里短，也从一个侧面反映出半个世纪来社会上所发生的变化。作品天然去雕饰，文字朴实感人，而且具有李準那种笔下流情、寥寥数语状物见人的特点。李準曾说："我的作品可能一部也流传不下来，而她的作品，会以经久不衰的生命力与世共存。"

他们在一起，已经度过了四十八年。在这条悠悠的长途上，任凭人事沧桑，世态变迁，不论风雨如晦，还是丽日经天，两人一直互相体谅，互相关怀……虽未许下"在天愿为比翼鸟，在地愿为连理枝"的誓言，但任何潮流也未能把他们冲开。

李準坦率地说："对父母包办的婚姻我是不满足的，思想常有矛盾。起初只考虑，一个农村妇女，和她分手了，她往哪里去呢？现在才体会到，不是她仰仗我，我迁就她，许多方面是她迁就了我，我仰仗着她。她为我做出了牺牲。在她身上，我看到了值得信赖的、质朴的中国妇女形象。"

董双则说："我了解李準，比他自己还了解。"无论李準遇到什么风浪，被扣上什么帽子，她总是这句话。

有一封信，董双一直珍藏在箱子里，信是一九七五年十二月六日李準从北京发出的。当时他已结束了"劳改"生涯，被电影制片厂借去写文学剧本《大河奔流》，这是他劫后余生的第一部作品，也是《黄河东流去》的雏形。信上有这样一些话：

《大河奔流》剧本印出来了，现在我刚拿到二十本，第一本我要寄的，就是你！

感情很激动。三年了！流了多少血汗，流了多少眼泪，熬过了多少不眠之夜，它几乎是我们的第七个孩子。

人家都说，为什么我把女人写得这么好，这么圣洁，这么高尚，这么纯粹，我回答是："我有一个伟大性格的妻子，她给我展示出女性的一切都是质朴的、诚实的、圣洁的……"

《大河奔流》的原稿我要了回来送给你，作为永生的礼物。这一页一页上都是血和泪写成的，这一页一页也都是用你的心的跳动写成的，每当我写完一章后，你总要舒出一口气，每当我写不下去时，你的内心煎熬比我还厉害。……世上只知有个李準，不知有个默默无语的董冰，但你可以自慰，你已经投入了巨大的劳动。

我是利箭，你是强弓，我是船，你是帆，我是冲锋陷阵的猛士，你是不殆的战马，力量在你的善良和勤劳。

他们是情真意挚的夫妻，又是肝胆相照的知己，并肩前驱的战友。

再过两年，将迎来他们的金婚佳期。夕阳无限好，人间重晚晴，他们心中是一片金色的霞光。

后记

我写这个回忆录，是因为我两个小儿媳妇。她们一个是南方人，一个是北京人，都在城里生城里长，没有见过农村，很喜欢听农村从前的故事。

那些年，她们经常回来，全家人在一起包饺子，她们都叫我给她们讲老家过去的事情。她们听了，都学着洛阳话说“老好”，还让我写下来，给她们看。我还有个小孙女，上小学和上中学的时候，放假就来了，她也常叫我给她讲老家的故事。后来我说都讲完了，没啥可讲了。她又让我讲她爸爸小时候的事情，听了一遍又一遍，还想听。

逢年过节的时候，孩子们都来看我们，晚上坐在一起拉家常，通常都是李凖的话多，他懂的也多，我也是坐一边听他讲；但孩子们也经常问起老家的人和事，那些事李凖记得不大清楚，所以他们也都喜欢听我讲。讲到那些事，常常讲得很晚，有时候我都不敢看表，怕该睡觉了。

看着孩子们都喜欢听那些老家的事，我也想过把它都写下来，将来我不在了，孩子们还想听故事，就可以看书了。我没有上过一天学，不知道书怎么写，孩子们都鼓励我，说你咋说就咋写。

还记得有一天，李準跟我说，人家都去上老年大学了，你也去上一上吧，学点画画，或者学点书法。我说成天忙的，哪有工夫去上学，真有时间，我还想写回忆录。李準说，那你写吧。我小儿子也在一边说，你要写，现在还不写，等到啥时候呀？我想想也是，再等十年八年，我可能就不想写了，也可能写不动了。李準和孩子们都很支持我，我终于下了写的决心。

好像是一九八三年春天吧，在南方工作的小儿媳妇要到武汉去，她走前和我说，妈妈你要赶快写，我下次回来就要看。就这样，我坐到了桌子前面。

前前后后，我总共写了有一年多，直到一九八五年夏天，李準得了第一次的脑血栓，就停下来了。

这一年多，我断断续续地写，李準和孩子们也断断续续地看，也都说好看，孩子们还帮我改一些错别字。有一次，李準跟我说，说不定我的书流传不下去，你这本书能流传下去。

李準病了以后，在医院里住了几个月，我和孩子们都要去医院陪他。有时候孩子们在那里，我就在家抓紧时间写一会儿。记得是他出院的头天晚上，我赶着写完了，等到他一回家，我再也没时间拿笔了。

李準的脑血栓留下了后遗症，眼睛偏盲，左边能看见，右边看不见，一个人上街，过马路很危险。他又是喜欢转的人，每天上午和下午，都要我陪他出去走，晚上转到满街是灯，还不说回家。前天小女儿打电话说编辑问为什么写到一九八四年就不再写了，这就是原因。

这二十年里，书稿放在那里，孩子们来，这个看那个看，拿来拿去，有段时间，稿子还找不到了。孩子们说过出版的事，我没有往那方面想，我就是给孩子们写的，让他们啥时候想知道老家的事情，就能知道。

今年，我的小女儿找到了书稿，又提出要出版，说出版社担心不卖钱，头一版要自费出。孩子们就帮我凑钱，让我把书印出来，我也就依了他们。

董冰

二〇〇五年三月